Dieter Bäumel · Die Reform des ehelichen Güterrechts

Die Reform des ehelichen Güterrechts

von

Dieter Bäumel

Haufe Mediengruppe

Freiburg · Berlin · München

Bibliografische Information Der Deutschen Bibliothek
Die Deutsche Bibliothek verzeichnet diese Publikation in der Deutschen Nationalbibliografie; detaillierte bibliografische Daten sind im Internet über http://dnb.ddb.de abrufbar.

ISBN: 978-3-448-09318-6 Best.-Nr. 07188-0001
1. Auflage

© 2009 Rudolf Haufe Verlag GmbH & Co. KG,
Niederlassung München
Redaktionsanschrift: Postfach 1363, D 82142 Planegg/München
Hausanschrift: Fraunhoferstr. 5, D-82152 Planegg/München
Telefon 089 / 89517-0
www.haufe.de
online@haufe.de

Lektorat: Ass. jur. Nicole Jähnichen, München

Die Angaben entsprechen dem Wissensstand bei Redaktionsschluss im August 2009. Da Hinweise und Fakten dem Wandel der Rechtsprechung und der Gesetzgebung unterliegen, kann für die vorliegenden Angaben keine Haftung übernommen werden. Die Informationen sind nur für den persönlichen Gebrauch des Lesers bestimmt. Dieses Werk sowie alle darin enthaltenen einzelnen Beiträge und Abbildungen sind urheberrechtlich geschützt. Jede Verwertung, die nicht ausdrücklich vom Urheberrechtsgesetz zugelassen ist, bedarf der vorherigen Zustimmung des Verlages. Das gilt insbesondere für Vervielfältigungen, Bearbeitungen, Übersetzungen, Mikroverfilmungen und die Einspeicherung und Verarbeitung in elektronischen Systemen.

Produktmanagement: Ass. jur. Elvira Plitt, München
Umschlag: Kienle gestaltet, Stuttgart
Druck: Franz X. Stückle, 77955 Ettenheim

Zur Herstellung der Bücher wird nur alterungsbeständiges Papier verwendet.

Inhaltsverzeichnis

Vorwort		**7**
A	**Die Änderungen im Überblick**	**8**
1	**Neuregelungen im BGB durch das Gesetz zur Reform des Zugewinnausgleichs**	8
1.1	Änderungen des güterrechtlichen Systems	8
1.1.1	Auskunftsrechte	8
1.1.2	Berücksichtigung negativen Anfangsvermögens	11
1.1.3	Negatives Endvermögen	11
1.1.4	Begrenzung des Ausgleichsanspruchs	11
1.1.5	Umgestaltung des Systems des vorzeitigen Zugewinnausgleichs	13
1.1.6	Sicherung des Ausgleichsanspruchs	13
1.1.7	Ansprüche gegen Dritte aus § 1390 BGB	14
1.2	Änderungen des Betreuungsrechts	14
1.3	Neuregelung der Hausratsteilung und der Wohnungszuweisung	15
2	**Neuregelung des Versorgungsausgleichs**	**15**
3	**Änderungen in anderen Gesetzen**	**16**
B	**Die Änderungen im BGB**	**20**
1	**Zugewinnausgleich**	**20**
1.1	Beibehaltung des Leitgedankens des Zugewinns	20
1.2	Kritik am Reformansatz des Gesetzes	22
1.2.1	Wertsteigerungen des Anfangsvermögens	22
1.2.2	Erweiterung des Katalogs des § 1374 Abs. 2 BGB	24
1.2.3	Beibehaltung der „erbrechtlichen Lösung"	24
1.2.4	Sonstige Regelungslücken	25
1.2.5	Ein kritisches Fazit	25
1.3	Neue güterrechtliche Regelungen, §§ 1373 ff. BGB	26
1.3.1	Die Berücksichtigung negativen Anfangsvermögens	26
1.3.2	Die Berücksichtigung negativen Endvermögens	36
1.3.3	Identität der Stichtage für die Berechnung des Zugewinns und der Ausgleichsforderung	40
1.3.4	Begrenzung der Ausgleichsforderung	41
1.3.5	Erweiterung der Auskunftpflicht	42
1.3.6	Ansprüche gegen Dritte	52
1.3.7	Sicherung des Ausgleichsanspruchs	53
2	**Vorzeitiger Zugewinnausgleich**	**53**
2.1	Vorzeitiger Ausgleich des Zugewinns unter Aufhebung der Zugewinngemeinschaft	54
2.2	Voraussetzungen	55
2.3	Das Verfahren auf vorzeitigen Zugewinn	58
2.4	Vorzeitige Aufhebung der Zugewinngemeinschaft	59
3	**Regelungen zur Ehewohnung und zu den Haushaltsgegenständen**	**59**
3.1	Ehewohnungssachen	59
3.2	Haushaltsgegenstände	61
3.2.1	Allgemeines	61

3.2.2	Verhältnis zum Zugewinnausgleich	61
3.2.3	Die Neuregelungen im Einzelnen	62

C   Der Versorgungsausgleich ... 64

1   Bisheriges Ausgleichssystem ... 64

2   Überblick über die wesentlichen Reforminhalte ... 65

3   Das VersAusglG ... 65
3.1	Halbteilung	65
3.2	Auszugleichende Anrechte / Ehezeit	66
3.2.1	Bisher erfasste Anrechte	66
3.2.2	Neu im Versorgungsausgleich berücksichtigte Anrechte	66
3.2.3	Ehezeit	67
3.3	Neuregelung der Auskunftserteilung	67
3.4	Ehevertragliche Vereinbarungen	67
3.5	Wegfall des Einmalausgleichs und neue Struktur des Ausgleichs	69
3.5.1	Allgemeines	69
3.5.2	Ausschluss von Bagatellrechten	70
3.5.3	Ausgleich durch Realteilung	70
3.5.4	Übergangsrecht	73

D   Arbeitshilfen ... 75

1   Mustertexte ... 75
1.1	Vermögensverzeichnis	75
1.2	Vermögensverzeichnis (negatives Anfangsvermögen)	75
1.3	Vereinbarung über die Feststellung des Anfangsvermögens	75
1.4	Verlangen auf Auskunft über Vermögenssituation	76
1.5	Verlangen auf Auskunft nach Trennung	77
1.6	Auskunftsverlangen über End- und Anfangsvermögen	77
1.7	Schreiben an den eigenen Mandanten mit Anleitung zur Auskunft über sein Endvermögen	78
1.8	Stufenklage auf Zugewinn	79
1.9	Klage auf vorzeitigen Zugewinnausgleich	80

2   Checklisten ... 81
2.1	Prüfungsschema einer Zugewinnberechnung	81
2.2	Beispiel eines Bestandsverzeichnisses als Arbeitshilfe für den Mandanten	81

E   Normen und Gesetzesmaterialien ... 84

1   Synoptische Darstellung der Änderungen im Bürgerlichen Gesetzbuch und EGBGB ... 84

2   Gesetz über den Versorgungsausgleich (Versorgungsausgleichsgesetz, VersAusglG) ... 91

3   Entwurf eines Gesetzes zur Änderung des Zugewinnausgleichs- und Vormundschaftsrechts ... 106

Stichwortverzeichnis ... 139

Vorwort

Das Gesetz zur Reform des Zugewinnausgleichs- und Vormundschaftsrechts (BGBl. I 2009 S. 1696) ist das (vorläufig) letzte Gesetz, mit dem im Bereich der Vermögensauseinandersetzung der Ehegatten eine Neuregelung geschaffen wurde. Die Praxis sehnt hier seit Jahren eine Reform herbei.

Seit der Kindschaftsrechtsreform im Jahr 1997 wurden die materiell-rechtlichen Regelungen des Familienrechts in weiten Bereichen tiefgreifenden Änderungen unterworfen. Nach der Reform des Eheschließungsrechts, des Kindschaftsrechts in den Bereichen der elterlichen Sorge, des Umgangsrechts, und des Unterhaltsrechts im Jahr 2008 ist mit dem Gesetz zur Reform des Zugewinnausgleichs- und Vormundschaftsrechts das Recht der Vermögensauseinandersetzung der Eheleute in zwei Bereichen, nämlich der güterrechtlichen Auseinandersetzung und der Teilung der Haushaltsgegenstände sowie der Wohnungszuweisung neu geregelt worden.

Ergänzt werden diese Regelungen im Bereich des materiellen Rechts durch die zeitgleiche Einführung der Neuregelung des Versorgungsausgleichs. Dazu liefert der Gesetzgeber im prozessualen Bereich auch ein neues Verfahrensrecht, das u.a. alle vermögensrechtlichen Ansprüche von Eheleuten der Jurisdiktion des Familiengerichts unterwirft. Damit bleibt auch der zeitliche Abstand nahezu beibehalten, in dem der Deutsche Bundestag bisher die Neuregelungen der großen familienrechtlichen Reformen den Rechtsanwendern auferlegt hat, seit 1977 mit dem 1. Eherechtsreformgesetz die Scheidung der Ehe neu geregelt wurde.

Der Schwerpunkt der Darstellung in diesem Buch betrifft die Neuregelung des Güterrechts. Der Rechtsanwender erhält ausführliche Tipps und Handlungsanleitungen zur Anwendung und Auslegung der neuen Vorschriften. Zahlreiche Beispiele verdeutlichen die neue Rechtslage.

Die Änderungen beim Versorgungsausgleich können lediglich in ihren Grundzügen dargestellt werden und sollen einen Überblick über die Systematik des Ausgleichs bieten.

Ich wünsche Ihnen viel Erfolg bei der Arbeit mit diesem Buch.

Koblenz, im August 2009

Dieter Bäumel, Rechtsanwalt

A Die Änderungen im Überblick

1 Neuregelungen im BGB durch das Gesetz zur Reform des Zugewinnausgleichs

1.1 Änderungen des güterrechtlichen Systems

Die hier zu erörternde gesetzliche Neuregelung in der Form eines Artikelgesetzes behält den gesetzlichen Güterstand der Zugewinngemeinschaft als einen – wie in der Begründung des Gesetzentwurfs hervorgehoben wird – in der Praxis bewährten und anerkannten Güterstand mit einer hälftigen Ausgleichsverpflichtung des Zugewinns bei und will lediglich notwendige „Gerechtigkeitslücken" schließen.

Mit dieser vorsichtigen Formulierung hat der Gesetzgeber offensichtlich dem von Teilen der Literatur eingeforderten weiteren Reformbedarf[1] im Recht des Zugewinnausgleichs eine deutliche Absage erteilt. Die Notwendigkeit einer Erweiterung privilegierter Erwerbstatbestände in § 1374 Abs. 2 BGB spielt ebenso wenig eine Rolle wie die Problematik der Wertsteigerungen, die nicht aus dem Prinzip der Beteiligung an gemeinsamer Wertschöpfung begründet werden können, so etwa bei eheunabhängigen Wertsteigerungen von Vermögensbestandteilen des Anfangsvermögens.

Das Kernstück des Reformgesetzes, die Regelungen zum Zugewinnausgleich, bringt jedoch in mehreren Bereichen Verbesserungen für die Praxis.

1.1.1 Auskunftsrechte

Erleichtert wird die Durchsetzung von Ansprüchen durch eine verbesserte Auskunftsregelung, die nunmehr auch die im Unterhaltsverfahren seit langem aus gutem Grund bestehende Belegpflicht umfasst. Wie schon bisher gilt, dass es sich hierbei nicht um eine synallagmatische Verpflichtung handelt, ein Zurückbehaltungsrecht bis zur Auskunftserteilung durch den anderen Ehegatten daher nicht besteht.[2]

Beispiel

Das künftige Auskunftsersuchen muss sich an der Neuregelung orientieren und wird folgende Komponenten beinhalten müssen:

- die unterschiedlichen Zeitpunkte der Auskunft;
- die Belegpflicht zu der jeweiligen Auskunft.

---

[1] Vgl. nur Battes, FamRZ 2009, 261 m.w.N.
[2] OLG Thüringen, FamRZ 1997, 1335; so auch OLG Frankfurt, FamRZ 1985, 483; OLG Stuttgart, FamRZ 1984, 273; a. A. OLG Stuttgart, FamRZ 1982, 282.

Muster

Sehr geehrter Herr Schmidt,

unter Beifügung uns legitimierender Vollmacht zeigen wir an, dass Ihre Ehefrau uns mit der Wahrnehmung ihrer rechtlichen Interessen beauftragt hat. Sie hat uns berichtet, dass sie seit dem 6.9.2009[1] von Ihnen getrennt lebt und beabsichtigt, nach Ablauf des Trennungsjahres die Scheidung einzureichen. Den Trennungszeitpunkt kann bei Bedarf eine Freundin Ihrer Frau an Eides statt bestätigen[2], da Ihre Frau an diesem Abend kurzfristig ihre Freundin aufgesucht hat und bei dieser geblieben ist.

Da Sie mit Ihrer Ehefrau im gesetzlichen Güterstand der Zugewinngemeinschaft[3] leben, kommt ein Zugewinnausgleich für den Fall der Scheidung in Betracht, ggf. auch bereits zu einem früheren Zeitpunkt[4]. Gemäß § 1379 Abs. 2 BGB schulden Sie ihrer Ehefrau Auskunft über den Bestand Ihres Vermögens zum Zeitpunkt der Trennung[5]. Diese Auskunft ist in der Form eines in sich geschlossenen, systematischen Verzeichnisses[6] zu erteilen, das sämtliche Aktiva und Passiva umfasst. Die jeweiligen Angaben sind zu belegen[7] und zwar im Einzelnen für Bank- oder Sparguthaben durch entsprechende Kontoauszüge, für Aktiendepots durch entsprechende Depotbestätigungen, für Firmen oder Firmenbeteiligungen durch Vorlage der Bilanzen oder Gewinn- und Verlustrechnungen, bei Fahrzeugen die Angabe der wertbildenden Faktoren wie Marke, Modell, Baujahr, km-Leistung, Sonderausstattung etc., für Grundstücke durch die jeweiligen Grundbuchauszüge, bei bebauten Grundstücken zusätzlich die Baubeschreibungen und die Angabe sonstiger wertbildender Faktoren wie z. B. Mietverträge bei Fremdvermietung. Diese Aufzählung ist keine abschließende, so dass bei entsprechenden Vermögenswerten der Nachweis durch andere als die oben angeführten Belege notwendig sein kann.

Zur Auskunftserteilung setzen wir Ihnen eine Frist bis 20.9.2009 und werden unserer Mandantin nach fruchtlosem Fristablauf raten, Klage zu erheben.

Mit freundlichen Grüßen

S. Schlau

Rechtsanwalt

Erläuterungen zum Muster:

[1] Der Trennungszeitpunkt ist künftig von eminenter Bedeutung, da auch die Auskunft in § 1379 Abs. 2 BGB n. F. stichtagsbezogen zu erteilen ist.

[2] Es ist ratsam, soweit machbar, dem Mandanten/der Mandantin zu empfehlen, möglichst in nachweisbarer Form (Schriftstück, Zeugen) den Trennungszeitpunkt zu dokumentieren.

[3] Voraussetzung ist, dass die Eheleute im gesetzlichen Güterstand leben.

[4] Es empfiehlt sich auch, die Möglichkeit des vorzeitigen Zugewinnausgleichs bereits hier anzusprechen. Wird der Trennungszeitpunkt nicht bestritten, kann dies ggf. im Verfahren auf vorzeitigen Ausgleich des Zugewinns geltend gemacht werden.

[5] Bei dem Auskunftsanspruch des § 1379 Abs. 2 BGB handelt es sich um die stichtagsbezogene Auskunft über das Vermögen zum Zeitpunkt der Trennung. Gemäß § 1379 Abs. 2 BGB kann deshalb Auskunft über das Anfangsvermögen nicht verlangt werden („zum Zeitpunkt der Trennung" laut Gesetzestext).

[6] Die Auskunft muss in Form einer Zusammenstellung der Vermögenswerte entweder durch die Partei selbst oder durch Dritte, die davon Kenntnis haben, erteilt werden. Dabei ist darauf zu achten, dass nicht nur Belege übergeben werden, sondern auch inhaltlich Auskunft

erteilt wird.

[7] Neu ist die Belegpflicht. Diese ist der Bestimmung des § 1605 BGB nach gebildet. Zu beachten ist, dass bereits bei dem Verlangen nach Belegen, diese möglichst genau zu bezeichnen sind. Dies ist nicht nur wegen des Bestimmtheitserfordernisses notwendig, sondern hilft auch bei der eigentlichen Arbeit, der Berechnung eines möglichen Zugewinnausgleichs, vermeidet Nachfragen und sorgt auch für eine Beschleunigung des Verfahrens.

Wichtig

Da mit Ausnahme des § 1374 BGB n. F. im Hinblick auf das negative Anfangsvermögen alle anderen Neuregelungen ab 1.9.2009 auch für bereits rechtshängige Verfahren gelten, muss geprüft werden, ob ein neuerliches Auskunftsersuchen über das Endvermögen zum Zeitpunkt der Trennung notwendig ist. Dies kann insbesondere dann notwendig sein, wenn ein Ehegatte der Meinung ist, der andere habe Vermögenswerte verschoben bzw. in der Auskunft zum Endvermögen nach dem bisherigen Recht nicht angegeben.

Auskunft ist künftig zu erteilen, wenn

- der Güterstand beendet ist,
- der Scheidungs- oder Aufhebungsantrag rechtshängig ist,
- der Antrag auf vorzeitige Aufhebung der Zugewinngemeinschaft rechtshängig ist,
- der Antrag auf vorzeitigen Ausgleich des Zugewinns rechtshängig ist oder
- die Eheleute getrennt leben

Der Anspruch auf Auskunftserteilung beim Getrenntleben besteht ab dem Zeitpunkt der Trennung, in den übrigen Fällen ab Rechtshängigkeit der jeweiligen Anträge bzw. dem wirksamen Ende des Güterstandes und zusätzlich ab dem Zeitpunkt der Trennung. Dies bedeutet, dass in den Fällen der Rechtshängigkeit der Ehescheidung und / oder der Folgesache Auskunft sowohl zum Anfangs- wie zum Endvermögen zu den jeweiligen Stichtagen wie auch zum Vermögen zum Zeitpunkt der Trennung zu erteilen ist.

Die Auskunftspflicht bezieht sich nach § 1379 Abs. 1 Nr. 1 BGB n. F. nunmehr **auch auf das Anfangsvermögen** und kann das eine oder andere überflüssige Gerichtsverfahren vermeiden, das seine Ursache meist im anspruchsbegründenden Blick auf das vermeintlich hohe Endvermögen hat, während der vermeintlich ausgleichspflichtige Ehegatte sich im sicheren Hafen des Anfangsvermögens geborgen weiß. Die Erstreckung der Auskunftspflicht auch auf den Zeitpunkt der Trennung ist dabei besonders wichtig, um Manipulationen der Vermögenszuordnung zu vermeiden.

Wichtig

Durch die Neuregelung der § 1379 i. V. m. § 1375 Abs. 3 BGB n. F. ist künftig die Beweislast für die illoyale Vermögensminderung demjenigen Ehegatten auferlegt, der in der Zeit zwischen Trennung und Rechtshängigkeit des Scheidungsantrags eine Minderung des Vermögens behauptet.

Wie bisher wird die Auskunft geschuldet zum Endvermögen, nunmehr ist aber durch die Formulierung in Abs. 1 Nr. 2 auch Auskunft über das Anfangsvermögen zu erteilen.

1.1.2 Berücksichtigung negativen Anfangsvermögens

Ein deutlicher Gerechtigkeitszuwachs soll sich durch die nunmehr mögliche Berücksichtigung des negativen Anfangsvermögens ergeben. Dem wirtschaftlich denkenden Rechtssuchenden war das sog. Verbot der Berücksichtigung des negativen Anfangsvermögens weder in der Beratungspraxis noch durch Urteile wirklich zu vermitteln. In diesem Sinne wird die Neuregelung zu einem besseren Verständnis für das Gesetz und zu einer größeren Akzeptanz des Güterstandes beitragen.

Dies gilt – mit Abstrichen – auch für die Bemühungen des Gesetzgebers, den wirtschaftlich schwächeren Ehegatten besser vor Manipulationen zu schützen. Die Begrenzung der Ausgleichsforderung in § 1378 Abs. 2 BGB, die zukünftig auf den Stichtag des § 1384 BGB und damit auf die Rechtshängigkeit des Scheidungsantrags abstellt und nicht wie bisher auf die rechtskräftige Beendigung des Güterstandes selbst, verhindert zwar nicht jede Manipulation. Gleichwohl sieht der Gesetzgeber damit einen ausreichenden Schutz vor Manipulationen des Ausgleichsanspruchs zu Lasten des Berechtigten verwirklicht. Auch die Erweiterung des Auskunftsanspruchs, die durch den Rechtsausschuss des Deutschen Bundestags eingefügt wurde, kann dazu beitragen, der Manipulation entgegenzuwirken.

Mit der Neuregelung des vorzeitigen Zugewinnausgleichs werden dessen tatbestandliche Anforderungen einfacher, beseitigen aber nicht alle Manipulationsmöglichkeiten. Das prozessuale Verfahren selbst bleibt für – auch haftungsträchtige – Fehler leider mehr als notwendig anfällig.

1.1.3 Negatives Endvermögen

Korrespondierend mit der Berücksichtigung negativen Anfangsvermögens will das Gesetz jetzt auch die Verbindlichkeiten beim Endvermögen berücksichtigen. Dies erfolgt dadurch, dass die Verbindlichkeiten über die Höhe des Endvermögens hinaus zum Abzug gelangen und damit der Tilgungsgewinn für den Zugewinn erfasst werden kann. Eine Beteiligung des anderen Ehegatten kann allerdings wegen der nach wie vor bestehenden Begrenzung des Ausgleichsanspruchs nur entstehen in Form einer Verringerung der eigenen Ausgleichsverpflichtung. Hat der Ehegatte nur durch die Schuldentilgung einen Zugewinn erzielt, bleibt die Beteiligung des anderen Ehegatten an der Schuldentilgung mangels Aktivvermögen unberücksichtigt, da eine Neuverschuldung oder weitere Verschuldung wegen des Zugewinnausgleichs nicht erfolgen soll.

Der Zugewinnausgleich durfte bislang nicht zu einer Verschuldung eines Ehegatten führen. Diesen Grundsatz behält die Reform bei, macht allerdings eine Ausnahme bei der dem ausgleichspflichtigen zurechenbaren illoyalen Vermögensminderung. Soweit die in Benachteiligungsabsicht vorgenommene Minderung des Vermögens hier zu einer Verschuldung führt, ist dies nach Auffassung des Rechtsausschusses des Deutschen Bundestags vertretbar (BT-Drs. 16/13027, S. 11)[3].

1.1.4 Begrenzung des Ausgleichsanspruchs

Hatte im alten System des Zugewinns der Ehegatte einen Ausgleichsanspruch gegen den anderen, war dieser gem. § 1378 Abs. 2 BGB begrenzt auf das zum Zeitpunkt der Beendigung des Güterstandes und das zum Fälligkeitszeitpunkt vorhandene Vermögen. Nach der alten Rechtslage waren diese beiden Zeitpunkte identisch in § 1378 Abs. 2 und Abs. 3 S. 1 BGB geregelt.

---

[3] BT-Drs. 16/13027, S. 11.

Die Neuregelung begrenzt wie bisher schon den Ausgleichsanspruch auf das zum Zeitpunkt der Beendigung des Güterstandes bzw. auf das zum Zeitpunkt des Stichtags (§ 1384 BGB n. F.) der Zustellung des Scheidungsantrags vorhandene Vermögen (§ 1378 Abs. 1 S. 2 BGB n. F.). Gegenüber der alten Formulierung hat sich damit in Abs. 2 S. 1 keine Neuerung ergeben. Da allerdings § 1384 BGB n. F. für die Berechnung der Höhe des Anspruchs ebenfalls auf die Zustellung des Scheidungsantrags abstellt, ist zukünftig bei einer Anspruchsbegrenzung auf diesen Zeitpunkt abzustellen. Ob der Ausgleichsanspruch einer Begrenzung unterliegt, bestimmt sich ab 1.9.2009 nach den Vermögenswerten bei Zustellung des Scheidungsantrags. Unerheblich ist dabei, ob diese Vermögenswerte bei Fälligkeit des Anspruchs noch vorhanden sind.

Nach der Neuregelung kommt es nunmehr sowohl für die Berechnung als auch für die Höhe der Ausgleichsforderung auf den **Tag der Zustellung des Scheidungsantrags** an.

Gleichzeitig begrenzt die Neuregelung in § 1378 Abs. 2 S. 1 BGB n. F. den Anspruch auf die Hälfte des vorhandenen Vermögens. Dabei ist der Zeitpunkt der Beendigung des Güterstandes in § 1378 Abs. 2 S. 1 BGB n. F. mit der Fiktion des § 1384 BGB n. F. zu lesen. Bisher war dieser in § 1384 BGB geregelte Zeitpunkt der Zustellung des Scheidungsantrags lediglich maßgeblich für die Berechnung des Zugewinns. Die Höhe der Ausgleichsforderung dagegen war durch das Vermögen bei Beendigung des Güterstandes, also häufig in den Fällen der Rechtskraft der Ehescheidung, begrenzt. Diese vom BGH als Gläubigerschutzvorschrift angesehene Regelung hatte häufig zur Folge, dass der ausgleichspflichtige Ehegatte zwischen der Zustellung der Antragsschrift zur Ehescheidung und der Rechtskraft des Urteils rechtsmissbräuchlich Vermögen beiseite schaffte, um den Anspruch gering zu halten.

Hinweis

Mit der **Begrenzung des Ausgleichsanspruchs auf den Zustellungszeitpunkt** wird zwar nicht jede Manipulationsmöglichkeit beseitigt, gleichwohl ist es dem unredlichen Ehegatten ab dem Inkrafttreten der Neuregelung sehr viel schwerer möglich, zum Nachteil des anderen Vermögensverfügungen zu treffen. Der Zeitpunkt der Haftung wird zeitlich näher an die Trennung gerückt.

Für die Fälle der illoyalen Vermögensminderung sieht § 1378 Abs. 2 S. 2 BGB n. F. eine Hinzurechnung der Vermögenswerte zum Endvermögen vor, um die dieses vorher vermindert wurde. Dabei hatte der Gesetzentwurf der Bundesregierung lediglich eine hälftige Hinzurechnung vorgesehen[4]. Dies wurde in den Beratungen vom Rechtsausschuss des Bundestages korrigiert[5], so dass die endgültige Fassung nun eine Hinzurechnung der gesamten illoyalen Vermögensminderung vorsieht. Dass es dabei auch zu einer Verschuldung des Ausgleichspflichtigen kommen kann, hält der Rechtsausschuss im Hinblick auf die illoyale Haltung des Ehegatten für zumutbar.

Im Grundsatz bleibt es also bei der bisherigen Regelung, dass der Ausgleich auf den Wert des Vermögens begrenzt wird und der Schuldner sich wegen des Zugewinnausgleichs nicht verschulden muss. Allerdings soll der illoyale Ausgleichsschuldner nicht für die Verminderung des Vermögens belohnt werden. Ihm wird auch die Verschuldung bis zur maximalen Höhe der Vermögensminderung zugemutet[6]. Allerdings ist die Auffassung, die in der amtlichen Begründung vertreten wird (BT-Drs. 16/10798, S. 25), der Schuldner müsse zur Erfüllung der

---

[4] BT-Drs. 16/10798 S. 27.
[5] BT-Drs. 16/13027 S. 11.
[6] BT-Drs. 16/13027 S.11.

Ausgleichsforderung keine Verbindlichkeiten eingehen, nicht richtig. Stellt man auf den Zeitpunkt der Fälligkeit ab, kann es sehr wohl passieren, dass das vorhandene Vermögen des Schuldners nicht ausreicht, um die Ausgleichsforderung zu erfüllen (vgl. hierzu näher Kap. 1.3.4).

1.1.5 Umgestaltung des Systems des vorzeitigen Zugewinnausgleichs

Der vorzeitige Zugewinnausgleich, der nach dem bisherigen Recht nach den §§ 1385, 1386 BGB vorgenommen werden konnte, erfordert zunächst eine Gestaltungsklage, die über die Berechtigung des Ehegatten auf Beendigung des Güterstandes entscheidet[7]. Nach Rechtskraft eines entsprechenden Gestaltungsurteils kann der Ehegatte dann auf Auskunft und Zugewinn klagen, wobei die Gestaltungsklage mit der Klage auf Auskunft und auf Zugewinnausgleich verbunden werden kann.

Die Gesetzesbegründung sieht in dem System des vorzeitigen Zugewinnausgleichs ein aufwändiges und umständliches Verfahren, das einen nur unzureichenden Schutz des ausgleichsberechtigten Ehegatten vor Rechtshängigkeit des Scheidungsantrags bietet[8]. Dies soll die Neuregelung ändern und will hierzu die bisher in den §§ 1385 und 1386 BGB geregelten Ansprüche zusammenfassen und auch die Sicherung des Ausgleichsanspruchs durch Arrest ermöglichen.

Zukünftig genügt es als Berechtigung für die Durchführung des vorzeitigen Zugewinns, wenn eine vermögensmindernde Verfügung des ausgleichspflichtigen Ehegatten zu befürchten ist; sie muss nicht mehr wie bisher bereits durchgeführt sein.

Da mit der Neuregelung eine sofortige Leistungsklage als Bestandteil der Stufenklage möglich ist, soll dem Ehegatten auch ein Auskunftsanspruch zugestanden werden. § 1379 BGB n. F. nimmt deshalb auf den vorzeitigen Zugewinn in Abs. 2 in Bezug.

1.1.6 Sicherung des Ausgleichsanspruchs

Eines der größten Probleme des vorherigen Systems des Zugewinnausgleichs war der unzureichende Schutz des Gläubigers vor illoyalen Vermögensminderungen zwischen Stichtag und Fälligkeit der Ausgleichsforderung. Entscheidungen, die auch beim Verdacht auf illoyale Vermögensminderung darauf abstellen, dass die einzige Sicherungsmöglichkeit für den Ehegatten in § 1389 BGB besteht[9], waren in der Vergangenheit nicht selten. Die Vertreter dieser Auffassung (so z. B. noch OLG Karlsruhe [18.Sen.] FamRZ 2007, 410) haben die Vorschrift des § 1389 BGB a.F. als lex specialis angesehen, die vorrangig die Sicherung eines derartigen Ausgleichsanspruchs regelt, so dass daneben kein Platz für andere prozessuale Sicherungsmittel bleibt. Nicht zuletzt, da der BGH[10] auch bei bestehender Sicherheitsleistung auf den Vorrang des § 1378 Abs. 2 BGB abgestellt hat, verblieb bei Böswilligkeit des Ausgleichspflichtigen letztlich kaum eine Möglichkeit den Anspruch effektiv durchzusetzen.

Hier will die Neuregelung ansetzen und künftig die Sicherung des Anspruchs für den Gläubiger einfacher und effektiver gestalten. Dem dient zum einen die Zulassung der Sicherung durch Arrest, zum anderen die Gleichstellung der Stichtage in § 1384 für die Berechnung und die Höhe des Anspruchs auf Zugewinnausgleich. Für die Sicherung durch Arrest wird ledig-

---

[7] So auch MünchKomm-BGB/Koch § 1386 Rn 4.
[8] BT-Drs. 16/10798 S. 28.
[9] Vgl. OLG Hamm, FamRZ 1986, 1106.
[10] BGH, FamRZ 1998, 925.

lich § 1389 BGB aufgehoben. Damit – so die Gesetzesbegründung – wird verdeutlicht, dass wie bei jeder anderen Forderung eine direkte Anwendung der §§ 916 ff. ZPO möglich ist[11].

1.1.7 Ansprüche gegen Dritte aus § 1390 BGB

Im bis 30.8.2009 geltenden Recht hat der Ausgleichsgläubiger bei einer illoyalen Minderung seines Anspruchs, die nicht im Rahmen der Hinzurechnung des § 1375 BGB korrigiert werden kann, einen Herausgabeanspruch gegen den Dritten. Dies gilt insbesondere in den Fällen, in denen der Schuldner illoyal das Vermögen mindert und es nach dem Stichtag des jetzt geltenden § 1384 BGB einem Dritten zuwendet.

Die Neuregelung, die teilweise das Problem bereits über die Regelung in § 1378 Abs. 2 S. 2 BGB n. F. löst, der eine Hinzurechnung des geminderten Vermögenswertes zum Endvermögen auch dann zulässt, wenn es negativ wird, stellt den Gläubiger dagegen in zwei Anwendungsbereichen besser.

Zum einen ist § 1390 BGB n. F. als direkter Zahlungsanspruch gestaltet und nicht mehr wie bisher als bloßer Herausgabeanspruch. Zwar kann der Dritte die Zahlung durch Herausgabe abwenden, es bleibt aber bei dem Ausgangspunkt des Zahlungsanspruchs, der den Gläubiger besser stellt. Zum anderen haften der ausgleichspflichtige Ehegatte und der Dritte als Gesamtschuldner, so dass die Inanspruchnahme des Dritten nicht mehr wie bisher von der Leistungsunfähigkeit des Ehegatten abhängt.

Die generelle Berechtigung der Vorschrift des § 1390 BGB n. F. bleibt im Hinblick auf eine – auch teilweise – Leistungsunfähigkeit des Ausgleichsschuldners bestehen, da nicht auszuschließen ist, dass trotz der Regelung des § 1378 Abs. 2 S. 2 BGB n. F. der Schuldner die Realisierung der Forderung verhindern kann oder diese unmöglich ist. In diesen Fällen soll § 1390 BGB n. F. eingreifen.

Den Wegfall der Sicherungsmöglichkeit in Abs. 4 begründet der Gesetzgeber mit dem nunmehr ausreichenden einstweiligen Rechtsschutz nach den allgemeinen Vorschriften.

1.2 Änderungen des Betreuungsrechts

Warum das Betreuungsrecht durch die Aufnahme in die Gesetzesbezeichnung „Gesetz zur Reform des Zugewinnausgleichs- und Vormundschaftsrechts" mehr Gewicht erhält als die viel weitgehenderen Vorschriften zur Aufhebung der Hausratsverordnung und die jetzige Regelung der Rechtsverhältnisse an den – nun sprachlich moderner gefasst – Haushaltsgegenständen und an der Ehewohnung im BGB, bleibt wohl das Geheimnis des federführenden Referenten im Bundesministerium der Justiz[12]. Die Änderung des Betreuungsrechts selbst beschränkt sich in materiell-rechtlicher Hinsicht auf § 1813 BGB. Sie gestattet jetzt dem Vormund, Pfleger oder Betreuer genehmigungsfreie Verfügungen über Giro- oder Kontokorrentkonten des Mündels. Bislang musste aufgrund der Betreuung das Konto manuell geführt werden, was einen entsprechenden Aufwand des Betreuers notwendig machte. Die Neuregelung soll die Betreuung bzw. die Führung der Vormundschaft erleichtern und nicht zuletzt die teilweise gewählte „Hilfskonstruktion" der Befreiung von den Genehmigungspflichten oder die allgemeine Ermächtigung gem. § 1825 überflüssig machen.

---

[11] BT-Drs. 16/10798 S. 31.
[12] Schwab, FamRZ 2009, 1[4], nennt dies „erstaunlich".

1.3 Neuregelung der Hausratsteilung und der Wohnungszuweisung

Mit der Übernahme der Regelungen zur Zuweisung der Ehewohnung und zur Teilung der Haushaltsgegenstände in das BGB sind nicht nur sprachliche Änderungen verbunden. Die wesentlichen Regelungen der Hausratsverordnung (HausratsVO) werden zwar übernommen, gleichwohl verdienen diese zum Teil auch in ihrer materiellen Bedeutung geänderten Vorschriften zur Behandlung von Ehewohnung und Haushaltsgegenständen die Aufmerksamkeit des mit Familienrecht befassten Rechtsanwenders. Die Aufteilung der Haushaltsgegenstände in § 1568 b BGB ist nunmehr ebenso wie das Recht an der Ehewohnung in § 1568 a BGB konzipiert als Überlassungsanspruch eines Ehegatten gegen den anderen.

Ob dies für die Praxis zu großen Änderungen führt, kann man bezweifeln, da die Gesetzesbegründung darauf verweist, dass die in der Rechtsprechung zu § 2 HausratsVO entwickelten Grundsätze beibehalten werden sollten. Gleichwohl ergeben sich hier Zweifelsfragen, nicht zuletzt auch im Zusammenhang mit den Regelungen zum Zugewinnausgleich.

2 Neuregelung des Versorgungsausgleichs

Beim Versorgungsausgleich werden nicht nur die materiell-rechtlichen Regelungen einer Neukodifikation unterworfen, sondern auch verfahrensrechtliche, bislang im Gesetz nicht enthaltene Regelungen getroffen (vgl. zu deren genaueren Darstellung: Bäumel, Das neue FamFG, Freiburg Berlin München 2009). Das Verfahren über den Versorgungsausgleich als dritte Säule der vermögensrechtlichen Beziehungen der Eheleute soll durch ein spezielles Gesetz eine Vereinfachung des Verfahrens und ein Mehr an Gerechtigkeit erfahren.

Es bleibt zunächst bei dem Grundsatz der hälftigen Teilung der in der Ehe erworbenen Versorgungsanrechte. Neu sind

- die interne Teilung der Anrechte bei den einzelnen Versorgungsträgern, die im Einzelfall durch externe Teilung ersetzt werden kann, und
- eine weitergehende Möglichkeit des Ausschlusses des Ausgleichs als nach dem bisherigen Recht.

Ein Element der Vereinfachung ist dabei eine transparentere Gesetzessystematik, die nicht zuletzt durch die Herausnahme der Regelungen aus dem BGB erreicht wird. Auch der im Regelfall interne Ausgleich als Kernstück der Neuregelung trägt zu einer Vereinfachung bei, macht er doch die schwierige und verfassungsrechtlich beanstandete Anwendung der Barwertverordnung überflüssig.

Zusätzlich werden die Möglichkeiten für Vereinbarungen zum Versorgungsausgleich und der Nichtdurchführung bei geringen Ausgleichswerten ausgeweitet.

Eminent wichtig für die Beratungspraxis bereits zum jetzigen Zeitpunkt ist der **Wegfall des sog. Rentnerprivilegs** in § 101 Abs. 3 SGB VI und des **Pensionsprivilegs** in § 57 Abs. 1 BeamtVG. Diese Regelung, die bisher eine schon gewährte Rente bzw. beamtenrechtliche Versorgungsbezüge bei der Durchführung des Versorgungsausgleichs von einer Kürzung so lange ausgenommen hatte, bis der begünstigte Ehegatte selbst Altersrente oder Pension erhielt, entfällt für die gesetzliche Rentenversicherung und für die Beamten des Bundes. Die Bundesländer haben bislang keine dem Beamtenversorgungsgesetz entsprechenden Regelungen in ihren Landesgesetzgebungen getroffen. Für Beamte der einzelnen Länder bleibt deshalb diese

Privilegierung zunächst erhalten. Dies folgt schon daraus, dass die Neuregelung des Beamtenversorgungsrechts nicht mehr in die Gesetzgebungskompetenz des Bundes fällt, soweit die Länderbeamten davon betroffen sind. Zwar enthalten nach wie vor die einzelnen Landesregelungen (so z. B. § 94 LandesbeamtenG Rheinland-Pfalz) die Verweisung auf das Beamtenversorgungsgesetz. Allerdings dürfte nach der Föderalismusreform diese Regelung nicht mehr zulässig sein. Insbesondere kann die jetzt erfolgte Neuregelung durch Art. 6 des VAStrRefG nicht zu einer derartigen Einschränkung führen, wenn das Beamtengesetz des einzelnen Bundeslandes hierzu keine Regelung enthält.

Rechtspolitisch begründbar ist die Neuregelung kaum. Insbesondere die Begründung, eine derartige Privilegierung sei im Hinblick auf die Solidargemeinschaft der Versicherten ungerechtfertigt, vermag nicht zu überzeugen. Kommt nunmehr hinzu, dass die Bundesländer die Änderungen des § 57 Abs. 1 BeamtVG in ihren landesgesetzlichen Versorgungsregelungen nicht umsetzen, es also für Länderbeamte bei der Privilegierung der Pensionen bleibt, ist eine Ungleichbehandlung gegeben, die sicherlich das Bundesverfassungsgericht beschäftigen wird. Auch im Hinblick auf die interne Teilung von Anwartschaften bei Landesbeamten wird man weiterhin auf eine gesetzgeberische Aktivität warten müssen. Zwar können aufgrund des mit Art. 5 VAStrRefG eingeführten Bundesversorgungsteilungsgesetz die Anwartschaften von Bundesbeamten intern geteilt werden. Dies gilt indes nicht für Landesbeamte.

3 Änderungen in anderen Gesetzen

Art. 2: Hausratsverordnung

Die Hausratsverordnung wird aufgehoben.

Art. 3: Änderungen des Gesetzes über das Verfahren in Familiensachen und den Angelegenheiten der freiwilligen Gerichtsbarkeit (FamFG)

Obwohl das FamFG erst am 1.9.2009 in Kraft tritt, enthält das Gesetz in Art. 2 bereits – bedingt durch die Aufhebung der HausratsVO und die Neuregelungen dieser Materie in den §§ 1568 a ff. BGB – entsprechende Änderungen im FamFG (im Einzelnen werden dort die §§ 57 Nr. 5, 96, 111 Nr. 5, 137 Abs. 2 S. 1 Nr. 3, 200, 202 – 206, 209 Abs. 2 und 269 FamFG geändert). Die Änderungen sind indes lediglich redaktioneller Art. Sie sind der nunmehrigen Bezeichnung „Haushaltssachen" und „Ehewohnungssachen" statt bisher „Hausratsgegenstände" und „Wohnungszuweisung" geschuldet. Auf eine ausführliche Darstellung kann deshalb hier verzichtet werden.

Weitere Änderungen, die aber ebenfalls kaum inhaltliche Änderungen aufweisen, sondern zum Teil zur Fehlerkorrektur, zum Teil zur Klarstellung eingefügt wurden, enthält Gesetz über die Modernisierung von Verfahren im anwaltlichen und notariellen Berufsrecht, zur Errichtung einer Schlichtungsstelle der Rechtsanwaltschaft sowie zur Änderung der Verwaltungsgerichtsordnung, der Finanzgerichtsordnung und kostenrechtlicher Vorschriften.

Art. 4 und Art. 5: Änderung des Gerichtskostengesetzes in Familiensachen und des RVG

Die in Art. 4 vorgenommenen Neuerungen des GKG – Fam sind ebenfalls der Änderung der Bezeichnung in den Ehewohnungs- und Haushaltssachen geschuldet. Inhaltlich ändert sich nichts. Gleiches gilt für die Neufassung des § 48 RVG, in dem ebenfalls noch auf den „Hausrat" abgestellt wird.

Art. 6: Änderungen des EGBGB

In Art. § 17a EGBGB werden die neuen Bezeichnungen „Ehewohnung" und „Haushaltsgegenstände" übernommen. Es handelt sich um eine Folgeänderung.

Zudem wird in Art. 229 ein neuer § 20 mit Übergangsregelungen aufgenommen. Damit wird klargestellt, dass für Verfahren auf Zugewinnausgleich die Neuregelungen auch für bereits anhängige Verfahren gelten. Lediglich die Regelung des § 1374 BGB n. F. zum negativen Anfangsvermögen und dessen Berücksichtigung gilt erst für Verfahren, die nach dem 1.9.2009 anhängig werden.

Die Neuregelung des § 1374 BGB gilt erst für Verfahren, die ab dem 1.9.2009 anhängig werden. Die amtliche Begründung führt hierzu aus, dass es sich lediglich bei § 1374 BGB n. F. und der damit einhergehenden Berücksichtigung des negativen Anfangsvermögens um eine Neuregelung handelt, die ein schutzwürdiges Interesse am Fortbestand des bisherigen Rechts erkennen lässt. Alle anderen Änderungen dienten dem Schutz vor Manipulationen, ein Fortbestand auf Manipulationsmöglichkeiten sei indes nicht schützenswert.[13]

Dies führt insbesondere bei den Auskunftsrechten zu einer etwas problematischen prozessualen Situation (vgl. genauer unter Kap. B 1.3.5.), da das Recht auf Auskunft über das Anfangsvermögen letztlich gesetzessystematisch nur mit der Berücksichtigung eines negativen Anfangsvermögens zu begründen ist. Gerade dies spielt nach der Übergangsvorschrift aber bei bereits anhängigen Verfahren keine Rolle.

Wichtig

Es genügt für die Anwendung bisherigen Rechts ausdrücklich nicht, dass am 1.9.2009 das Scheidungsverfahren anhängig ist, wenn nicht gleichzeitig auch die Folgesache Güterrecht anhängig ist. Hier kann sich eine Haftungsproblematik verbergen. Erweist sich nämlich die bisherige Rechtslage als günstiger, muss der beauftragte Rechtsanwalt für den Ehegatten rechtzeitig das Verfahren über den Zugewinnausgleich anhängig machen.

Mit Ausnahme des § 1374 BGB in seiner Neufassung können für Verfahren, die bereits am 1.9.2009 anhängig sind, die neuen gesetzlichen Bestimmungen zur Anwendung gelangen.

Beispiel

So können z. B. auch die neuen Auskunftsrechte ab 1.9.2009 in jedem Verfahren geltend gemacht werden, soweit ein Übergang in die Auskunftsstufe prozessual noch möglich ist.

Die Übergangsbestimmung gilt auch für Beschwerdeverfahren und aufgrund eines Rechtsmittels an das erstinstanzliche Gericht zurückverwiesene Verfahren. Dies führt ähnlich wie bei den Übergangsvorschriften zum Inkrafttreten des FamFG in der Praxis zu einem Nebeneinander des alten und des neuen Rechts.

---

[13] Vgl. BT-Drs. 16/10798 S. 39/40.

Wichtig

Ab dem 1.9.2009 gelten für das Verfahren auf Zugewinnausgleich unabhängig vom Eintritt der Rechtshängigkeit bereits:

- die erweiterten Auskunftsrechte,
- die Neuregelungen zur Sicherung des Anspruchs im einstweiligen Rechtsschutzverfahren,
- die Regelung des § 1384 BGB im Hinblick auf die Höhe des Ausgleichsanspruchs,
- die neue Beweislastregel des § 1375 Abs. 2 BGB.

Beispiel

Auch wenn die Ehescheidung und die Folgesache Zugewinnausgleich bereits im Juli 2009 bei Gericht rechtshängig gemacht worden sind, gelten ab 1.9.2009 für dieses Verfahren die neuen Regelungen, so dass z. B. ein Auskunftsanspruch über das Vermögen zum Trennungszeitpunkt ab dem 1.9.2009 geltend gemacht werden kann. Auch die Neuregelung der Beweislast in § 1375 Abs. 2 gelangt zur Anwendung.

Zunächst verwirrend ist die Regelung in Art. 229 § 20 Abs. 1 EGBGB, wonach § 1370 BGB auf Haushaltsgegenstände anzuwenden ist, die bis zum 1.9.2009 angeschafft worden sind, während eine Übergangsvorschrift für Verfahren auf Zuweisung der Ehewohnung nicht existiert.

Hinweis

Es sollte sehr genau geprüft werden, inwieweit die Neuregelung der Berücksichtigung eines negativen Anfangs- und Endvermögens in § 1374 Abs. 3 bzw. § 1375 Abs. 1 S. 2 BGB das Verfahren auf Zugewinnausgleich für den Mandanten beeinflussen kann. Kommt es wegen der Teilhabe des anderen Ehegatten zu einem höheren Anspruch, sollten nach Möglichkeit das Scheidungsverfahren und die Folgesache Zugewinnausgleich vor dem 1.9.2009 anhängig gemacht werden.

In anderen Fällen sollten die erweiterten Auskunftsmöglichkeiten der Neuregelung genutzt werden, die auch für bereits anhängige Verfahren zur Anwendung gelangen.

Art. 7: Lebenspartnerschaftsgesetz (LPartG)

Bedingt durch die Anlehnung des Lebenspartnerschaftsgesetzes an die Regelungen des Rechts der Ehe mussten die bisherigen §§ 17 bis 19 LPartG den Neuregelungen der §§ 1568 ff. BGB angepasst werden. § 17 LPartG verweist nun für Streitigkeiten über Haushaltsgegenstände und die Nutzung der gemeinsamen Wohnung auf die entsprechende Anwendung der §§ 1568 a ff. BGB, die §§ 18 und 19 LPartG werden entsprechend aufgehoben. Auch hiermit ist eine inhaltliche Änderung nicht verbunden.

Zur Regelung der Zugewinngemeinschaft bedurfte es keiner Änderung, da § 6 LPartG insgesamt eine Verweisung auf das Recht der Zugewinngemeinschaft enthält.

Art. 8: Änderung des Wohnungseigentumsgesetzes (WEG)

Als eine Folge der Aufhebung der HausratsVO wird § 60 WEG, der auf die Anwendung der Verordnung für den Fall, dass die Ehewohnung im Wohnungseigentum eines oder beider Ehegatten steht, aufgehoben.

Art. 9 und 10: Änderungen der Bundesnotarordnung und der Vorsorgeregister-Verordnung

Die bislang bestehende Möglichkeit der Registrierung von Betreuungsverfügungen lediglich im Zusammenhang mit Vorsorgevollmachten wird erweitert, so dass künftig auch isolierte Betreuungsverfügungen registriert werden können. Die Änderung des § 78 a BNotO stellt dafür die Rechtsgrundlage dar. Die Änderungen der Vorsorgevollmachten-Verordnung sind notwendige redaktionelle Folgeänderungen.

Art. 11: Änderung des Betreuungsbehördengesetzes

Diese vom Rechtsausschuss auf Vorschlag des Bundesrats eingefügte Änderung betrifft die Klärung der Frage, inwieweit die Beglaubigungen durch die Betreuungsbehörde einer öffentlichen Beglaubigung in ihrer Rechtswirkung gleichkommen.

Art. 12: Änderungen im SGB VIII

Auch hier handelt es sich lediglich um Folgeänderungen wegen der neuen Bezeichnung „Ehewohnung".

Inkrafttreten

Die Neuregelungen treten zum 1.9.2009 in Kraft.

B Die Änderungen im BGB

In diesem Kapitel werden ausschließlich die neuen Regelungen zum Zugewinnausgleich, zur Ehewohnung und zu den Haushaltsgegenständen und die Änderung des § 1813 BGB dargestellt. Der Verbleib des § 1587 BGB quasi als Generalnorm für die Durchführung des Versorgungsausgleichs rechtfertigt es, diese Rechtsänderung unter einem eigenen Gliederungspunkt (siehe Kap. C) darzustellen, obwohl die Einzelregelungen zum Versorgungsausgleich aus dem BGB herausgenommen worden sind.

1 Zugewinnausgleich

Das gilt weiter	Das ist neu
Die hälftige Teilhabe an dem Vermögen, das in der Ehe erwirtschaftet wird.	Schulden im Anfangsvermögen werden zukünftig beim Zugewinn erhöhend berücksichtigt, wenn sie während der Ehe getilgt werden.
Die Ausgleichsregelung beim Tod eines Ehegatten.	Die Auskunftsrechte der Ehegatten werden auf den Zeitpunkt der Trennung erweitert. Die Auskunft ist zusätzlich zu belegen
Die Fälligkeit der Ausgleichsforderung erst bei Beendigung des Güterstandes.	Die Sicherung des Ausgleichsanspruchs wird verbessert.
Unverändert bleibt es bei der Herausrechnung von Vermögenswerten, die ein Ehegatte durch Erbschaft oder Schenkung erhalten hat.	Insgesamt wird der Ehegatte vor den Möglichkeiten einer illoyalen Vermögensminderung besser geschützt.

1.1 Beibehaltung des Leitgedankens des Zugewinns

Schon der 67. Deutsche Juristentag hatte sich in den Beschlüssen der zivilrechtlichen Abteilung dafür ausgesprochen, die bestehende Regelung der Vermögensauseinandersetzung im Kern beizubehalten und auch den Halbteilungsgrundsatz im Zugewinn zu erhalten[14].

Auch die Gesetzesbegründung geht davon aus, dass das System des ehelichen Güterrechts einen fairen und praxistauglichen Ausgleich ermöglicht. Es seien daher lediglich Gerechtigkeitsdefizite zu korrigieren.[15] Gerade der Leitgedanke der hälftigen Teilhabe am in der Ehe erworbenen Vermögen sei – so die Gesetzesbegründung –„ im allgemeinen Rechtsbewusstsein verankert"[16].

Bedeutung der Zugewinngemeinschaft

Die Zugewinngemeinschaft als gesetzlicher Güterstand tritt mit der Eheschließung ein, wenn die Ehegatten nicht durch Ehevertrag etwas anderes vereinbart haben.

---

[14] 67. DJT, Beschlüsse Abteilung Zivilrecht A.I.1. und C.I.1.
[15] BT-Drucks. 16/10798, S. 15/16.
[16] BT-Drucks. 16/10798, S. 16.

> Zugewinngemeinschaft bedeutet Gütertrennung während des Bestehens des Güterstandes mit einem Ausgleich des Zugewinns nach Beendigung des Güterstandes, § 1363 Abs. 2 BGB.

Der gesetzliche Güterstand führt damit nicht kraft Gesetzes zu gemeinschaftlichem Eigentum der Ehegatten. Vielmehr behält jeder Ehegatte sein vor und während der Ehe erworbenes Vermögen als sein Eigentum und haftet – abgesehen von den Geschäften zur angemessenen Deckung des Lebensbedarfs der Familie – auch nur für seine Schulden mit seinem Vermögen. Jeder Ehegatte kann sein Vermögen grundsätzlich selbst verwalten und frei darüber verfügen.

Sinn des Zugewinnausgleichs

Der Sinn des Zugewinnausgleichs besteht darin, dem berechtigten Ehegatten seinen Anteil an den in der Ehe erarbeiteten wirtschaftlichen Werten zukommen zu lassen. Schließlich verbindet die auf Lebenszeit angelegte Ehe die Ehegatten in einer von Gleichberechtigung geprägten partnerschaftlichen Gemeinschaft, die gegenseitige Verpflichtungen auch in vermögensrechtlicher Hinsicht schafft. Diese Verpflichtungen werden durch Trennung und Scheidung nur verändert, aber nicht beendet und rechtfertigen grundsätzlich die Aufteilung des während der gesamten Ehezeit erworbenen Vermögens.[17]

Diese Auffassung will die Gesetzesbegründung auch mit der weitgehenden Akzeptanz des ehelichen Güterrechts begründen und nimmt an (ohne dass hierzu auf Rechtstatsachenforschung abgestellt wird, die es m. E. auch nicht gibt), dass die Zugewinngemeinschaft als gesetzlicher Regelfall des ehelichen Güterrechts jedenfalls mit dem Prinzip der hälftigen Teilung des erwirtschafteten Vermögens „im allgemeinen Rechtsbewusstsein verankert ist".[18]

Hälftige Teilung des Zugewinns

Bewährt habe sich, so die Gesetzesbegründung, auch die hälftige Teilung des Zugewinns. Sie basiert auf der Vermutung, dass beide Ehegatten einen gleichwertigen Beitrag zu dem in der Ehe erwirtschafteten Zugewinn geleistet haben. Diese Vermutung entspricht dem Charakter der Ehe als einer von Gleichberechtigung geprägten Gemeinschaft. Sie trägt dabei auch dem Umstand Rechnung, dass die Vermögensmehrung in der Ehe neben der Aufgabenteilung bei Erwerb und Haushalt von zahlreichen weiteren Faktoren abhängen kann, wie z. B. der Wirtschaftlichkeit von Anschaffungen, der Bereitschaft zum Konsumverzicht oder der Geschicklichkeit bei Geldanlagen.

Aus diesem Grund ist die Halbteilung auch bei Doppelverdiener- und Zuverdienst-Ehen grundsätzlich sachgerecht. Aus der gleichberechtigten Lebens- und Wirtschaftsgemeinschaft der Ehegatten leitet sich der Gedanke ab, dass beide während der Ehe ihre Fähigkeiten und Möglichkeiten gemeinsam einsetzen und damit das während der Ehe erwirtschaftete Vermögen grundsätzlich gemeinsam erarbeiten[19]. Dieser Ansatz sei auch – so die Begründung des Regierungsentwurfs[20] – knapp 50 Jahre nach dem Inkrafttreten des geltenden Güterrechts am 1. Juli 1958 unverändert tragfähig. Er orientiere sich an der Ehe mit unterschiedlicher Aufgabenverteilung, in der der Ehegatte, der selbst nicht oder nur in eingeschränktem Maße beruflich tätig war, der jedoch dem anderen die volle Teilhabe am Berufsleben ermöglichte, an dem Gewinn des anderen beteiligt wird.

---

[17] So schon zum Gleichberechtigungsgesetz: BVerfG, Urteil v. 28. Februar 1980, BVerfGE 53, 257, 297 = NJW 1980, 692.
[18] BT-Drucks. 16/10798, S. 14.
[19] BGH FamRZ 1979, 905.
[20] BT-Drucks. 16/10798, S. 13/14.

Nimmt man deshalb an, der Beteiligungsgedanke ergebe sich aus dem eigenen Beitrag zur Vermögensmehrung des anderen Ehegatten einerseits und dem Verzicht auf eigene Wertschöpfung wegen der Ehe, kommt man über eine derartige doppelte Fiktion zur Ausgleichsberechtigung des Ehegatten mit dem geringeren Zugewinn.

Kann man eine derartig begründete Ausgleichsverpflichtung, die ja tatsächlich eine Leistung des anderen Ehegatten oder zumindest einen ehebedingten Verzicht zugunsten des vermögenden Ehegatten voraussetzt, als innere Rechtfertigung des Anspruchs noch ohne Weiteres nachvollziehen, wird die Rechtfertigung in den Fällen schwierig, in denen weder ein Verzicht auf eigenen Vermögenserwerb noch eine Teilhabe am Vermögenserwerb des anderen die Ausgleichsberechtigung tragen

1.2 Kritik am Reformansatz des Gesetzes

„Parturient montes, nascetur ridiculus mus"[21] – Man fühlt sich an diesen Vers aus der ars poetica des Horaz erinnert, wenn man die Begründung des Gesetzgebers liest und sie mit einzelnen Stimmen in der güterrechtlichen Literatur vergleicht, die das bestehende System des Zugewinnausgleichs von Grund auf reformieren wollen.[22]

Der Ansatz der Gesetzesbegründung, die bisherige Regelung finde ihre Rechtfertigung in der Ehe, wird nicht nur durch universitäre Theoriendiskussionen in Zweifel gezogen, auch die notarielle Praxis und die Beratungspraxis der Rechtsanwälte zeigen, dass die Regelungen der Zugewinngemeinschaft nicht mehr in allen Ehemodellen als geeignete Regelungen angesehen werden. So eignet sich der Güterstand der Zugewinngemeinschaft zwar für die Hausfrauenehe[23] und die Zuverdiener-Ehe. Bei anderen Ehetypen aber wie der mittlerweile häufigeren sog. Doppelverdienerehe ist der gesetzliche Güterstand verfehlt[24].

Der Gedanke der Teilhabegerechtigkeit versagt vollends, betrachtet man den nach wie vor bestehenden Ausgleich beim Tod eines Ehegatten, § 1371 BGB. Der pauschale Ausgleich des Zugewinns durch Erhöhung der Erbquote des überlebenden Ehegatten wird ohne die Ermittlung eines tatsächlichen Zugewinns des überlebenden Ehegatten vorgenommen und kann deshalb kaum mit einer wie auch immer gearteten Teilhabegerechtigkeit begründet werden. Auch hier versäumt die Gesetzesänderung eine erklärende Richtigstellung oder eine Korrektur. Nimmt man gleichzeitig die Stimmen[25] hinzu, die im Bereich der Europäischen Union eine Vereinheitlichung des Güterrechts, vereinzelt sogar ein „europäisches Güterrecht"[26], fordern, ist die Frage erlaubt, ob die vorgenommenen Korrekturen im Recht des Zugewinnausgleichs nicht zu kurz greifen und ob daher nicht eine erneute Überarbeitung bereits in wenigen Jahren notwendig sein wird.

1.2.1 Wertsteigerungen des Anfangsvermögens

Dass Wertsteigerungen des Anfangsvermögens grundsätzlich dem Ausgleich in der Zugewinngemeinschaft unterliegen, ist a priori keine dem Teilhabegedanken fremde Möglichkeit.

---

[21] „Es kreißen die Berge, zur Welt kommt nur ein lächerliches Mäuschen", besser bekannt unter der Kurzform: „Der Berg kreißte und gebar eine Maus", Horaz Ars poetica, Vers 139, zitiert nach Brockhaus 2008.
[22] Vgl. nur Battes, FamRZ 2009, 261 ff. mwN, insbesondere in Fn 3.
[23] Diederichsen, FamRZ 1992, 1[8].
[24] So MüKo-BGB/Koch § 1363 Rn 3.
[25] Vgl. den Bericht v. Wagner FamRZ 2009, 269 ff.
[26] Dethloff, StAZ 2006, 253; dies. AcP 204, 544 [564].

Beispiel

Steigt der Wert des bei Beginn des Güterstandes vorhandenen Handelsgeschäfts des Ehemanns durch den Arbeitseinsatz der Ehefrau an, so wird ihre Teilhabe an dem Wertzuwachs als gerecht anzusehen sein.

Das gilt auch dann, wenn sie nicht im Unternehmen mitarbeitet, sondern sich um Familie und Haushalt kümmert, so dass der Ehemann sich ohne weitere familiäre Aufgaben ausschließlich der Mehrung des Firmenwertes widmen kann. Dabei ist es für die Frage der inneren Rechtfertigung des Zugewinnausgleichsgedankens ohne Belang, ob das Handelsunternehmen zum originären Anfangsvermögen gehört oder etwa im Weg der Erbfolge erst nach der Eheschließung in das Eigentum des Ehegatten gelangt ist.

1.2.1.1 Originäres Anfangsvermögen

Beispiel

Hat der Ehegatte zu Beginn des Güterstandes ein Grundstück, das einen Verkehrswert von umgerechnet 100.000 Euro hat und wächst der Wert dieses Grundstücks, ohne dass einer der Ehegatten etwas dazu tut, im Verlauf der 15 Jahre bestehenden Ehe einzig wegen der Entwicklung des Grundstücksmarktes auf 130.000 Euro, so ist der Ehegatte – das Fehlen weiterer Vermögensgegenstände bei beiden Ehegatten unterstellt – dem anderen zum Ausgleich in Höhe von 15.000 Euro verpflichtet.

Ob dieser Ausgleich noch mit der Teilhabegerechtigkeit zu rechtfertigen ist, erscheint schon fraglich. Gleiches gilt auch für die Fallkonstellation, in der die Mitarbeit des anderen Ehegatten nicht erfolgt und der familiäre Rückhalt in der Ehe eher fraglich erscheint. Gleichwohl hat der Gesetzgeber diese Ungereimtheiten nicht problematisiert, so dass die Fiktionen der Teilhabe ebenso weiter Gültigkeit haben wie die zu Recht bestehenden tatsächlichen Teilhabegründe.

1.2.1.2 Privilegiertes Anfangsvermögen

Auch die unveränderte Regelung des § 1374 Abs. 2 BGB, der die Zurechnungen zum Anfangsvermögen eines Ehegatten regelt, bedarf nach teilweise vertretener Auffassung einer umfangreichen Änderung. Ziel sollte es nach diesen Stimmen[27] sein, das nicht dem Zugewinn unterfallende Vermögen zu erweitern. Wertsteigerungen des Anfangsvermögens sollen nach dieser Ansicht ausgeschlossen werden, soweit sie nicht auf der Leistung eines Ehegatten für das gemeinsame Leben beruhen.

Beispiel

Damit bliebe lediglich die auf der Entwicklung der Aktienkurse oder des Grundstückmarktes beruhende Wertsteigerung des Vermögens, das bei Beginn des Güterstandes schon vorhanden war, vom Zugewinn ausgenommen.

Die Wertsteigerung aufgrund eines Umbaus eines Hauses durch eine eigene Leistung der Ehegatten bliebe dagegen für den Zugewinnausgleich erhalten.[28]

---

[27] Vgl. auch Battes, FamRZ 2007, 313 ff. mit etwas anderer Schwerpunktsetzung.
[28] Vgl. genauer Battes, FamRZ 2009, 261[263].

Diese Auffassung, die in ihren einzelnen Facetten noch weitere Möglichkeiten enthält, die hier aus Platzgründen nicht darstellbar sind, besticht durch die Aufnahme des Gedankens, dass letztlich nur die Teilung des auf der Lebensleistung der Ehegatten beruhenden Vermögenszuwachs durch das Prinzip der Teilhabegerechtigkeit eine innere Rechtfertigung findet, nicht aber der Zuwachs des Anfangsvermögens per se. Diese Argumentation findet sich auch jetzt schon in der Rechtsprechung, wenn der BGH die Wertsteigerung eines Hauses durch den sukzessiven Wegfall des Wohnrechts als eine der Regelung des § 1374 Abs. 2 BGB unterfallende Zuwendung ansieht[29], sofern der Erwerb der Immobilie auf einem Erwerbstatbestand des § 1374 Abs. Abs. 2 BGB beruht. Die Güterrechtsreform hat diese Überlegungen leider nicht aufgegriffen.

1.2.2 Erweiterung des Katalogs des § 1374 Abs. 2 BGB

Eng verwandt mit der oben unter 1.2.1 dargestellten Problematik ist die nach Auffassung der Rechtsprechung[30] abschließende Aufzählung der Möglichkeiten der aufgrund privilegierten Erwerbs begründeten Hinzurechnung des Vermögenserwerbs zum Anfangsvermögen.

So ist unstreitig, dass die eheneutralen Erwerbsvorgänge der Schenkung, der Erbschaft oder des Erwerbs im Hinblick auf eine künftige Erbregelung dem Zugewinn entzogen sind. Diese in den Gesetzesberatungen zum GleichberG von 1958 mit der besonderen Nähe zwischen dem Zuwendungsgeber und dem -empfänger begründete Auffassung, die den eheneutralen Erwerb dem Zugewinn entzieht, werden vom BGH als eine enumerative Aufzählung angesehen, die weder einer analogen Anwendung noch einer ergänzenden Auslegung zugänglich sein sollen (vgl. BGH, FamRZ 1987, 791). Warum der Schmerzensgeldanspruch des verunfallten Ehegatten nicht ebenso dazu zu rechnen ist, da er jedenfalls nicht als Teil des Vermögens, der auf einer gemeinsamen Leistung der Ehegatten beruht, anzusehen ist, ist kaum vermittelbar.

Trotz verschiedener Stimmen in den Stellungnahmen zum Referentenentwurf[31] hat der Gesetzgeber auf eine Änderung verzichtet, ohne indes die Regelung zu problematisieren.[32]

Auch sie lässt sich kaum mit dem Gedanken der Schicksalsgemeinschaft Ehe und des daraus abgeleiteten Teilhabeanspruchs des Ehegatten erklären, da auch bei einem derartigen zufälligen Vermögenserwerb, wie z. B. bei einem Lottogewinn oder ähnlichen sog. eheneutralen[33] Erwerbsvorgängen, der Gedanke einer Partizipation an dem während der Ehe „erwirtschafteten" Vermögen nicht greift.

1.2.3 Beibehaltung der „erbrechtlichen Lösung"

Keinen Änderungsbedarf hat der Gesetzgeber im Hinblick auf den Zugewinnausgleich beim Tod eines Ehegatten gesehen. Dies führt zu einer Verstärkung der Systemwidrigkeit[34] dieser Regelung, da nunmehr eine im Zugewinnverfahren mögliche Reduzierung des Zugewinns durch die Berücksichtigung negativen Anfangsvermögens – das sich im Erbfall überhaupt nicht auswirkt – somit doppelt auffällig ist.

Zwar war es auch schon vorher so, dass ein erbrechtlicher Ausgleich erfolgt, obwohl kein Zugewinn entstanden ist, allerdings werden jetzt die Fälle, in denen entweder kein Zugewinn oder nur ein geringerer Ausgleichsanspruch besteht, vermehrt anzutreffen sein. Im gleichen

---

[29] BGH, FamRZ 2007, 978.
[30] So zuletzt BGH, FamRZ 2007, 1307; FamRZ 2004, 781 mwN.
[31] So die Stellungnahme der Bundesrechtsanwaltskammer v. April 2004.
[32] Auch Koch, FamRZ 2008, 1124, beklagt den sparsamen Umgang mit Begründungen und herleitenden Reflexionen.
[33] Schwab, Handbuch des Scheidungsrechts, VII Rn. 106 ff.
[34] Vgl. MünchKommBGB/Koch § 1371 Rdn. 3 ff.; Schröder/Bergschneider Rdn. 4.128.

Maß werden allerdings auch Lösungen über die Regelung des § 1371 Abs. 3 unattraktiver werden, da die Fälle, in denen der Zugewinnausgleich als die bessere, weil einen höheren Anteil am Nachlass versprechende Möglichkeit erscheint, durch die Berücksichtigung des negativen Anfangsvermögens geringer werden.

Die Gesetzesbegründung verhält sich zu dieser Problematik indes nicht. Lediglich in Teilen der Literatur wird auf die hohe Praktikabilität der Lösung nach § 1371 BGB hingewiesen[35].

1.2.4 Sonstige Regelungslücken

Eine Berücksichtigung der tatsächlichen Lebensumstände findet bei der Reform nicht statt. So sieht der modernisierte Güterstand keine Regelungen vor für die Fälle, in denen ein Vermögenserwerb schon beim Zusammenleben vor der Ehe stattgefunden hat[36].

Viele Paare leben bereits vor der Eheschließung aber über längere Zeit zusammen. In dieser Zeit findet sowohl eine Beteiligung an der Rückführung von Verbindlichkeiten wie auch aktive Unterstützung beim Erwerb von Vermögen statt. Dies wird bei der Reform nicht berücksichtigt. Die Stichtage für Anfangs- und Endvermögen bleiben bei der Eheschließung und der Stellung des Antrags auf Ehescheidung.

Es erscheint jedoch fraglich, ob man mit einer derartigen Erweiterung nicht den Weg der zulässigen güterrechtlichen Regulierung für den *ehelichen* Güterstand verlassen würde. So sehr gerechtfertigt die Forderung nach einer Regelung für nichteheliche Lebensgemeinschaften ist, die Reform des ehelichen Güterrechts kann das wohl nicht leisten.

Eine andere Frage ist, ob bei der Beendigung des Güterstandes nicht generell auf den Trennungszeitpunkt abgestellt werden sollte. Diesen Weg ist der Gesetzgeber nicht gegangen. Vielleicht zu Recht angesichts der möglichen Beweisschwierigkeiten, leider jedoch ohne weitere Erörterung in der Gesetzesbegründung.

1.2.5 Ein kritisches Fazit

Im Hinblick auf die Entwicklungen in den anderen europäischen Ländern[37] und die Zwangsläufigkeit eines künftig notwendigen europäischen Familienrechts[38] wäre es sicherlich ein besserer Weg gewesen, nicht nur die notwendigen Gerechtigkeitsdefizite der bestehenden gesetzlichen Regelungen zu beseitigen, sondern insgesamt aufgrund einer durch rechtstatsächliche Untersuchungen fundierten Bestandsaufnahme nach Lösungen zu suchen, die tragfähiger hätten sein können als die nunmehr Gesetz gewordene Regelung.

Um Missverständnissen vorzubeugen: Die Neuregelung beseitigt eindeutige Gerechtigkeitsdefizite und ist deshalb uneingeschränkt zu begrüßen. Gleichwohl wäre etwas mehr Mut des Gesetzgebers zu großen Reformentwürfen oder doch wenigstens mehr Diskussionsfreudigkeit im Hinblick auf das Warum der Regelungen oder besser Nichtregelungen wünschenswert gewesen.

Die rechtsberatende Praxis wird nach wie vor – oder soll man mutmaßen noch mehr – zu tun haben, um die Vertragsfreiheit des Güterrechts zu nutzen, um gerade für den gesetzlichen Güterstand Modifikationen zu erarbeiten, die der Lebenswirklichkeit der konkreten Ehe gerechter werden als der gesetzlich normierte Güterstand des Jahres 2009.

---

[35] Vgl. Hoppenz FamRZ 2008, 1889.
[36] So aber die Überlegung von Rakete-Dombek, 67. DJT 2008, Referate.
[37] Vgl. hierzu den hervorragenden Überblick v. Henrichs in: Brühler, Schriften zum Familienrecht Bd. 11, S. 59 ff.
[38] Vgl. Martiny in: Brühler, Schriften zum Familienrecht Bd. 13, S. 56 ff.

Gerade der Gedanke, dass eine Beendigung der vermögensrechtlichen Gemeinsamkeiten mit der Trennung in sehr vielen Fällen von beiden Ehegatten gewünscht ist, hätte Anlass geben müssen, sich intensiver mit einer derartigen Möglichkeit auseinanderzusetzen. Auch die weit verbreitete Vorstellung, dass Vermögenswerte, die während der Ehe erworben wurden, beiden Ehegatten zu gleichen Teilen gehören, hätte als eine Komponente eine Güterstandes Beachtung finden können. So hat man zum zweiten Mal nach 1990[39] die Chance vertan, auch im Güterrecht neue oder altbewährte Regelungen auf ihre Verwendbarkeit zu prüfen.

1.3 Neue güterrechtliche Regelungen, §§ 1373 ff. BGB

Bei dem Gesetz zur Reform des Zugewinnausgleichs- und Vormundschaftsrechts handelt es sich um ein Artikelgesetz, das in insgesamt 13 Artikeln (der Referenten-Entwurf enthielt lediglich 7 Artikel) die Änderungen des BGB, des FamFG, des EGBGB, des RVG und des FamGKG sowie des Lebenspartnerschaftsgesetzes und anderer Gesetze enthält. Im Folgenden sollen lediglich die wichtigen Änderungen des BGB in Art. 1 und die Änderungen des FamFG in Art. 3 sowie das Übergangsrecht in Art. 13 ausführlicher erläutert werden.

1.3.1 Die Berücksichtigung negativen Anfangsvermögens

1.3.1.1 Allgemeines

Die innere Rechtfertigung des Systems des Zugewinnausgleichs basiert zum einen auf einer tatsächlich erfolgten Beteiligung am Vermögenserwerb zugunsten des anderen Ehegatten, so z. B. durch die Mitarbeit im Betrieb ohne angemessene Entlohnung.

Zum anderen gründet sie auf einer Fiktion: Der Vermögenserwerb eines Ehegatten in der Ehe ist zu gleichen Teilen beiden Ehegatten zuzuordnen, unabhängig davon, welcher Ehegatte welchen konkreten Beitrag zur Vermögensmehrung geleistet hat. Der Anspruch auf Teilhabe rechtfertigt sich aus

- der Annahme eines Verzichts auf eigene Wertschöpfung und
- aus der Annahme der Beteiligung an der Wertschöpfung des anderen Ehegatten.

Beide Elemente sind fiktiver Natur, ihre Widerlegung ist nicht möglich. Dabei kommt es zum Teil zu einem Ausgleich, der sich weder durch den Verzicht auf den eigenen Vermögenserwerb noch auf die Teilhabe am Vermögenserwerb des anderen Ehegatten rechtfertigen lässt. Diese fiktive Beteiligung führt dazu, dass ein Ehegatte über den Zugewinn des anderen Ehegatten Vermögenswerte erhält, zu denen er nichts beigetragen hat. Dies wird deutlich in der Behandlung der Wertsteigerung bereits vorhandener Vermögenswerte ohne Zutun eines der Ehegatten oder der Einbeziehung von Wertsteigerungen von Vermögenswerten, die als Schenkungen oder Erbschaften nur mit dem Wert zum Zeitpunkt der Zuwendung dem Anfangsvermögen zugerechnet werden.

Die Überlegungen, dass ein derart starres, schematisches System zu Fällen führt, bei denen das Ergebnis ungerecht erscheint, lassen sich an vielen Beispielen darstellen.

---

[39] Vgl. Lipp, FamRZ 1996, 1117; ders. FamRZ 1995, 65 zum Güterstand des FGB/DDR.

Beispiele

1. Der Ehegatte erleidet nach der Trennung einen Verkehrsunfall, der zu einer Schmerzensgeldzahlung in Höhe von 100.000 Euro führt. Dieser Betrag ist vollständig zum Stichtag in seinem Vermögen enthalten und unterliegt dem Zugewinnausgleich, da ein Fall des § 1374 Abs. 2 BGB nicht vorliegt (vereinfachtes Beispiel nach BGH, FamRZ 1981, 755). Hier kann man kaum vermitteln, warum der Ehegatte trotz bereits erfolgter Trennung noch einen Teilhabeanspruch haben soll. Die Regelung des § 1381 BGB, den Ausgleichsanspruch aus Billigkeitsabwägungen zu modifizieren, erscheinen zum Teil sehr gekünstelt und vom Ergebnis getragen (so OLG Stuttgart, FamRZ 2002, 99).

2. Zu Beginn der Ehe im Jahr 1998 erhält der Ehemann von seinen Eltern eine Grundstücksschenkung im Wert von 35.000 DM. Dieses Grundstück bleibt in seinem Alleineigentum, ohne dass in irgendeiner Form Wertverbesserungen durch die Eheleute durchgeführt werden. Lediglich aufgrund der Tatsache, dass die Stadtgrenzen sich weiter ausdehnen, wird das Grundstück im Jahr 2007 als Bauland ausgewiesen und hat nunmehr einen Wert in Höhe von 150.000 Euro. Dies führt – aus Vereinfachungsgründen sollen andere Werte nicht vorhanden sein – im Zugewinnausgleich dazu, dass der Ehefrau ein Ausgleichsanspruch in Höhe von 64.773 Euro (150.000 Euro abzgl. indexiertes Anfangsvermögen i. H. von 20.454 Euro [Indexwerte 103,9 und 90,9]) zusteht. Dieses Ergebnis kann man ebenfalls nur mit dem Teilhabegedanken der Ehe begründen, da eine auch nur fiktive Mitarbeit des Ehegatten an dem Wertzuwachs nicht festzustellen ist.

Soweit die Reform Gerechtigkeitsdefizite[40] beseitigen will, wirkt sich dies in erster Linie zugunsten des Ausgleichsberechtigten aus.

1.3.1.2 Negatives Anfangsvermögen

Hat ein Ehegatte zu Beginn des Güterstandes Schulden, und kann er diese durch Vermögenserwerb in der Ehe tilgen, privilegierte das alte Recht diesen Erwerb.

Beispiel

Der Ehegatte, der zu Beginn der Ehe 10.000 Euro Schulden und am Ende des Güterstandes 10.000 Euro positives Vermögen hat, ist in wirtschaftlicher Hinsicht um 20.000 Euro reicher. Nach dem bisherigen Recht hat er indes nur 10.000 Euro Zugewinn erwirtschaftet, da das negative Anfangsvermögen nur mit 0 bewertet wurde. Erhält der Ehegatte nun während der Ehe eine Schenkung in Höhe von 10.000 Euro, wird das Ergebnis vollends zu seinen Gunsten gewertet. Sein Anfangsvermögen gem. § 1374 Abs. 1 BGB a.F. beträgt 0, sein Anfangsvermögen nach § 1374 Abs. 2 BGB a.F. beträgt 10.000 Euro, weil eine Verrechnung der beiden Vermögen nicht erfolgen durfte. Sein Zugewinn beträgt demnach 0.

Einer der ehernen Grundsätze des Zugewinnausgleichs lautete bislang: Es gibt kein negatives Anfangsvermögen. Gegen die seit langem geforderte Berücksichtigung der Beteiligung des Ehegatten am Schuldentilgungsgewinn in der Ehe kaum Ernsthaftes einwenden können. Gilt es doch nach Auffassung des Gesetzgebers die wirtschaftliche Betrachtungsweise hervorzuheben. Nach dieser soll auch derjenige Ehegatte, der mit der in der Ehe vorausgesetzten Unterstützung des anderen Ehegatten Schulden abbaut, Vermögen „erwerben" und nicht nur derjenige, der vorhandenes Vermögen im positiven Bereich mehrt. Diese Berücksichtigung der

---

[40] BT-Drs. 16/10798 S. 13.

Schuldentilgung beim Zugewinnausgleich spielt sowohl für das originäre wie auch für das hinzuerworbene Anfangsvermögen eine Rolle.

1.3.1.2.1 Einfluss auf originäres Anfangsvermögen, § 1374 Abs. I BGB:

Hatte ein Ehegatte bisher in seinem Anfangsvermögen Verbindlichkeiten, so wirkte sich diese Tatsache auch bei einem positiven Endvermögen nicht aus, da die bisherige Fassung des § 1374 Abs. 1 BGB die Berücksichtigung des sog. negativen Anfangsvermögens nicht zuließ.

Beispiel

So schuldete ein Ehegatte, der zu Beginn des Güterstandes Schulden von 50.000 Euro hatte, diese während der Ehe abbaute und darüber hinaus ein Vermögen in Höhe von 100.000 Euro erwirtschaftete, gegenüber dem anderen Ehegatten, der zu Beginn der Ehe weder Vermögen noch Schulden hatte und während der Ehe ebenfalls 100.000 Euro erwirtschaftete, keinen Ausgleich, obwohl er wirtschaftlich 50.000 Euro mehr erzielt hatte. Nach ganz herrschender Auffassung war nämlich das Anfangsvermögen des verschuldeten Ehegatten mit 0 zu bewerten, § 1374 2. Halbsatz BGB a.F. Beide Ehegatten konnten in ihrem Endvermögen 100.000 Euro bilanzieren. Da kein Anfangsvermögen vorhanden war, ist der Zugewinn auf beiden Seiten damit gleich hoch.

Nunmehr wird das negative Anfangsvermögen berücksichtigt und der Abtrag von Verbindlichkeiten bei der Ermittlung des Zugewinns berücksichtigt. § 1374 lautet nunmehr:

Paragraf

(1) Anfangsvermögen ist das Vermögen, das einem Ehegatten nach Abzug der Verbindlichkeiten beim Eintritt des Güterstandes gehört.

(2) Vermögen, das ein Ehegatte nach Eintritt des Güterstandes von Todes wegen oder mit Rücksicht auf ein künftiges Erbrecht, durch Schenkung oder als Ausstattung erwirbt, wird nach Abzug der Verbindlichkeiten dem Anfangsvermögen hinzugerechnet, soweit es nicht den Umständen nach zu den Einkünften zu rechnen ist.

(3) Verbindlichkeiten sind über die Höhe des Vermögens hinaus abzuziehen.

Danach ergibt sich bei Verbindlichkeiten im Anfangsvermögen folgende Situation (Beträge in Euro):

Bisheriges Rechtslage		Neue Rechtslage	
Ehefrau:			
Endvermögen:	100.000	Endvermögen:	100.000
Anfangsvermögen:	0	Anfangsvermögen:	0
Zugewinn:	100.000	Zugewinn:	100.000
Ehemann:			
Endvermögen:	100.000	Endvermögen:	100.000
Anfangsvermögen:	- 50.000	Anfangsvermögen:	-50.000
Bewertet, § 1374 Abs. 2, 2. Hs.	0		
Zugewinn:	100.000	Zugewinn:	100.000
Kein Ausgleich		**Ausgleich Ehemann an Ehefrau: 25.000**	

Gelingt es dem Ehegatten zwar seine Verbindlichkeiten abzubauen, erzielt er indes kein positives Endvermögen, bleibt es dabei, dass sich der Abbau der Schulden zwar als Verbesserung der wirtschaftlichen Situation darstellt, es aber gleichwohl zu keiner Ausgleichsverpflichtung kommt. Die Beteiligung des Ehegatten am wirtschaftlichen Erfolg durch die Schuldentilgung soll nach dem Willen des Gesetzgebers nicht zu einer (erneuten oder größeren) Verschuldung des Ausgleichspflichtigen führen. Diesem Ziel dient die in § 1378 Abs. 2 BGB aufgenommene Kappungsgrenze (vgl. genauer in Kap. B 1.3.4).

Im nachfolgenden Beispiel hat der Ehegatte zwar wirtschaftlich seine Vermögenssituation verbessert, ein Ausgleichsanspruch ergibt sich gleichwohl nicht.

Bisheriges Rechtslage		Neue Rechtslage	
Ehefrau:			
Endvermögen:	0	Endvermögen:	0
Anfangsvermögen:	0	Anfangsvermögen:	0
Zugewinn:	0	Zugewinn:	100.000
Ehemann:			
Endvermögen:	0	Endvermögen:	0
Anfangsvermögen:	- 50.000	Anfangsvermögen:	- 50.000
Bewertet, § 1374 Abs. 2, 2. Hs.	0		
Zugewinn:	0	Zugewinn:	50.000
Kein Ausgleich		**Ausgleichspflicht Ehemann an Ehefrau: 9 wg. § 1378 Abs. 2 BGB**	

Ist dagegen ein Ehegatte dem anderen zum Ausgleich des Zugewinns verpflichtet, mindert die Berücksichtigung des negativen Anfangsvermögens die Ausgleichsverpflichtung des Ehegatten, da der wirtschaftliche Vermögenszuwachs nunmehr Berücksichtigung findet. Es kommt im Vergleich zur alten Rechtslage zu einer Minderung des Ausgleichsanspruchs, die den Vermögenszuwachs beim ausgleichsberechtigten Ehegatten durch dessen Schuldenminderung berücksichtigt.

Bisheriges Rechtslage		Neue Rechtslage	
Ehefrau:			
Endvermögen:	100.000	Endvermögen:	100.000
Anfangsvermögen:	0	Anfangsvermögen:	0
Zugewinn:	100.000	Zugewinn:	100.000
Ehemann:			
Endvermögen:	0	Endvermögen:	0
Anfangsvermögen:	- 50.000	Anfangsvermögen:	- 50.000
Bewertet, § 1374 Abs. 2, 2. Hs.	0		
Zugewinn:	100.000	Zugewinn:	50.000
Ausgleich Ehefrau an Ehemann: 50.000		**Ausgleich Ehefrau an Ehemann: 25.000**	

1.3.1.2.2 Privilegiertes Anfangsvermögen, § 1374 Abs. 2 BGB

Eine Änderung oder Erweiterung der in § 1374 Abs. 2 BGB genannten Erwerbstatbestände hat der Gesetzgeber nicht vorgenommen. Dass die Gesetzesbegründung noch nicht einmal das Problem benennt, das sich aus der sehr engen Fassung der Vorschrift ergibt, erscheint kaum nachvollziehbar. Judikatur und Literatur der letzten Jahre haben immer wieder darauf hingewiesen, dass die enge Fassung der Hinzurechnung auf eine Entscheidung des historischen Gesetzgebers des Gleichberechtigungsgesetzes zurückgehe.[41] Eine Korrektur könne, soweit sich aus der Fassung des Gesetzes Gerechtigkeitsdefizite ergäben, nur auf dem gesetzgeberischen Weg vorgenommen werden.[42]

Auch wenn ein Teil der damit zusammenhängenden Probleme jetzt mit der Hinzufügung des § 1374 Abs. 3 BGB gelöst wurde, bleibt die eingeschränkte Berücksichtigung des eheneutralen Vermögenserwerbs bestehen und wird auch künftig Eheleute bei vernünftiger Betrachtungsweise zu einer vom gesetzlichen Güterstand abweichenden ehevertraglichen Regelung veranlassen.

Erhält ein Ehegatte eine Schenkung oder erwirbt er Vermögen im Weg der Erbfolge oder vorweggenommenen Erbfolge, so findet zunächst ein zugewinnneutraler Vermögenserwerb statt, da das Vermögen dem Anfangsvermögen hinzugerechnet wird. Die Wertung, dass ein derartiger Vermögenserwerb nicht dem Ausgleich unterliegen soll, wird durch die Reform nicht in Frage gestellt.

Die Entscheidung, Verbindlichkeiten im Anfangsvermögen zu berücksichtigen, soll auch für das sog. privilegierte Anfangsvermögen[43] gelten, das in § 1374 Abs. 2 BGB geregelt ist.

In den Fällen, in denen erst Verbindlichkeiten im Anfangsvermögen bestehen und später ein Hinzuerwerb nach Maßgabe des § 1374 Abs. 2 BGB erfolgt, ist jetzt unklar, wie sich die Vermögensbilanz gestaltet. Ist mit der Neuregelung des § 1374 Abs. 3 BGB nun, ohne dass das Gesetz ausdrücklich darauf Bezug nimmt, eine Verrechnung des positiven Hinzuerwerbs mit negativem originärem Anfangsvermögen möglich? Das folgende Beispiel soll aufzeigen, dass sich die Lösung nicht ohne Weiteres aus dem Gesetz ergibt:

Beispiel

Der Ehegatte hatte zu Beginn des Güterstandes im Jahr 2000 Verbindlichkeiten in Höhe von 20.000 Euro. Er erbte im Jahr 2005 30.000 Euro und verfügt im Endvermögen über ein Vermögen in Höhe von 60.000 Euro. Zur Vereinfachung sollen Anfangs- und Endvermögen des anderen Ehegatten 0 betragen. Nach der bisherigen Regelung würde das Anfangsvermögen 30.000 Euro betragen, da weder negatives Anfangsvermögen berücksichtigt wird, noch eine Verrechnung mit dem positiven Hinzuerwerb stattfinden kann. Der Zugewinn beliefe sich auf 27.210 Euro, die Ausgleichsforderung auf 13.605 Euro (siehe die nachfolgende Berechnung).

Vermögenswerte	Mann	Frau
Endvermögen	60.000	0
Anfangsvermögen	- 20.000	0
Abs. 1	0	0

---

[41] BGH, FamRZ 2004, 781; FamRZ 1988, 593; FamRZ 1982, 148; FamRZ 1981, 755; kritisch Koch, FamRZ 2008; Schröder, FamRZ 1997, 1 ff.
[42] BGH, FamRZ 1995, 990, zum Verrechnungsverbot zwischen originärem und privilegiertem Anfangsvermögen.
[43] Vgl. BT-Drucks. 16/10798, S. 21.

Vermögenswerte	Mann	Frau
Anfangsvermögen	30.000	
Abs. 2		
Indexiert	32.790	
Anfangsvermögen saldiert	32.790	
Zugewinn	27.210	
Zugewinnausgleich an Ehefrau	13.605	

Wie nach der Neuregelung, die jedenfalls in den Beispielen in der amtlichen Begründung[44] auf den Vermögenszuwachs des Ehegatten abstellt, dieses Beispiel behandelt wird, ergibt sich nicht eindeutig aus dem Gesetz.

Der Grundgedanke hinter der Regelung des privilegierten Erwerbs in § 1374 Abs. 2 BGB ist, den anderen Ehegatten an einem derartigen Vermögenserwerb nicht teilhaben zu lassen. Will man den Grundgedanken des zugewinnneutralen Erwerbs im privilegierten Anfangsvermögen beibehalten, darf der Vermögenszuwachs, der sich im Beispiel aus der Erbschaft in Höhe von 30.000 Euro ergibt, keine Berücksichtigung finden. Dass aber der Ehegatte an einem Schuldentilgungsgewinn beteiligt sein soll, erfordert m.E. eine Differenzierung,

- ob die Tilgung der Verbindlichkeit zu einem Zeitpunkt stattgefunden hat, der es rechtfertigt, bei der Tilgung von einer gemeinsamen Leistung der Eheleute auszugehen, oder
- ob die Tilgung mit dem Hinzuerwerb erfolgte.

Bestehen die Verbindlichkeiten zum Zeitpunkt des Hinzuerwerbs nicht mehr, so muss diese Schuldentilgung zugewinnerhöhend berücksichtigt werden. Ob man dieses rechnerische Ergebnis erreicht, indem man das Anfangsvermögen nur mit 10.000 Euro zum Ansatz bringt oder ob man eine Hinzurechnung des negativen originären Anfangsvermögen zum Zugewinn vornimmt, das privilegierte Anfangsvermögen dagegen mit dem Wert der Zuwendung im Anfangsvermögen belässt, ist nach der Neuregelung ebenfalls unklar und führt wegen der notwendigen Indexierung zu unterschiedlichen Ergebnissen. Um die bindende Bewertungsregel des § 1376 BGB nicht zu verletzen, kann m.E. eine Lösung nur durch Hinzurechnung erreicht werden, da ansonsten der privilegierte Erwerb zu gering bewertet wird.

Darüber hinaus stellt sich die Frage, ob nicht die Hinzurechnung des negativen Anfangsvermögens ebenfalls indexiert werden muss, da der wirtschaftliche Wert der Schuldentilgung gemessen werden muss an dem Wert zum Zeitpunkt der Tilgung.

Nach diesen Überlegungen muss der Beispielsfall **nach neuem Recht** wie folgt gelöst werden:

Vermögenswerte	Mann	Frau
Endvermögen	60.000	0
Anfangsvermögen		0
Abs. 1	- 20.000	
indexiert	- 22.913	0

---

[44] Vgl. BT-Drucks. 16/10798 S. 20/21.

Vermögenswerte	Mann	Frau
Anfangsvermögen		
Abs. 2	30.000	
Indexiert	31.860	
Hinzurechnung	- 22.913	
Abs. 1	82.913	
Endvermögen unter Anrechnung § 1374 Abs. I abzgl. Anfangsvermögen	31.860	
Zugewinn	51.053	
Zugewinnausgleich an Ehefrau	25.526,50	

Mit diesem Ergebnis nimmt F an der Schuldentilgung während der Ehe teil. Der privilegierte Vermögenszuwachs bleibt unangetastet.

Tilgt der Ehegatte die Verbindlichkeiten bereits bis zum Jahr 2004 vollständig, müsste sein Anfangsvermögen im wirtschaftlichen Ergebnis mit 30.000 (indexiert 31.860) Euro angesetzt werden, da die 20.000 Euro Verbindlichkeiten dann bereits getilgt und somit in der Ehe als Schuldentilgungsgewinn behandelt werden müssen. Die Frage, ob und wenn ja mit welchen Werten dann die Tilgungsleistungen indexiert werden müssen, ist durch die gesetzliche Neuregelung ebenfalls unbeantwortet. Erfolgen die Tilgungen beispielsweise mit 1.000 Euro monatlich seit der Eheschließung im Juli 2000 wird man – vorausgesetzt, man bejaht die Indexierung – zu einem anderen Ergebnis kommen, als wenn die Schulden aufgrund eines besonders hohen Gewinns des Ehegatten im Jahr 2004 insgesamt getilgt werden.

Die indexierten Beträge bei monatlicher Tilgung ergeben

- im Jahr 2000 7.074 Euro,
- im Jahr 2001 13.879 Euro und
- im Jahr 2002 9.279 Euro,

mithin insgesamt 23.232 Euro.

Wird dagegen die gesamte Verbindlichkeit aufgrund eines besonders hohen Gewinns im Jahr 2004 insgesamt getilgt, beträgt der Wert lediglich 22.193 Euro.

Dass nunmehr auch die Verbindlichkeiten zum Zeitpunkt ihrer Tilgung indexiert werden müssen, erscheint zwangsläufig, da § 1376 BGB eine derartige Indexierung für die Wertbestimmung notwendig macht[45]. Besonders deutlich wird das Problem im nachfolgenden Beispiel:

Beispiel

Ein Ehegatte hat zu Beginn der Ehe Verbindlichkeiten von 20.000 Euro. Er erhält zwei Jahre nach der Eheschließung eine Schenkung der Eltern in einer bereits indexierten Höhe von 20.000 Euro. In seinem Endvermögen befinden sich sowohl die Verbindlichkeiten wie auch das auf 21.000 Euro angewachsene Vermögen durch die Zuwendung. Der andere Ehegatte hat ein Anfangsvermögen von 0 und ein Endvermögen von 21.000 Euro.

---

[45] Vgl. zur generellen Notwendigkeit der Indexierung BGH, FamRZ 1987, 791.

Nach **bisherigem Recht** kommt es zu folgender Rechnung:

Endvermögen M	
Aktiva	21.000
Passiva	- 20.000
saldiert	1.000
Anfangsvermögen Abs. 1 M	**-20.000**
bewertet mit	0
Anfangsvermögen Abs. 2 M	**20.000**
Saldo	20.000
Zugewinn M	0
Endvermögen F	21.000 €
Anfangsvermögen Abs. 1 F	0
Anfangsvermögen Abs. 2 F	0
Zugewinn F	21.000
Zugewinnausgleich des M	**10.500**

Wendet man auf den Fall neues Recht an, so ergibt sich ein Ausgleichsanspruch, der um 500 Euro geringer ist, weil das Anfangsvermögen nicht mehr mit 20.000, sondern mit 0 bewertet wird. Damit wird aber der Hinzuerwerb nicht mehr zugewinnneutral zum Ansatz gebracht.

Die oben angestellten Überlegungen spielen dann keine Rolle, wenn man die Vermögenswerte **jeweils nur zu den Stichtagen** untersucht. Dafür spricht, dass das Gesetz mit der Neuregelung keinen Unterschied macht, ob mit Mitteln des Hinzuerwerbs oder durch eigene – nach der Fiktion dem anderen Ehegatten im Rahmen der Teilhabe zuordenbare – Vermögensbildung getilgt wird.

Dass es bei der Berücksichtigung negativen Anfangsvermögens und dem privilegierten Hinzuerwerb zu einem m. E. ungerechten Ergebnis kommt, auch wenn man das privilegierte Anfangsvermögen nur als „Rechnungsposten" behandelt, soll das abschließende Beispiel zu diesem Problemkreis zeigen:

Beispiel

M hat bei Eheschließung 20.000 Euro Verbindlichkeiten. Er erbt nach fünf Ehejahren 30.000 Euro, die er am Stichtag der Berechnung des Endvermögens noch hat. Durch seine Arbeitsleistung hat er auch die Schulden abgebaut, aber kein sonstiges Vermögen erworben. F hat weder Anfangs- noch Endvermögen.

Dies ergibt nach neuer Berechnung folgendes Ergebnis:

Vermögenswerte	Mann	Frau
Endvermögen	30.000	0
Anfangsvermögen		
Abs. 1	- 20.000	0

Vermögenswerte	Mann	Frau
Anfangsvermögen		
Abs. 2	30.000	0
Zugewinn	20.000	0
Zugewinnausgleich an Ehefrau	10.000	

Ob man dabei das negative Anfangsvermögen gem. § 1374 Abs. 1 BGB mit dem positiven Hinzuerwerb verrechnet oder ob man den Negativsaldo dem Endvermögen fiktiv hinzurechnet, führt beides zu einem identischen Ergebnis. M hat rechnerisch einen Zugewinn von 20.000 Euro erzielt, da er in dieser Höhe unzweifelhaft Schulden abgebaut hat. Unter dem Gesichtspunkt der Teilhabegerechtigkeit wäre es auch ganz unproblematisch, davon F einen gedachten hälftigen Anteil ihres Beitrags zur Tilgung dieser Verbindlichkeiten zuzuerkennen.

Lässt man aber in dem vorherigen Beispiel den Hinzuerwerb durch die Erbschaft weg, so wird deutlich, dass der vorstehende Ausgleichsanspruch nur auf dem Hinzuerwerb beruht.

Vermögenswerte	Mann	Frau
Endvermögen	0	0
Anfangsvermögen		
Abs. 1	- 20.000	0
Zugewinn	20.000	0
Zugewinnausgleich an Ehefrau	0 wegen § 1378 Abs. 2 S. 1 BGB	

Zwar hat hier M Verbindlichkeiten abgebaut, die dem Teilhabegedanken entsprechend auch bei einem Zugewinn der F anspruchsmindernd zu berücksichtigen wären. Dieser Abbau führt indes nicht zu einer Ausgleichspflicht des M, da dies eine erneute Verschuldung, diesmal wegen des Zugewinnausgleichs bedeuten würde. Eine solche will das Reformgesetz nur in den Fällen der illoyalen Minderung des Endvermögens vornehmen, die hier gerade nicht vorliegt.

Wenn aber im Ergebnis nur – wie an den beiden Beispielen sichtbar wird – der Hinzuerwerb zu einem Ausgleichsanspruch führt, kann dies nach dem Wortlaut des § 1374 Abs. 2 BGB n. F. eigentlich nicht richtig sein.

In den Fällen, in denen sich das positive Endvermögen lediglich durch den Hinzuerwerb definieren lässt, muss dies unberücksichtigt bleiben. Ansonsten wird man der unveränderten Zielsetzung des § 1374 Abs. 2 BGB n. F. nicht gerecht. Dass derartiger Erwerb weiterhin zugewinnneutral bleiben soll, wird jedenfalls in der Begründung des Gesetzgebers nicht in Frage gestellt. Nach wie vor ungelöst bleibt dabei das Problem der Wertsteigerungen des privilegierten Anfangsvermögens, das der Gesetzgeber aber offensichtlich nicht zum Anlass genommen hat, hier eine Korrektur einzufügen.

Praxistipp

Den Ehegatten, die eine derartige Vermischung von Teilhabemöglichkeiten nicht wollen bzw. nur den in der Ehe erwirtschafteten Vermögenszuwachs dem Zugewinn unterwerfen wollen, bleibt aber die Möglichkeit der vertraglichen Modifizierung des Güterstandes durch Ehevertrag.

Die bisher schon geläufige Formulierung in den verschiedensten Handbüchern lautet regelmäßig:

Muster

Ehevertrag

....

1. Für den Fall der Scheidung unserer Ehe schließen wir Wertsteigerungen des Anfangsvermögens einschließlich deren Surrogate vom Zugewinnausgleich aus.
2. Vom Zugewinn ausgeschlossen sind auch sämtliche Vermögenswerte, die aus Erträgen dieses Anfangsvermögens stammen, auch wenn sie nicht auf Gegenstände des Anfangsvermögens verwendet wurden.
3. Wertsteigernde Aufwendungen des Ehegatten auf das Anfangsvermögen des anderen Ehegatten unterfallen dagegen dem Zugewinnausgleich.

Damit und mit ähnlichen Formulierungen in Eheverträgen hat die Rechtspraxis schon bisher das ungelöste Problem der Wertsteigerung des privilegierten Anfangsvermögens wie auch insgesamt des Anfangsvermögens eines Ehegatten gelöst und wird dies wohl auch weiterhin tun müssen. Problematisch dabei ist allerdings, dass nur ein geringer Prozentsatz der Eheleute vor Eheschließung zu einer derartigen rechtlichen Störfallvorsorge[46] bereit ist und aus diesem Grund der Abschluss derartiger Verträge meist der Zweitehe vorbehalten bleibt.

Auch **Beweislastprobleme** sind bei den oben beispielhaft angeführten Lösungen nicht zu verkennen, da der Nachweis, mit welchen Mitteln die Verbindlichkeiten getilgt werden, nur schwer zu führen sein wird. Allerdings kann für den Fall der Tilgung allein durch die Zuwendung dies alles nicht verhindern, dass § 1374 Abs. 2 BGB n. F. den Grundgedanken der zugewinnfreien Zuwendung verletzt.

1.3.1.2.3 Negativer Hinzuerwerb

Nach der Neuregelung soll auch das hinzuerworbene Anfangsvermögen, das überschuldet ist, bei der Berechnung der Ausgleichsansprüche eine Rolle spielen.

Beispiel

Hat der Ehegatte aus Pietät die überschuldete Erbschaft seines Vaters nicht ausgeschlagen, sondern angenommen und mit eigenen Mitteln die Verbindlichkeiten getilgt, so schmälert dies sein Vermögen. Es werden also so ähnlich wie bei einem negativen Anfangsvermögen des Ehegatten selbst, Verbindlichkeiten aus dem Vermögen getilgt, das nach der Theorie der Zugewinngemeinschaft der Teilhabe des anderen Ehegatten unterfällt. Hat der Ehegatte – wie die nachfolgende Rechnung zeigt – deshalb ein positives Endvermögen von 10.000 Euro, geht diese Überlegung davon aus, dass er ansonsten ein um 5.000 Euro höheres Endvermögen hätte, weil der negative Hinzuerwerb bereits ausgeglichen ist. Aus diesem Grund muss der Hinzuerwerb als Schuldentilgung berücksichtigt werden und führt zu einer Erhöhung des Vermögens.

---

[46] Vgl. zu diesem Begriff: Kornexl, FamRZ 2004, 1609.

Beispielsrechnung nach neuem Recht:

Endvermögen M	
Aktiva	10.000
Anfangsvermögen Abs. 2 M	- 5.000
Zugewinn M	15.000
Endvermögen F	0
Anfangsvermögen Abs. 1 F	
Anfangsvermögen Abs. 2 F	0
Zugewinn F	0
Zugewinnausgleich des M an die F	**7.500**

Bisher wurde das Anfangsvermögen unberücksichtigt gelassen, so dass bei der Berechnung des Zugewinns nur das tatsächlich vorhandene Vermögen des M berücksichtigt wird mit der Folge, dass der Ausgleichsanspruch nur 5.000 Euro beträgt.

Beispielsrechnung nach altem Recht:

Endvermögen M	
Aktiva	10.000
Anfangsvermögen Abs. 2 M	- 5.000
bewertet mit	0
Zugewinn M	10.000
Endvermögen F	0
Anfangsvermögen Abs. 1 F	0
Anfangsvermögen Abs. 2 F	0
Zugewinn F	0
Zugewinnausgleich des M an die F	**5.000**

1.3.2 Die Berücksichtigung negativen Endvermögens

1.3.2.1 Behandlung negativen Endvermögens

Das Endvermögen kann zukünftig ebenfalls negativ sein. Dies ergibt sich aus der Formulierung in § 1375 Abs. 1 S. 2 BGB n. F., der den Abzug von Verbindlichkeiten über den Wert des Vermögens hinaus zulässt.

Soweit die Regelung im Zusammenhang mit negativem Anfangsvermögen gesehen wird, wird die Notwendigkeit[47] der Berücksichtigung des negativen Anfangsvermögens auch beim Endvermögen dem Umstand gerecht, dass man beim Endvermögen ebenfalls Negativwerte akzeptiert.

---

[47] Vgl. BT-Drs. 16/10798 S. 22.

Beispiel

Hat der Ehegatte zu Beginn des Güterstandes Schulden, und baut er diese während der Ehe nicht vollständig ab, so muss der Ausgleichsanspruch, wie das nachfolgende Rechenbeispiel zeigt, dies berücksichtigen.

	M	F
Endvermögen	- 3.000	12.000
Anfangsvermögen	-10.000	0
Zugewinn	7.000	12.000
Differenz:	5.000	
Ausgleichsverpflichtung der F an den M:	**2.500**	

Wirtschaftlich hat M während der Ehe 7.000 Euro, F 12.000 Euro hinzugewonnen. Um dem Teilhabegedanken gerecht zu werden, muss eine Differenz von 5.000 Euro ausgeglichen werden.

Allerdings ist die Änderung in § 1375 BGB nicht abhängig von einem vorhandenen negativen Anfangsvermögen, sondern sie besteht unabhängig davon Das heißt, es gibt auch ohne negatives Anfangsvermögen einen negativen Saldo im Endvermögen. Ob dies bedeutet, dass auch das negative Endvermögen, das sich aus der Verschuldung während der Ehe ergibt, den Ausgleichsanspruch beeinflusst, ergibt sich aus der Gesetzesbegründung nicht. Der Gesetzgeber will den wirtschaftlichen Zugewinn berücksichtigen. Dies muss aber die Verschuldung unberücksichtigt lassen, die erst während der Ehe eingetreten ist. Setzt man das vorherige Beispiel ohne negatives Anfangsvermögen des M fort und berücksichtigt gleichwohl negatives Endvermögen, würde M benachteiligt, wie die folgende Rechnung zeigt:

	M	F
Endvermögen	- 3.000	12.000
Anfangsvermögen	0	0
Zugewinn	3.000	12000
Differenz:	9.000	
Ausgleichsverpflichtung der F an den M:	**4.500**	

In wirtschaftlicher Hinsicht ist die Verschuldung während der Ehe kein Gewinn, weshalb es in derartigen Fällen bei der Bewertung mit 0 verbleiben muss. Dieser Grundsatz des Zugewinnausgleichsverfahrens, dass eine Beteiligung an den Verbindlichkeiten des anderen Ehegatten nicht stattfindet, wurde durch die Reform nicht tangiert.

	M	F
Endvermögen	- 3.000	12.000
Anfangsvermögen	0	0
Zugewinn	0	12.000
Differenz:	12.000	
Ausgleichsverpflichtung der F an den M:	**6.000**	

Lediglich in den Fällen der **illoyalen Vermögensminderung** kann das Endvermögen negativ werden. Dies ergibt sich indes schon aus der bisherigen Rechtslage, § 1375 Abs. 1 S. 2 und Abs. 3 BGB. Dient dabei § 1375 Abs. 1 S. 2 BGB der unnötigen Inanspruchnahme des Dritten im Rahmen des § 1390 BGB[48], ist in Abs. 3 der Fall der illoyalen Vermögensminderung geregelt, der Einfluss auf die Ausgleichsforderung hat.

Beispiel

Das Endvermögen des M besteht aus einem Aktiendepot im Wert von 4.000 Euro, einem Motorrad im Wert von 20.000 Euro und Verbindlichkeiten gegenüber der Bank aus Darlehen in Höhe von 20.000 Euro. Das mit den Darlehensmitteln angeschaffte Motorrad übereignet er zum Schein zu einem Preis von 1.000 Euro einem guten Freund, damit er gegenüber F, deren Endvermögen 4.000 Euro beträgt, keinen Ausgleich leisten muss, sondern für sich Ansprüche geltend machen kann.

Ohne Entdeckung der Manipulation ergibt sich das nachfolgende Berechnungsschema:

	M	F
Endvermögen	4.000	4.000
	-20.000	
Saldo	0	4.000
Anfangsvermögen	0	0
Zugewinn	0	4.000
Differenz:	4.000	
Ausgleichsverpflichtung der F an den M:	**2.000**	

Schon nach der alten Rechtslage muss M sich folgenden Anspruch entgegenhalten lassen, wenn die Vermögensminderung entdeckt wird:

	M	F
Endvermögen	4.000	4.000
	-20.000	
Hinzurechnung	+ 20.000	
Saldo	4.000	4.000
Anfangsvermögen	0	0
Zugewinn	4.000	4.000
Differenz:	0	
Ausgleichsverpflichtung:	**0**	

Hier bringt die Neuregelung keine Änderung, außer dass in § 1390 BGB künftig nicht mehr gegen den Dritten vorgegangen werden muss. Auch dass erstmals ein Ausgleichsanspruch entsteht, ist mit der alten Regelung gem. § 1375 Abs. 2 und 3 BGB möglich: Beträgt die illoyale Vermögensminderung 40.000 Euro, so ergibt sich nach der Hinzurechnung ein Anspruch zugunsten der F:

---

[48] Vgl. MünchKomm/BGB-Koch, § 1390 Rn 12.

	M	F
Endvermögen	4.000	4.000
Hinzurechnung	+ 40.000	4.000
Saldo	44.000	
Anfangsvermögen	0	0
Zugewinn	44.000	4.000
Differenz:	40.000	
Ausgleichsverpflichtung des M an die F:	**20.000**	

1.3.2.2 Beweislastregel bei Vermögensminderungen

Die Bedeutung der nunmehrigen Änderung des § 1375 BGB liegt neben der Berücksichtigung des negativen Endvermögens vielmehr in der Beweislastregel in § 1375 Abs. 2 S. 2 BGB n. F., die durch die Beschlussfassung des Rechtsausschusses[49] eingefügt wurde.

> Danach muss der Ehegatte, dessen Vermögen sich zwischen der Trennung und dem Stichtag des § 1384 BGB n. F. vermindert hat, darlegen und beweisen, dass es sich dabei nicht um Minderungen des Abs. 2 S. 1 handelt. Es besteht also quasi eine widerlegbare Vermutung der Hinzurechnung der Minderung zwischen Trennung und Berechnungsstichtag.

Damit schafft erst diese Änderung durch den Rechtsausschuss das Ziel eines wirksamen Schutzes für den Berechtigten. Sie bewerkstelligt dies, indem die bislang von der Rechtsprechung[50] angenommene ergänzende, aus § 242 BGB hergeleitete Auskunft über Vermögensverfügungen vor dem Stichtag als ein allgemein auskunftspflichtiger Umstand ins Gesetz aufgenommen wird.

Damit ist jedoch **keine Einschränkung der Vermögensverfügungsbefugnis** verbunden. Nach wie vor kann der Ehegatte über sein Vermögen in den Grenzen des § 1365 BGB ohne Einschränkung verfügen. Es kann dabei auch zu einer Minderung kommen, etwa durch eine zwischen Trennung und Stichtag liegende Verpflichtung zum Schadensersatz aufgrund eines geschäftlichen Misserfolgs o. Ä. Der loyale, ehrliche Ehegatte wird dabei ohne Weiteres darlegen können, dass die Vermögensminderungen eine notwendige Folge von auch weiterhin uneingeschränkten Vermögensdispositionen sind, die keine Benachteiligung des anderen Ehegatten beinhalten.

Demjenigen Ehegatten, der sein Vermögen mindern will, um den Ausgleichsanspruch zu minimieren, wird sein Vorhaben jedoch erschwert. Man wird zwar wertmindernde Anschaffungen, wie den Ankauf eines neuen Pkw kurz vor dem Stichtag, nicht verhindern können, allerdings kann auf diese Weise der erklärungslose Vermögensschwund aufgehalten werden.

---

[49] BT-Drucks. 16/13027 S. 10.
[50] Vgl. BGH, FamRZ 2005, 689; OLG Düsseldorf, FamRZ 2007, 830; OLG Bremen, FamRZ 1999, 94.

1.3.3 Identität der Stichtage für die Berechnung des Zugewinns und der Ausgleichsforderung

1.3.3.1 Bisherige Rechtslage

Bislang musste auf der Grundlage des § 1384 BGB ein Ausgleichsanspruch errechnet werden, der zwar juristisch und mathematisch korrekt war, gleichwohl aber wegen der Begrenzung aus § 1378 Abs. 2 BGB nicht zum Tragen kam. Auch hierbei handelt es sich um eines jener möglichen Gerechtigkeitsdefizite, die die Reform beseitigen will.

1.3.3.2 Neue Rechtslage

§ 1384 BGB n. F. bestimmt deshalb den **Tag der Rechtshängigkeit des Scheidungsverfahrens** als Zeitpunkt nicht nur der Berechnung, sondern auch der Höhe des Ausgleichsanspruchs. Auf den Trennungszeitpunkt abzustellen war weder der Referentenentwurf noch der Rechtsausschuss mutig genug.

Gegenüber dem Regierungsentwurf enthält die endgültige Fassung des § 1384 BGB n. F. keine Änderung. Sie beseitigt deshalb weder das Problem, dass mit der Trennung bereits die überwiegende Zahl der Eheleute eine Trennung der vermögensrechtlichen Beziehungen erwartet, noch vermag sie **tatsächliche** Vermögensminderungen zu verhindern. Sie verlegt damit im Zweifel die Frage der Befriedigung eines Ausgleichsanspruchs in das Vollstreckungsrecht.

Trotzdem § 1378 BGB n. F. für die illoyale Vermögensminderung eine Heranziehung des gesamten Vermögens zulässt und die Begrenzung des Anspruchs auch der Höhe nach sich nunmehr gem. § 1384 BGB n. F. beurteilt, kommt es in den Fällen, in denen keine illoyale Vermögensminderung vorliegt, nicht zu einer übermäßigen Inanspruchnahme des Schuldners. Dieser haftet lediglich mit der Hälfte seines Vermögens, das zum Zeitpunkt der Beendigung des Güterstandes vorhanden ist.

Das gründet in der Neufassung des § 1378 Abs. 2 BGB, der eine – für derartige Fälle ausreichende – Begrenzung auf die Hälfte des zum Zeitpunkt der Beendigung des Güterstandes vorhandenen Vermögens beinhaltet. Ob dies gleichwohl zu unbilligen Ergebnissen führen kann, hängt davon ab, ob man die Regelung in § 1384 BGB als dem Gedanken der Teilhabegerechtigkeit entsprechend ansieht.

Beispiel

M verfügt zum Zeitpunkt der Berechnung des Zugewinns und der Ausgleichsverpflichtung über Aktien im Wert von 300.000 Euro. Der Zugewinnausgleichsanspruch der F beträgt demnach 150.000 Euro.

	M (Zeitpunkt § 1384)	F
Endvermögen	(Aktiendepot) 300.000	0
Anfangsvermögen	0	0
Zugewinn	300.000	0
Differenz:	300.000	
Ausgleichsverpflichtung des M an F:	**150.000**	

Verliert nun das Aktiendepot des M bis zum Zeitpunkt der Fälligkeit des Anspruchs die Hälfte seines Wertes, begrenzt § 1378 Abs. 2 S. 1 BGB n. F. den Anspruch auf die Hälfte des bei M vorhandenen Vermögens, damit auf 75.000 Euro.

Diese Ausgleichsverpflichtung hätte M auch, wenn der Wert seines Endvermögens von Anfang an lediglich 150.000 Euro betragen hätte. Auch der Grundsatz, dass F das wirtschaftliche Schicksal der Ehe bis zur rechtskräftigen Ehescheidung mittragen muss, wird dabei nicht verletzt.

1.3.4 Begrenzung der Ausgleichsforderung

Nach wie vor ergeben sich Schwierigkeiten aus dem Auseinanderfallen der Fälligkeit der Ausgleichsforderung und ihrer Berechnung.

Dabei sollen sowohl der Ausgleichspflichtige wie auch der -berechtigte geschützt werden:

- Der Ausgleichspflichtige vor einer zu hohen Ausgleichsforderung, wenn sich zwischen den beiden Zeitpunkten das Vermögen verschlechtert.
- Der Ausgleichsberechtigte vor einer Minderung des Vermögens, die dem Schuldner zurechenbar ist.

Mit der Neuregelung des § 1378 Abs. 2 BGB versucht die Reformgesetzgebung beide Ziele zu erreichen. Allein die ursprüngliche Formulierung bei der Zurechnung von illoyalen Vermögensminderungen erschien dem Rechtsausschuss als zu wenig weitreichend, um die illoyale Vermögensminderung zu sanktionieren.

> Die Korrektur geht nunmehr davon aus, dass der gesamte Betrag, um den das Endvermögen gemindert wurde und nicht nur der hälftige Betrag, wie dies der Entwurf der Bundesregierung vorsah, der möglichen Ausgleichsforderung zugerechnet wird.

Beispiel

Beträgt das Endvermögen einschließlich der Hinzurechnung gem. § 1375 Abs. 2 BGB n. F. 50.000 Euro, wobei 20.000 Euro auf die Hinzurechnung entfallen. Beträgt die Ausgleichsforderung selbst 25.000 Euro, das vorhandene Vermögen jedoch nur noch 30.000 Euro, wobei gem. § 1378 Abs. 2 S. 1 BGB n. F. den Anspruch eigentlich auf die Hälfte des Vermögens begrenzt, muss demzufolge dann der Betrag der illoyalen Minderung in voller Höhe hinzugerechnet werden, bevor die Begrenzungswirkung des Abs. 2 S. 1 eingreift. Im vorliegenden Beispiel könnte der Ehegatte, obwohl das vorhandene Vermögen nur noch 30.000 Euro beträgt, seinen gesamten Ausgleichsanspruch gegen den verpflichteten Ehegatten durchsetzen, ohne auf eine mögliche Geltendmachung gegen Dritte angewiesen zu sein. Der eigentliche Anspruch beträgt 25.000 Euro, vorhanden sind 30.000 Euro, von denen zwar nur 15.000 Euro zur Verfügung stehen. Da aber gem. Abs. 2 S. 2 der gesamte Hinzurechnungsbetrag in Höhe von 20.000 Euro dem Betrag nach Abs. 2 S. 1 zuzurechnen ist, beträgt der für die Erfüllung der Ausgleichspflicht zur Verfügung stehende Betrag theoretisch 35.000 Euro. Mithin muss der Verpflichtete das gesamte vorhandene Vermögen zur Erfüllung einsetzen.

Wichtig

Mit dieser Regelung kann der verpflichtete Ehegatte in Einzelfällen gezwungen sein, sein gesamtes Vermögen zur Erfüllung der Ausgleichsverpflichtung zum Einsatz zu bringen, und darüber hinaus sogar verpflichtet sein, Verbindlichkeiten einzugehen.

Dies ist nach Auffassung des Rechtsausschusses indes gerechtfertigt, da die rechnerische Grenze 0 um den gesamten Betrag der illoyalen Vermögensminderung erhöht werden müsse[51]. Damit ist in zweifacher Hinsicht Klarheit geschaffen.

1. Im Normalfall der Vermögensverschlechterung gilt der Grundsatz, dass niemand sich wegen der Ausgleichsforderung verschulden müsse, weiter.

2. In Fällen der illoyalen Minderung wird die Ausgleichsregelung konsequent gegen den „illoyalen Ehegatten" durchgesetzt, so dass dieser den vollen Anspruch abdecken muss und dafür auch verpflichtet ist, Verbindlichkeiten einzugehen. Allerdings ist diese Verpflichtung begrenzt auf den Betrag der illoyalen Minderung, nicht auf den kompletten Ausgleichsanspruch.

Beispiel

Soweit im vorigen Bespiel das vorhandene Vermögen 0 beträgt, weil neben der illoyalen Minderung zusätzlich eine Verschlechterung des Vermögens eingetreten ist, wirkt sich dies wie folgt aus:

Ausgleichsanspruch	25.000
vorhandenes Vermögen	0
Zurechnung gem. § 1375 BGB	20.000
Kappung des Anspruchs auf	20.000
gleichzeitige Verpflichtung zur Zahlung auf	20.000

Hier müsste der Ehegatte notfalls Verbindlichkeiten in dieser Höhe eingehen, sodass letztlich eine vollstreckungsrechtliche Problemstellung verbleibt.

Wenn man so will, kann man bei der Neuregelung des § 1378 Abs. 2 BGB von **zwei Kappungsgrenzen** sprechen, von denen sich

- die eine auf das vorhandene hälftige Vermögen,
- die andere auf den Betrag der illoyalen Zurechnung, sofern dieser höher wäre als das vorhandene hälftige Vermögen, bezieht.

Diese Regelung erscheint sachgerecht.

1.3.5 Erweiterung der Auskunftspflicht

Die Auskunftserteilung beim Zugewinn hat manchmal komödienhaften Charakter, wenn über drei Schriftsätze hinweg die prozessuale Wahrheitspflicht des anderen Ehegatten bemüht wird und gleichwohl eine andere Auskunft als die bereits erteilte nicht herauskommt.

---

[51] BT-Drs. 16/13027 S. 11.

Dies hat unterschiedliche Ursachen: Zum einen liegt es sicherlich an den häufig vorkommenden, indes kaum beweisbaren Vermögensverschiebungen eines Ehegatten; zum anderen aber auch oft an einem überzogenen Anspruchsdenken des vermeintlich berechtigten Ehegatten, der aufgrund der bisherigen Lebensumstände den Schluss zieht, der andere müsse über weitaus höhere Vermögenswerte verfügen. Beliebteste Argumente sind hier das soeben gekaufte Auto und der kürzlich mit dem neuen Partner/der neuen Partnerin verbrachte Urlaub.

Um die möglicherweise bestehenden Gerechtigkeitsdefizite zu beseitigen, hat die Reform das Auskunftsrecht wesentlich erweitert

1.3.5.1 Auskunft während des bestehenden Güterstandes

Nach Auffassung des Bundesrats ist es ein Gebot moderner, gleichberechtigter ehelicher Partnerschaft, dass der eine Ehepartner über die Einkommens- und Vermögensverhältnisse des anderen zumindest im Wesentlichen unterrichtet ist. Ein Auskunftsanspruch trägt ferner dazu bei, die gleichmäßige Teilhabe der Ehegatten an dem Vermögen zu gewährleisten, das sie während der Ehezeit erwirtschaften.

Bisherige Rechtslage

Nach alter Rechtslage war das Auskunftsrecht zwischen Eheleuten bei bestehender Ehe gesetzlich nicht geregelt. Lediglich als Ausfluss aus § 1353 BGB nehmen Literatur[52] und Rechtsprechung[53] an, es gebe einen Informationsanspruch über den wesentlichen Bestand des Vermögens, ohne dass diesbezüglich aber genauere Auskünfte geschuldet seien. Diese Unterrichtung in „groben Zügen"[54] vermag indes regelmäßig keinen Schutz vor Manipulationen zu bieten, insbesondere, da sich die Auskunft wohl nicht auf einzelne Vermögensgegenstände beziehen muss.

Neue Rechtslage

Der vom Bundesrat[55] vorgeschlagene Weg, einen eigenständigen Auskunftsanspruch während der Ehe im Gesetz zu installieren, der dem Ehegatten einen genaueren Überblick über die Vermögenssituation verschafft, wurde durch die abschließenden Beratungen im Rechtsausschuss nicht aufgegriffen. Lediglich durch den Auskunftsanspruch zum Zeitpunkt der Trennung erhält der Ehegatte jetzt einen Überblick über die einzelnen Vermögenswerte.

Dies erscheint auch ausreichend, da der aus § 1353 BGB hergeleitete Anspruch bestehen bleibt und in § 1386 Nr. 4 nach wie vor die jetzt in § 1386 Abs. 3 enthaltene Sanktion des vorzeitigen Zugewinnausgleichs enthält.

1.3.5.2 Auskunft in den Fällen der Trennung, Scheidung, der vorzeitigen Aufhebung der Zugewinngemeinschaft und des vorzeitigen Zugewinnausgleichs

1.3.5.2.1 Allgemeines

Will ein Ehegatte prüfen, ob er gegen den anderen einen Anspruch auf Zugewinnausgleich hat, muss er über den Bestand des Vermögens informiert sein. Genau genommen benötigt er sowohl Auskunft über das End- wie das Anfangsvermögen. Das Gesetz sah bisher hierfür die

---

[52] MünchKommBGB/Wacke § 1353 Rn. 28; Schröder/Bergschneider, Familienvermögensrecht, Rn. 4.476.
[53] BGH, FamRZ 1978, 677; OLG Karlsruhe, FamRZ 1990, 161.
[54] OLG Hamm, FamRZ 2000, 228.
[55] BR-Drucks. 635/08 S. 3.

Auskunftsverpflichtung der Eheleute untereinander vor, die mit der Neuregelung erweitert wird.

Bisherige Rechtslage

Nach der bisherigen Rechtslage kann ein Ehegatte von dem anderen Ehegatten Auskunft über den Bestand des Endvermögens verlangen, wenn der Güterstand beendet ist.

- Für die Fälle der **Scheidung und der Aufhebung der Ehe** wird die Auskunft zu dem Zeitpunkt geschuldet, in dem der Scheidungs- bzw. Aufhebungsantrag zugestellt wird.

- Wird **Klage auf vorzeitigen Zugewinnausgleich** erhoben, muss das Gestaltungsurteil, das die Zugewinngemeinschaft auflöst, zunächst Rechtskraft erlangen, bevor die Auskunftspflicht des § 1379 eingreift. Geschuldet wird die Auskunft dann zum Zeitpunkt der Rechtshängigkeit der Gestaltungsklage, § 1387 BGB i.V.m. §§ 1384, 1379 BGB.

Diese Auskunftspflichten lassen – neben dem bisherigen Stichtagsprinzip – in allen Fällen einem Ehegatten ausreichend Zeit, vermögensrechtliche Regelungen zu treffen, die sein Endvermögen schmälern.

Nimmt man noch hinzu, dass nach der alten Gesetzeslage (§ 1378 Abs. 2) durch die Begrenzung der Ausgleichsforderung auf den Wert des Vermögens zum Zeitpunkt der Beendigung des Güterstandes und damit auf den Zeitpunkt der Rechtskraft der Ehescheidung abgestellt wird, kommt man in vielen Fällen zu einer Praxis der „legalen" Begrenzung des Zugewinnausgleichs, die dem gesetzgeberischen Bild gerade nicht entspricht[56]. Gerade in den Fällen, in denen der andere Ehegatte schon während der bestehenden Ehe keinen genauen Überblick über die Vermögenssituation hatte, wird ein „Verschwinden" von Vermögenswerten deshalb häufig sanktionslos bleiben[57].

Gesetzentwurf der Bundesregierung

Eines der Reformziele ist es, den ausgleichsberechtigten Ehegatten vor Manipulationen zu schützen. Die Begründung des Rechtsausschusses spricht von der Beseitigung der in der Praxis zu Tage getretenen Unbilligkeiten[58]. Aus diesem Grund hat der Gesetzgeber auch die Auskunftspflichten konkretisiert und verschärft.

Die nunmehrige Regelung zur Auskunftserteilung in § 1379 BGB fasst konsequent die Fälle der Ehescheidung und -aufhebung mit denen des vorzeitigen Zugewinnausgleichs und der vorzeitigen Aufhebung der Zugewinngemeinschaft zusammen und bestimmt für alle Verfahren die inhaltlich identische Auskunft.

Allerdings waren im Gesetzentwurf der Bundesregierung noch nicht die jetzt deutlich verschärften Auskunftspflichten enthalten. Der Entwurf hatte sich darauf beschränkt, in § 1384 BGB n. F. eine einheitliche Regelung zwischen der Berechnung des Zugewinns und der Ausgleichsforderung des § 1378 BGB sicherzustellen. Korrespondierend hierzu musste die Höhe der Ausgleichsforderung in § 1378 Abs. 2 BGB n. F. selbst begrenzt werden, um zu verhindern, dass ein Ehegatte sein gesamtes vorhandenes Vermögen als Zugewinnausgleich schuldet (vgl. hierzu genauer unter Kap. B 1.2.4).

Zwar enthielt auch der Entwurf der Bundesregierung bereits die Verpflichtung, Auskunft über das End- und das Anfangsvermögen zu erteilen. Gleichermaßen war schon der nunmehr in § 1379 Abs. 1 S. 2 enthaltene Beleganspruch Bestandteil des Regierungsentwurfs.

---

[56] Vgl. zur Kritik ausführlich Schwab, Handbuch des Scheidungsrechts VII, Rdn. 147 ff.
[57] Vgl. zur alten Rechtslage OLG Hamm, FamRZ 1986, 1106.
[58] BT-Drucks. 16/13027 S. 9.

Im weiteren Gesetzgebungsverfahren ist die zeitliche Lücke zwischen Trennung und Rechtshängigkeit des Scheidungsverfahrens auf Kritik gestoßen. Bereits Hoppenz[59] hat in seiner Darstellung darauf verwiesen, dass ein effektiver Schutz des ausgleichsberechtigten Ehegatten erreicht werden könne, wenn die Auskunft über das Endvermögen trennungsbezogen geschuldet wird. Nur so könne man den Fällen illoyaler Vermögensminderungen wirksam entgegenwirken. Diese Kritik, die nahezu inhaltsgleich in vielfältiger anderer Form zum Ausdruck kam, hat der Rechtsausschuss aufgegriffen. Er hat ein deutlich wirksameres und umfangreicheres Auskunftsrecht des Ehegatten normiert und dies auch ausdrücklich mit dem verbesserten Schutz des Ehegatten vor Vermögensverschiebungen zwischen Trennung und Rechtshängigkeit der Scheidung begründet[60].

Als Ergänzung hierzu ist die ebenfalls vom Rechtsausschuss des Bundestages eingefügte Beweislastregel in § 1375 Abs. 2 BGB zu sehen, wonach der Ehegatte, der sich auf eine Vermögensminderung zwischen dem Trennungszeitpunkt und dem der Berechnung des Endvermögens beruft, für die Minderung darlegungs- und beweispflichtig ist.

Hinweis

Die zur Verhinderung von Manipulationen getroffenen Neuregelungen gelten ab 1.9.2009 auch für bereits rechtshängige Verfahren. Zur Sicherheit sollten deshalb auch in bereits anhängigen Verfahren ab 1.9.2009 die Auskunftsrechte für den Zeitpunkt der Trennung geltend gemacht werden.

Hier droht auch ein Haftungsrisiko für Rechtsanwälte, wenn der Anspruch nicht vollständig durchgesetzt werden kann, weil die Neuregelungen aufgrund fehlender Anträge im Verfahren nicht zur Anwendung gelangen.

Die endgültige Fassung des § 1379 BGB

Die Vorschrift lautet nun nach der Korrektur durch den Rechtsausschuss des Bundestags, in die auch die Überlegungen des Bundesrats eingeflossen sind, wie folgt:

Paragraf

1379 BGB Auskunftspflicht

(1) Ist der Güterstand beendet, oder hat ein Ehegatte die Scheidung, die Aufhebung der Ehe oder den vorzeitigen Ausgleich des Zugewinns bei vorzeitiger Aufhebung der Zugewinngemeinschaft oder die vorzeitige Aufhebung der Zugewinngemeinschaft beantragt, kann jeder Ehegatte von dem anderen Ehegatten

1. Auskunft über das Vermögen zum Zeitpunkt der Trennung verlangen

2. Auskunft über das Vermögen verlangen, soweit es für die Berechnung des Anfangs- und Endvermögens maßgeblich ist.

Auf Aufforderung sind Belege vorzulegen. Jeder Ehegatte kann verlangen, dass er bei der Aufnahme des ihm nach § 260 vorzulegenden Verzeichnisses zugezogen und dass der Wert der Vermögensgegenstände und der Verbindlichkeiten ermittelt wird. Er kann auch verlangen, dass das Verzeichnis auf seine Kosten durch die zuständige Behörde oder durch einen zuständigen Beamten oder Notar aufgenommen wird.

---

[59] FamRZ 2008, 1889.
[60] BT-Drs. 16/13027 S. 11.

(2) Leben die Ehegatten getrennt, kann jeder Ehegatte von dem anderen Ehegatten Auskunft über das Vermögen zum Zeitpunkt der Trennung verlangen. Abs. 1 Satz 2 bis 4 gilt entsprechend.

1.3.5.2.2 Die einzelnen Auskunftspflichten

Auskunft zum Zeitpunkt der Trennung

Der Auskunftsanspruch bei der endgültigen Trennung der Ehegatten ist doppelter Natur. Er kann einmal geltend gemacht werden, wenn

- die unter § 1379 Abs. 1 S. 1 BGB n. F. genannten Verfahren bei Gericht anhängig sind und
- gem. § 1379 Abs. 2 BGB n. F. bereits nach der Trennung.

Unklar ist, ob eine **nochmalige Auskunftsverpflichtung** besteht, wenn der Anspruch gem. § 1379 Abs. 2 BGB n. F. bereits geltend gemacht wurde und nunmehr eines der in § 1379 Abs. 1 genannten Verfahren anhängig wird.

- Denkbar ist eine solche Fallkonstellation nur, wenn zwischen der ersten Auskunft und der Rechtshängigkeit eines Verfahrens gem. Abs. 1 der Trennungszeitpunkt rechtswirksam anders beurteilt werden muss als bei der ersten Auskunft. Dies gilt auch, wenn der Ehegatte die Trennungsvoraussetzungen falsch beurteilt hat und der andere Ehegatte dem Auskunftsverlangen nicht widersprochen hat, weil der Zeitpunkt für ihn günstig war.

- Eine Auskunft aufgrund der Trennung sowohl nach Abs. 2 wie nach Abs. 1 Nr. 1 kommt auch in Betracht, wenn zwischen der ersten Trennung und Auskunft ein die Trennungszeit unterbrechender Versöhnungsversuch unternommen wird, der letztlich scheitert und in einer erneuten Trennung mündet, wobei zur zweiten Trennung ein Verfahren auf vorzeitigen Zugewinn hinzukommt. Dann war bei der ersten Trennung der Auskunftsanspruch gegeben; er kann bei der zweiten Trennung erneut geltend gemacht werden.

Ist dagegen gem. Abs. 2 Auskunft erteilt und wird dann das Scheidungsverfahren eingeleitet, kann im Rahmen dieses Verfahrens nicht erneut – quasi zu Kontrollzwecken – gem. Abs. 1 Nr. 1 Auskunft verlangt werden. Hier wird der verpflichtete Ehegatte den Einwand der Erfüllung erheben können.

Ansonsten gelten die in der Rechtsprechung entwickelten Grundsätze weiter, so dass eine Unterzeichnung der Auskunft als Wissenserklärung nicht gefordert werden kann[61]. Auch kann lediglich ergänzende Auskunft verlangt werden, wenn es sich um eine erkennbar unvollständige Auskunft gehandelt hat.

In beiden Fällen ist der auf Auskunft in Anspruch genommene Ehegatte zur Vorlage von Belegen auf Aufforderung verpflichtet. Hierzu verweist die Anspruchsgrundlage in § 1379 Abs. 2 S. 2 BGB n. F. ausdrücklich auf die in Abs. 1 S. 2 bis 4 geregelten Grundsätze.

Die Formulierung des „dauerhaft getrennt leben" in § 1379 Abs. 2 BGB n. F. stellt auf das Getrenntleben i. S. des § 1567 BGB ab und muss demzufolge nicht zwangsläufig mit einer räumlichen Trennung verbunden sein. In subjektiver Hinsicht muss aber die Ablehnung der ehelichen Lebensgemeinschaft vorliegen. Leben die Eheleute noch nicht getrennt, ist eine über das Maß der sich aus § 1353 BGB ergebenden, nur ungenauen und ungefähren Information über das Vermögen hinausgehende Auskunft nicht geschuldet.

---

[61] BGH, FamRZ 2008, 600.

Praxistipp

Es ist also – etwa in einer Ehekrise – sehr genau zu überlegen, ob eine Trennung stattfinden soll, da der Ehegatte nur damit eine vollständige Auskunft über den Umfang des Vermögens erhalten kann. Auch in den Fällen einer nur teilweise erfolgten Trennung, die um der Kinder willen nur gemeinsame Mahlzeiten umfasst, wird der Auskunftsanspruch nicht gegeben sein.

Wichtig

Da der Trennungszeitpunkt mangels objektiver Gesichtspunkte, wie der Zustellungsurkunde des Scheidungsantrags, manchmal schwer zu bestimmen ist, empfiehlt sich eine Dokumentation in Form eines Briefes oder eine unter Zeugen abgegebene Erklärung des Ehegatten, damit für Streitfälle die Beweisbarkeit des Termins der Trennung gegeben ist.

Da der Trennungszeitpunkt künftig beim Zugewinnausgleich eine größere Rolle spielt, ist er entsprechend zu dokumentieren (Schreiben an den Ehegatten oder Gespräch unter Zeugen). Darauf ist besonders bei Erstberatungen vor der Trennung genau hinzuweisen.

Sinnvoll ist es dabei, dies in der Handakte oder in einem Schreiben an den Mandanten zur Vermeidung eigener Haftungsrisiken zu dokumentieren.

Die Neuregelung unterscheidet nicht im Hinblick auf den Umfang der Auskunft. Hier gilt: Sowohl während des Getrenntlebens wie auch für die Berechnung von Anfangs- und Endvermögen wird eine vollständige, den Grundsätzen des § 260 BGB entsprechende Auskunft geschuldet, also wie bisher eine alle Aktiva und Passiva umfassende systematische Aufstellung aller Vermögenspositionen und damit aller rechtlich gesicherter Positionen von wirtschaftlichem Wert.

Auskunft über das Endvermögen

Im Hinblick auf die in § 1379 Abs. 1 BGB n. F. geregelte Verpflichtung, Auskunft über das Endvermögen zu erteilen, gab es keine inhaltliche Neuregelung. § 1379 BGB in seiner jetzigen Fassung verpflichtet den Schuldner, Auskunft über den Bestand seines Endvermögens zu erteilen. Diese nicht im synallagmatischen Verhältnis zum eigenen Auskunftsanspruch stehende Verpflichtung des Ehegatten ist in der Neuregelung des § 1379 ebenso enthalten, wenngleich nunmehr in Abs. 1 S. 1 Nr. 2 die Rede ist von der Auskunft über das Vermögen, soweit es für die Berechnung des Anfangs- und Endvermögens maßgeblich ist. Diese gegenüber der bisherigen Formulierung „weichere" Grundlage ändert nichts an der inhaltlichen Verpflichtung, sämtliche Vermögenswerte aufzulisten, die als rechtlich gesicherte Positionen von wirtschaftlichem Wert vorhanden sind. Auch muss es sich hierbei um eine eigene **Auskunft** handeln, lediglich die Vorlage von Belegen reicht nicht aus.

Keinesfalls darf die Neuformulierung „ soweit notwendig" eine Auslegung erfahren, die den Auskunftsschuldner berechtigt, nach eigener Maßgabe zu entscheiden, ob ein Vermögenswert notwendigerweise der Auskunft unterliegt, weil er dem Zugewinnausgleich entzogen ist: Sei es, weil nach dem Stichtag angeschafft, oder weil der Schuldner der Auffassung ist, der Vermögenswert hebe sich durch Berücksichtigung im Anfangs- und Endvermögen auf.

Auskunft über das Anfangsvermögen

Die Neuregelung gibt dem Gläubiger einen Anspruch auf Auskunft, soweit dieser zur Berechnung des Anfangsvermögens notwendig ist. Hier gilt wie beim Endvermögen: Nur dann ist die Auskunft geschuldet, wenn der Ehegatte das Anfangsvermögen eben nicht ohne Auskunft und entsprechende Dokumente ermitteln kann. Unabhängig davon ist die Frage zu prüfen, inwieweit bei der Auskunft ein Beleganspruch besteht, wenn der andere Ehegatte sich selbst ohne Mühe – etwa aufgrund seiner Miteigentümerstellung – in den Besitz derartiger Nachweise bringen kann.

Bestehen Anhaltspunkte dafür, dass der Ehegatte in seinem Anfangsvermögen Verbindlichkeiten hatte, hierüber aber trotzdem keine Auskunft erteilt, sollte dem nachgegangen werden. Gleichwohl ist das Verhältnis zwischen § 1377 Abs. 3 BGB, und den neuen Auskunftsregelungen unklar. Wer keine Auskunft erteilt, obwohl er dazu aufgefordert wurde, kann sich nicht so ohne Weiteres auf die Vermutung, sein Endvermögen stelle seinen Zugewinn dar, berufen. Diese Vermutung ist für den Auskunftsschuldner dann positiv, wenn er Verbindlichkeiten im Anfangsvermögen hat, da deren Hinzurechnungen den Zugewinn vergrößern.

Hat der Schuldner über sein Anfangsvermögen keine Auskunft erteilt, so dass die Vermutung des § 1377 Abs. 3 BGB eingreift, oder erteilt er die Auskunft, er habe kein (negatives) Anfangsvermögen, so liegt die Beweislast für tatsächlich negatives Anfangsvermögen bei dem Ehegatten, der sich darauf beruft. Die Vermutung des § 1377 Abs. 3 BGB muss nach den allgemeinen prozessualen Grundsätzen von dem Ehegatten widerlegt werden, der sich auf die Behauptung negativen Anfangsvermögens, also eine für sein Begehren positive Tatsache, stützt.

Hinweis

Gerade weil zukünftig das Anfangsvermögen, insbesondere wenn es negativ ist, größere Bedeutung erhält, ist es ratsam, gem. § 1377 Abs. 1 BGB bei Beginn des Güterstandes ein Vermögensverzeichnis zu erstellen.

Muster

Wir, die Eheleute Margot und Hans Muster, erstellen gemeinsam das nachfolgende Vermögensverzeichnis und stellen hierzu fest:

Herr H. Muster hat Verbindlichkeiten aus einem Darlehen in Höhe von 30.000 Euro. Positive Vermögenswerte sind nicht vorhanden.

Frau M. Muster verfügt über folgende Vermögenswerte:

- Sparbuch Sparkasse Musterstadt Nr. mit einem Guthaben von 13.567,89 Euro,
- einen PKW Mercedes CK 230 mit einem Wert von derzeit 31.500 Euro.
- ...

Unterschriften

Zugewinnausgleich

In gleicher Weise kann natürlich auch negatives Anfangsvermögen dokumentiert werden:

Muster

Wir, die Eheleute Margot und Hans Muster, erstellen gemeinsam das nachfolgende Vermögensverzeichnis und stellen hierzu fest:

Das Anfangsvermögen der Ehefrau beträgt 0.

Der Ehemann hat in seinem Anfangsvermögen Verbindlichkeiten in Höhe von 23.500 Euro aus einem Darlehen der Sparkasse ...

Unterschriften

Art und Umfang der Auskunft

Schon bisher war die Auskunftserteilung kein Selbstzweck, wurde also insbesondere nicht geschuldet, wenn evident kein Zugewinn erzielt wurde[62] oder wenn z. B. aufgrund ehevertraglicher Vereinbarungen ein anderer Güterstand vereinbart wurde und aus rechtlichen Gründen ein Auskunftsanspruch nicht bestand. Andererseits ist die Auskunft auch dann geschuldet, wenn der Schuldner Einwendungen z. B. aus § 1381 BGB im Hinblick auf die Ausgleichspflicht als solche erheben will[63].

Diese Grundsätze wird man ohne Weiteres auf die Neuregelung anwenden können, wobei schon durch die Formulierung „ soweit notwendig" deutlicher als bisher in der Regelung zum Ausdruck kommt, dass die Auskunft kein Selbstzweck ist, sondern notwendig sein muss zur Ermittlung des Endvermögens (sowie des Anfangsvermögens). Hat daher der Gläubiger bereits Kenntnis auf andere Art und Weise erlangt, ist das neuerliche oder weitere Auskunftsersuchen rechtsmissbräuchlich, jedenfalls dann, wenn klargestellt ist, dass weitere Vermögenswerte als die bekannten nicht vorhanden sind.

Beispiel

Erhalten Eheleute jeweils eine Vermögensaufstellung des anderen Ehegatten im Rahmen einer Information über die gemeinsamen Vermögensanlagen, versichert der Auskunftspflichtige, kein weiteres Vermögen zu haben und lassen sich die Werte des Endvermögens aus der Aufstellung zum Stichtag ermitteln, muss ein weiteres Auskunftsbegehren ins Leere gehen.

Die Auskunft ist damit kein Selbstzweck, sondern kann nur unter der Voraussetzung geschuldet sein, dass der andere Ehegatte sie für Zwecke der Berechnung des Zugewinns benötigt[64].

Der Umfang der Auskunft ist ähnlich wie die generelle Notwendigkeit der Auskunft über den Zweck zu definieren. Der Schuldner muss Auskunft erteilen über sein Vermögen, so dass es dem Gläubiger möglich ist, mit der Auskunft das Endvermögen zu ermitteln.

Zu unterscheiden ist zwischen

- der Auskunft als der Wissenserklärung des Auskunftsschuldners und
- der nunmehr in § 1379 Abs. 1 S. 2 BGB geregelten Belegpflicht.

---

[62] OLG Koblenz, FamRZ 195, 286; OLG Brandenburg, FamRZ 1998, 174.
[63] OLG Koblenz, FamRZ 2005, 902.
[64] So ausdrücklich zur bisherigen Rechtslage OLG Naumburg, FamRZ 2001, 1303.

Die Vorlage von Belegen kann die eigentliche Auskunft als eine systematische Aufstellung der Aktiva und Passiva nicht ersetzen. Die Vorlage von Belegen ist keine Auskunftserteilung.

Hinweis

 Im Verfahren sollte weder gerichtlich noch außergerichtlich auf die Aufstellung gem. § 260 BGB verzichtet werden.

Auskunft aus § 242 BGB und die Beweislastregel des § 1375 Abs. 2 S. 2 BGB

Bislang hat die Rechtsprechung in den Fällen, in denen der Auskunftsgläubiger Verdachtsmomente vortragen konnte, wonach der Schuldner während der Trennung Vermögen beiseite geschafft hat, eine Auskunftspflicht für den Zeitraum anerkannt, in dem eine derartige Minderung erfolgt sein sollte[65].

Fraglich ist, inwieweit nach der Neuregelung das Verlangen nach einer derartigen Auskunftserteilung noch notwendig oder zulässig ist, da nunmehr abschließend in § 1379 BGB n. F. zwar nicht das Auskunftsrecht über Verfügungen während der Trennung geregelt ist, der Gesetzgeber aber abschließend in Kenntnis eines derartigen Bedürfnisses weitergehende Auskunftsrechte statuieren hätte können, dies aber nicht getan hat. Die Regelung in § 1379 BGB n. F. ist deshalb abschließend, soweit Auskunftsrechte seit dem Zeitpunkt der Trennung streitig sind.

Der BGH hatte in seinen Entscheidungen[66] hinsichtlich derartiger illoyaler Vermögensverfügungen ein Recht auf Auskunft gemäß § 242 BGB angenommen, wenn und soweit der die Auskunft beanspruchende Ehegatte Auskunft über einzelne Vorgänge verlangt und konkrete Anhaltspunkte für ein Handeln i. S. des § 1375 Abs. 2 BGB vorträgt. Eine derartige Fallkonstellation kann nach dem 1.9.2009 für den Zeitpunkt ab der Trennung der Eheleute nicht mehr über die Auskunft gem. § 242 BGB gelöst werden, da die Beweislastregel in § 1375 Abs. 2 S. 2 BGB diese Auskunft überflüssig macht, sofern der Ehegatte von vorhandenem Vermögen wusste.

Die Neuregelung des § 1375 Abs. 2 S 2 BGB n. F. statuiert eine Vermutung, wonach Minderungen des Vermögens zwischen Trennung und Stichtag für die Berechnung und Höhe des Ausgleichsanspruchs auf eine illoyale Handlung zurückgehen. Nach der amtlichen Begründung soll damit eine Beweislastumkehr verbunden sein. Hat sich das Vermögen eines Ehegatten verringert, so soll er beweispflichtig für den Verbleib der Vermögenswerte sein[67]. So heißt es in der amtlichen Begründung:

> „trete zwischen dem Zeitpunkt der Trennung und dem Zeitpunkt des Scheidungsantrags eine Vermögensminderung auf, [...] müsse derjenige, bei dem die Vermögensminderung eingetreten sei, darlegen und beweisen, dass es sich nicht um eine illoyale Vermögensminderung handele"

Dies erscheint eine konsequente Fortsetzung der Rechtsprechung des BGH[68], der den ergänzenden Auskunftsanspruch aus § 242 BGB herleitet und in seiner Entscheidung vom

---
[65] Vgl. OLG Bremen, FamRZ 1999, 94.
[66] BGH, FamRZ 2005, 689; FamRZ 2000, 948; FamRZ 1997, 800.
[67] BT-Drucks. 16/13027 S. 9.
[68] FamRZ 1982, 27; FamRZ 2000, 948; FamRZ 1997, 800.

9.2.2005[69] bereits ausgeführt hatte, dass an den Vortrag ausreichend konkreter Verdachtsgründe, aus denen sich die nahe liegende Möglichkeit unentgeltlicher Zuwendungen an Dritte, von Verschwendungen oder von in Benachteiligungsabsicht begangenen Handlungen ergebe, die das Endvermögen des Handelnden vermindert haben, keine übertriebenen Anforderungen gestellt werden dürften.

Nunmehr hat der Gesetzgeber selbst diese Anforderungen auf ein Minimum zurückgesetzt. Allein die Tatsache der Minderung des Vermögens ist als Indiz für die Benachteiligungsabsicht zu sehen und lässt es gerechtfertigt erscheinen, eine Darlegungs- und Beweislastregel zugunsten des von der Minderung betroffenen Ehegatten zu normieren.

Voraussetzung ist allerdings, dass der Verpflichtete Auskunft über sein Vermögen zum Zeitpunkt der Trennung erteilt hat und nunmehr eine Minderung des Vermögens festzustellen ist. Wurde keine Auskunft erteilt, weil keine verlangt wurde, kann gleichwohl bei Kenntnis des Vermögens zum Zeitpunkt der Trennung und der Feststellung einer Minderung die Erklärung über den Verbleib der Differenz verlangt werden. In den wenigsten Fällen wird indes eine derartige positive Kenntnis bei Ehegatten gegeben sein.

1.3.5.3 Belegpflicht

Die Auskunft ist nach § 1379 Abs. 1 und Abs. 2 BGB n. F. auf Verlangen zu belegen.

Alte Rechtslage

Das OLG Karlsruhe hatte in einer Entscheidung vom 4.11.1997[70] noch ausdrücklich die Vorlage von Belegen zu Kontrollzwecken abgelehnt. Die Vorlage von Belegen im Rahmen der Auskunft gem. § 1379 BGB war bisher nur dann geschuldet, wenn sich ohne entsprechende Unterlagen der Wert des Vermögensgegenstandes nicht ermitteln ließ.

Beispiel

So wurde in der Vergangenheit die Verpflichtung zur Vorlage von Bilanzen, Gewinn- und Verlustrechnungen u. Ä. bejaht, wenn es um den Wert eines Unternehmens oder einer Unternehmensbeteiligung ging. Auch kann es im Hinblick auf den Wert eines Mietshauses angezeigt sein, die Mietverträge zu verlangen, um den Ertragswert errechnen zu können. Ggf. wäre aber auch schon die Vorlage der Anlage VuV zur Steuererklärung ausreichend, da dort ebenfalls die Mieten angegeben sind.

Neue Rechtslage

Die Neuregelung lässt den Kontrollgedanken nunmehr ausdrücklich zu und begründet die Belegvorlage damit, dass der Berechtigte die Angaben des Auskunftspflichtigen so besser überprüfen könne. Dies könne die Rechtsverfolgung erleichtern, aber auch bei überzeugenden Belegen zur Vermeidung von Rechtsstreitigkeiten beitragen.

Die Annäherung an unterhaltsrechtliche Regelungen entspricht einem familienrechtlichen Anspruch besser als die bisherige Orientierung an der erbrechtlichen Norm des § 2314 BGB.

Zu beachten ist allerdings, dass im Gegensatz zu § 1605 BGB, der den Schuldner verpflichtet, auch ohne Aufforderung Belege vorzulegen, § 1379 Abs. 1 S. 2 BGB eine Belegpflicht **nur nach ausdrücklicher Aufforderung** vorsieht („auf Verlangen").

---

[69] FamRZ 2005, 689.
[70] FamRZ 1998, 761.

Praxistipp

Bei einer gerichtlichen Geltendmachung wird man hier besonders sorgfältig prüfen müssen, inwieweit die Belege genau bezeichnet werden können, da für die Vollstreckung die Bestimmtheit der Belege Voraussetzung ist. Die Formulierung des Klageantrags „ ... verurteilt, die Auskunft bestätigende, geeignete Belege vorzulegen", muss zwangsläufig zur Abweisung führen, da ein derartiger Antrag dem Bestimmtheitserfordernis nicht entspricht.

In den meisten Fällen wird man indes diese Belege auch benennen können, angefangen von Bestätigungen der depotführenden Banken für Aktiendepots bis hin zu Sparkassenbriefen und anderen Inhaberpapieren.

Soweit Belege verlangt werden, müssen diese vorhanden sein[71] oder jedenfalls beschafft werden können. Das Beispiel von Kaufbelegen in der Gesetzesbegründung ist etwas weit hergeholt. In der Praxis geht es häufiger um Kontoauszüge, Sparbücher u. Ä., die indes bei den Banken regelmäßig nur über einen Zeitraum von 10 Jahren aufbewahrt werden.

1.3.6 Ansprüche gegen Dritte

Alte Rechtslage

Die bislang als Herausgabeanspruch gestalteten Rechte des Ausgleichsgläubigers gegen den Empfänger von Zuwendungen, die dem Zugewinn entzogen wurden, waren unter zwei Voraussetzungen erfolgreich geltend zu machen:

- der Schuldner machte unentgeltliche Zuwendungen oder
- es erfolgte bei Kenntnis des Dritten eine andere benachteiligende Rechtshandlung des Ausgleichsschuldners.

Wurde unter diesen Voraussetzungen der Ausgleichsanspruch wegen § 1378 Abs. 2 BGB verringert, sollte der Gläubiger auf den Dritten Zugriff nehmen können und sich mit einem dem Recht der ungerechtfertigten Bereicherung nachgebildeten Herausgabeanspruch schadlos halten können.

Neue Rechtslage

Die Neuregelung des § 1390 BGB n. F. lässt – soweit es aufgrund der Änderungen der Begrenzung des § 1378 Abs. 2 BGB noch dazu kommt – eine **Zahlungsklage gegen den Dritten** zu.

Neu ist auch, dass der Dritte in der **vollen Höhe der Zuwendung** haftet, die Herausgabe also nicht auf den fehlenden Teil der Ausgleichsforderung beschränkt ist.

Dass aufgrund der Schädigungsabsicht – auch des Dritten – eine besonders enge Beziehung zwischen dem Ausgleichsschuldner und dem Dritten besteht, die nach Auffassung des Gesetzgebers unter Bezugnahme auf eine Entscheidung des Großen Senats des BGH eine gesamtschuldnerische Haftung angemessen erscheinen lässt, wird sich zwar auf das notwendige Verfahren positiv auswirken, indes erscheint es für die Praxis zweifelhaft, ob der Beweis dieser Schädigungsabsicht in allen Fälle geführt werden kann.

---

[71] BT-Drs. 16/10798 S. 26.

Beispiel

Hat der Ehemann seiner neuen Freundin Aktien im Wert von 10.000 Euro übereignet und ergibt die Vermögenssituation des Ehemannes, dass diesem ein Betrag in Höhe von 8.000 Euro zur Begleichung der Ausgleichsforderung fehlt, könnte in einem derartigen Fall mittels einer Klageerweiterung der Anspruch auf Zahlung gegen die neue Freundin im güterrechtlichen Verfahren geltend gemacht werden.

Nimmt man die Neuregelung im Sinnzusammenhang der Begründung zur Gesamtschuldnereigenschaft, so haben sich die Voraussetzungen des § 1390 BGB n. F. sogar verschärft. Für unentgeltliche Zuwendungen verlangte die bisherige Regelung nur die Benachteiligungsabsicht des zuwendenden Ehegatten, nicht aber die des Dritten. Dessen Kenntnis von der Benachteiligungsabsicht war nur notwendig für andere Rechtshandlungen, die den Ausgleichsanspruch schmälerten.

Die Neufassung stellt nur noch auf die Zuwendung ab, lässt andere Rechtshandlungen außer Betracht. Verlangt man hierbei nun auch eine Kenntnis des Dritten zur Schädigungsabsicht, gibt man dem Berechtigten keine Hilfestellung, sondern erschwert seine Rechtsverfolgung trotz der Gesamtschuldnerschaft.

1.3.7 Sicherung des Ausgleichsanspruchs

Die Neuregelung lässt § 1389 BGB entfallen. Damit wird der Diskussion, inwieweit diese Vorschrift lex specialis zu den Arrestvorschriften ist und deshalb vorrangiges Sicherungsmittel darstellen müsse, der Boden entzogen.

Zukünftig sollen deshalb die Vorschriften der §§ 916 ff. ZPO direkt anwendbar sein. Der Umweg über die Geltendmachung einer Sicherheitsleistung entfällt damit und soll einen besseren Schutz vor vermögensrechtlichen Manipulationen bieten.

2 Vorzeitiger Zugewinnausgleich

Der Güterstand der Zugewinngemeinschaft wird regelmäßig beendet durch

- Tod,
- Scheidung oder
- vertragliche Aufhebung unter gleichzeitiger Vereinbarung einer anderen güterrechtlichen Regelung.

Davon abgesehen kennt das Gesetz nur die Beendigung des Güterstandes aufgrund einer Gestaltungsklage, mit der ein Ehegatte außerhalb der regelmäßigen Beendigungsgründe die Aufhebung gegen den Willen des anderen Ehegatten erreichen kann. Allerdings bedarf es auch hier wie in den bisherigen Fällen des vorzeitigen Zugewinnausgleichs einer Begründung, die bislang in den §§ 1385, 1386 BGB geregelt war.

Diese Fälle, unter denen bislang der vorzeitige Zugewinnausgleich möglich war, haben – abgesehen von der dreijährigen Trennung, die allein wegen des Zeitablaufs zu einer Berechtigung zur Aufhebung des Güterstands führen soll – alle ein mehr oder weniger gravierendes Verschulden des anderen Ehegatten als anspruchsbegründendes Element. Umso mehr verwundert es, dass das Verfahren zum vorzeitigen Zugewinnausgleich ein derart langwieriges Prozedere beinhaltet, so dass eine Sicherung des Ausgleichsanspruchs damit kaum erreicht werden konnte.

Die Gestaltungsklage, gerichtet auf das Recht auf vorzeitige Aufhebung des Güterstandes, muss erst Rechtskraft erlangen, damit in der Folge der Ausgleichsprozess stattfinden kann. Diese Klage kann zwar in Form einer von der innerprozessualen Bedingung der Rechtkraft des Gestaltungsurteils abhängigen Klageverbindung mit der klassischen Stufenklage selbst zusammen erhoben werden[72], indes wird das Verfahren selbst dadurch nicht wesentlich beschleunigt. Diesem Problem will das Reformgesetz entgegenwirken und hat das System des vorzeitigen Zugewinns neu gestaltet.

2.1 Vorzeitiger Ausgleich des Zugewinns unter Aufhebung der Zugewinngemeinschaft

Die wesentliche Neuerung ist das Nebeneinander von Gestaltungs- und Leistungsklage in den §§ 1385, 1386 BGB n. F. In § 1385 BGB n. F. wird dem Ehegatten jetzt die Möglichkeit eingeräumt, sofort Zahlungsklage in Form der Stufenklage zu erheben, wenn eine der einzelnen Voraussetzungen des § 1385 Nr. 1 bis 4 BGB n. F. gegeben ist. Da durch Aufhebung des § 1389 BGB die Sicherung des Anspruchs direkt durch den Arrest möglich ist und z. T. die Voraussetzungen des § 1385 BGB n. F. eine weniger große Hürde darstellen als bisher, kann § 1385 BGB n. F. eine verbesserte Schutzmöglichkeit des berechtigten Ehegatten darstellen.

Muster

An das Amtsgericht

Familiengericht

Gerichtsplatz 1

22233 Musterhausen

Antrag 1

der Elfriede Mustermann, Am Musterplatz 28, 22233 Musterhausen

Prozessbev.: Rechtsanwälte Klug und Schlau, …

gegen

Manfred Mustermann, Musterstr. 1, 22233 Musterhausen

wegen vorzeitigem Zugewinnausgleich

vorl. Streitwert: 120.000 Euro

zeigen wir unter Beifügung einer auf uns lautenden Vollmacht an, dass wir die Antragstellerin$_1$ vertreten. Namens und im Auftrag der Antragstellerin beantragen wir die Anberaumung eines Termins zur mündlichen Verhandlung, in welcher wir beantragen werden,

1. den Antragsgegner zu verurteilen an die Antragstellerin vorzeitigen Zugewinnausgleich in Höhe von 120.000 Euro zu zahlen und gleichzeitig$_2$ die Zugewinngemeinschaft zwischen den Beteiligten aufzuheben

2. Die Verfahrenskosten dem Antragsgegner aufzuerlegen.

---

[72] Vgl. zu dieser oft missverstandenen Klageverbindung Scherer, FamRZ 2001, 1112; OLG Nürnberg, FamRZ 1998, 685; a.A und wohl dem Missverständnis geschuldet OLG Celle, FamRZ 2000, 1369.

Begründung:

Die Beteiligten₃ sind Eheleute. Sie haben am 2.3.1987 vor dem Standesamt Musterhausen die Ehe geschlossen. Die Ehe der Parteien befindet sich in einer Krise, seit der Antragsgegner eine Affäre mit einer anderen Frau hat und nicht bereit ist, diese zugunsten der ehelichen Lebensgemeinschaft aufzugeben.

Am 19. d. M. hat die Antragstellerin aus einem versehentlich an sie adressierten Schreiben des Notars Dr. Wolf einen Vertragsentwurf entnommen, der vorsieht, dass der Antragsgegner zu einem Schleuderpreis von 20.000 Euro seine Eigentumswohnung an seine Freundin veräußern will. Die Wohnung hat einen Verkehrswert von mindestens 57.000 Euro. Sie wurde vor 7 Jahren vom Antragsgegner zu einem Preis von 49.500 Euro erworben.

Beweis: Sachverständigengutachten; Kaufvertrag v. 6.7.2002

Mit dem Verkauf ist der Zugewinnausgleichsanspruch der Antragstellerin gefährdet₄. Mithin hat die Antragstellerin Anspruch auf vorzeitigen Ausgleich des Zugewinns.

...

RA Schlau

Erläuterungen zum Muster:

₁ Die Bezeichnung Antragsteller und Antragsgegner gilt auch in Familienstreitsachen der § 112 ff. FamFG. Dies ergibt sich trotz der Anwendbarkeit der ZPO aus § 113 Abs. 5 FamFG.

₂ Die Klage auf vorzeitigen Zugewinn kann mit der Zahlungsklage verbunden werden, so dass inzident durch die Entscheidung über den Zahlungsantrag auch über das Recht der vorzeitigen Aufhebung der Zugewinngemeinschaft entschieden wird.

₃ Gemäß § 113 Abs. 5 Nr. 5 FamFG werden die zivilprozessualen Parteien künftig Beteiligte genannt.

₄ Für die Begründetheit des Antrags soll künftig allein schon die Gefährdung ausreichend sein.

2.2 Voraussetzungen

Die Voraussetzungen, unter denen der Ehegatte den vorzeitigen Ausgleich des Zugewinns verlangen kann, sind gleichzeitig auch die Voraussetzungen für die reine Gestaltungsklage auf Aufhebung der Zugewinngemeinschaft, ohne den Ausgleichsanspruch geltend zu machen. Diese werden für den ausgleichspflichtigen Ehegatten immer zu prüfen sein, wenn nicht bereits der Berechtigte seinerseits die Ausgleichsklage erhebt.

Dreijährige Trennung

Die Trennung seit wenigstens drei Jahren signalisiert, dass ein endgültiges Scheitern der Ehe jederzeit auch gegen den Willen des anderen Ehegatten feststellbar ist. Dies soll auch güterrechtliche Konsequenzen haben. Es wird vermutet, dass nach einer dreijährigen Trennung die Ehegatten ausreichend Zeit hatten, einvernehmlich andere Lösungen zu finden, so dass allein der Zeitraum der Trennung einen Ehegatten berechtigen soll, die der Ehe vorbehaltene Zugewinngemeinschaft aufzulösen. Die Trennung wird dabei in scheidungsrechtlicher Hinsicht definiert, es kommt also auf die Voraussetzungen des § 1567 BGB an. Eine Neuregelung ist damit nicht verbunden.

Benachteiligungsgefahr

Nach altem Recht muss der ausgleichspflichtige Ehegatte bereits eine Benachteiligungshandlung vorgenommen haben. Worin diese besteht, ist zunächst unerheblich. Es kann sich dabei um eine Verletzung des § 1365 BGB handeln oder um eine Handlung i. S. des § 1375 Abs. 2 BGB. Entscheidend ist nur, dass eine benachteiligende Handlung vorliegt.

Künftig muss der berechtigte Ehegatte dies nicht mehr abwarten. Es genügt, wenn objektiv eine derartige Handlung befürchtet werden kann. Allerdings ist ein bloßes Unterstellen der Benachteiligung nicht ausreichend.

Beispiel

(Beispiel aus der Gesetzesbegründung) Wenn der Ehegatte aus wirtschaftlich nachvollziehbaren Gründen ein Grundstück oder eine Immobilie veräußert, dies also nur zufällig mit der Trennung zeitlich zusammenfällt, wird man nicht von einer Benachteiligung ausgehen können. Gleiches muss aber auch gelten, wenn der Verkauf einer Immobilie trennungsbedingt geboten ist, so wenn der Ehegatte aufgrund von Unterhaltsstreitigkeiten Vermögen veräußern muss, um seinen Lebensunterhalt zu bestreiten, oder wenn durch die Trennung der Unterhalt der Immobilie selbst nicht mehr gewährleistet ist, die Verwaltung erschwert wird oder eine marktübliche Nutzung nicht mehr gewährleistet ist.

Maßstab kann hier sein, inwieweit eine familiengerichtliche Ersetzung im Rahmen einer notwendigen Zustimmung des Ehegatten aus den §§ 1365 Abs. 1, 2 S. 1 BGB in Betracht kommen würde. Denn soweit die Vermögensverfügung den Grundsätzen einer ordnungsgemäßen Verwaltung entspricht, kann sie nicht gleichzeitig eine benachteiligende Wirkung entfalten.

Soweit die Gesetzesbegründung[73] in den Beispielen auf ein wirtschaftlich unvernünftiges Verhalten abstellt, ist dabei die konkrete Situation der Trennung der Eheleute zu berücksichtigen.

In der Praxis wird weniger die Beurteilung, ob es eine Benachteiligungshandlung darstellt, von Bedeutung sein, als vielmehr die Kenntnis dieser Handlungen. So werden Aktiendepots regelmäßig nicht auf öffentlichen Marktständen unter lautem Ausrufen des Verkäufers verkauft, sondern allenfalls in verschwiegenen Mobiltelefonaten. Hat der Ehegatte zudem nur geringe oder gar keine Kenntnis von den Vermögenswerten des anderen Ehegatten, läuft der Schutz des § 1385 BGB ins Leere. Dies ist aber dann kein Problem des unzureichenden gesetzlichen Schutzes, sondern der unzureichenden Inanspruchnahme gesetzlicher Rechte des Ehegatten, und damit ein emanzipatorisches, kein juristisches Problem.

Die Gefährdung kann sich auch in der **Verwertung von Miteigentum** äußern. So ist nach Auffassung des BGH[74] der Antrag auf Teilungsversteigerung vor Rechtshängigkeit des Scheidungsverfahrens ein der Regelung des § 1365 Abs. 1 BGB unterfallendes Rechtsgeschäft, das der Zustimmung des anderen Ehegatten bedarf, sofern es sich bei der Immobilie um das gesamte Vermögen i. S. des § 1365 BGB handelt. Wird die Zustimmung nicht eingeholt und auch nicht durch das Familiengericht ersetzt, stellt die Antragstellung einen Verstoß gegen § 1385 Nr. 2 BGB n. F. dar und führt zur Berechtigung des anderen Ehegatten, den vorzeitigen Zugewinnausgleich zu verlangen.

---

[73] BT-Drs. 16/10798 S. 29.
[74] BGH, FamRZ 2007, 1634 = RPfleger 2007, 558.

Hinweis

 Hier muss bei Beratungen der Mandant zu seinem eigenen Schutz möglicherweise vor unüberlegten Anträgen gewarnt und zurückgehalten werden.

Schuldhafte Nichterfüllung wirtschaftlicher Verpflichtungen

Dieses schon früher in § 1386 Abs. 1 BGB enthaltene Tatbestandsmerkmal stellt auf die schuldhafte Nichterfüllung der Verpflichtungen ab, die sich aus dem ehelichen Verhältnis ergeben. Darunter fällt sowohl die Verletzung von Unterhaltspflichten gegenüber dem Ehegatten während der Trennungszeit als auch gegenüber einem gemeinsamen Kind (§ 1360 BGB). Messbare wirtschaftliche Beeinträchtigungen müssen damit nicht verbunden sein[75]. Es muss jedoch anzunehmen sein, dass der Ehegatte seinen Unterhaltspflichten auch in Zukunft nicht nachkommen wird. § 1386 Abs. 1 BGB erfordert dabei eine auf Tatsachen gestützte Prognose, dass der Ehegatte seine Verpflichtungen auch in Zukunft nicht erfüllen werde. Es muss mehr für eine Fortsetzung als für eine Änderung des pflichtwidrigen Verhaltens sprechen. Allein das geäußerte Misstrauen vom für die Tatbestandserfüllung des § 1386 Abs. 1 BGB darlegungs- und beweispflichtigen Ehegatten reicht nicht aus. Bloße Vermutungen, die auf einem früheren Verhalten des Ehegatten beruhen, genügen nicht für die auf Tatsachen zu begründende Zukunftsprognose.

Die Verletzung der Unterhaltsverpflichtung ist dabei der Hauptanwendungsfall, wobei auch andere Pflichtverletzungen im wirtschaftlichen Bereich sich als tatbestandlich relevant darstellen können[76].

Verweigerung der Auskunft

Auch soweit der Ehegatte seiner Verpflichtung, den anderen über den wesentlichen Bestand seines Vermögens zu informieren nicht nachkommt, kann eine Durchführung des sofortigen Zugewinnausgleichs gerechtfertigt sein. Diese sich aus § 1353 BGB ergebende Verpflichtung wurde bislang sehr häufig bei der Trennung instrumentalisiert, um Auskunft zu verlangen. Da regelmäßig keine Auskunft erteilt wurde, weil die Vorschrift im BGB als Anspruchsgrundlage nicht eindeutig enthalten ist und deshalb auch häufig eine Auskunftsverpflichtung verneint wird, kann auf diese Weise der vorzeitige Zugewinnausgleich schnell herbeigeführt werden.

Ab 1.9.2009 ist indes die Bedeutung der Vorschrift auf Fälle des Zusammenlebens beschränkt, da § 1379 Abs. 2 BGB n. F. bereits für den Zeitpunkt der Trennung künftig ein Auskunftsrecht des strengen Rechts normiert.

Klarstellend weist die Vorschrift auch daraufhin, dass die Auskunft, die nach Rechtshängigkeit erteilt wird, nicht zu einer Verfahrenserledigung führt. Sanktioniert wird die Nichterteilung der Auskunft mit der Konsequenz der sofortigen Durchführung des Zugewinnausgleichs. Eine verspätet erteilte Auskunft wirkt daher nicht als erledigendes Ereignis.

---

[75] OLG Brandenburg, FamRZ 2008, 1441.
[76] Vgl. MünchKomm-BGB/Koch, § 1386 Rn 13.

Muster

Sehr geehrter Herr Müller,

unter Beifügung einer auf uns lautenden Vollmacht zeigen wir an, dass Ihre Ehefrau Waltraud Müller uns mit der Wahrnehmung ihrer Interessen beauftragt hat. Sie hat uns von einer massiven Ehekrise – hervorgerufen durch Ihre Untreue – berichtet und unseren Rat im Hinblick auf die familienrechtlichen Konsequenzen eingeholt.

Ihre Ehefrau betont, dass sie eine Trennung und Scheidung der Ehe jedenfalls derzeit nicht will. Allerdings kann sie sich nicht mehr wie in der Vergangenheit damit zufrieden geben, dass Sie insbesondere aus der wirtschaftlichen Situation und der Darstellung des Vermögens, an dem auch unsere Mandantin durch den Güterstand der Zugewinngemeinschaft partizipiert, ein derartiges Geheimnis machen, nicht zuletzt auch weil Ihre Ehefrau Manipulationen zu ihren Ungunsten befürchtet. Da Sie aus dem Wesen der Ehe heraus verpflichtet sind, wenigstens einen groben Überblick über die vermögensrechtliche Situation zu gewähren, haben wir Sie aufzufordern, dies innerhalb einer Frist von zwei Wochen zu tun. Für den Fall der nicht fristgerechten Auskunftserteilung müssten wir unserer Mandantin anraten, eine Klage auf vorzeitigen Ausgleich des Zugewinns zu erheben, in deren Rahmen Sie dann vollumfänglich Auskunft erteilen müssten.

Unterschrift

RA

Wird Auskunft über die vermögensrechtliche Situation nicht in groben Zügen erteilt, kann der Mandant Klage auf vorzeitigen Zugewinn erheben.

Will der Mandant in einer derartigen Situation eine sofortige Trennung, kann das Auskunftsersuchen direkt aus § 1379 Abs. 2 BGB begründet werden. Diese Auskunft muss dann nach den Vorschriften des § 260 BGB erteilt werden.

2.3 Das Verfahren auf vorzeitigen Zugewinn

§ 1385 BGB n. F. will es dem Ehegatten ermöglichen, den vorzeitigen Ausgleich des Zugewinns bei vorzeitiger Aufhebung der Zugewinngemeinschaft zu verlangen. Die Vorschrift gestattet ihm dabei, eine Leistungsklage zu erheben, die allerdings zwangsläufig in den wenigsten Fällen bereits beziffert werden kann. Dies bedeutet, dass in der Regel **zunächst eine Stufenklage** erhoben werden muss, um eine Bezifferung zu ermöglichen. Stellt sich bereits nach der Auskunft heraus, dass der Zugewinnausgleichsanspruch nicht oder nicht in der Höhe existiert, die vermutet wurde, muss sich das weitere Schicksal der Stufenklage – insbesondere für die Kostenentscheidung – danach richten, ob der Ehegatte vorher ausreichend Auskunft erteilt hat oder sonst in schuldhafter Weise Anlass zur Klageerhebung gegeben hat. Da das in den Fällen des § 1385 BGB n. F. tatbestandliche Voraussetzung ist, muss dies bei der Kostenentscheidung auch berücksichtigt werden, wenn der Anspruch lediglich daran scheitert, dass aufgrund der nunmehr erteilten Auskunft kein Vermögen vorhanden ist.

Der Vorteil der sofortigen Stufenklage liegt in der Möglichkeit, die durch den Wegfall des § 1389 BGB geschaffene Anwendbarkeit der Arrestvorschriften auf den Anspruch auf vorzeitigen Zugewinnausgleich anzuwenden und in den Fällen der Gefährdung des Ausgleichsanspruchs hierdurch eine Sicherung zu erreichen. Damit – so die amtliche Begründung – soll der ausgleichsberechtigte Ehegatte besser geschützt werden[77].

Hinweis

Allerdings muss der Mandant auch darauf hingewiesen werden, möglichst zur Absicherung des beauftragten Rechtsanwalts in schriftlicher Form, dass bei einer derartigen Klagerhebung keineswegs sicher ist, dass ein Ausgleichsanspruch tatsächlich realisiert werden kann. Insbesondere bei eher schwierigen Bewertungsfragen kann die Ausgleichsrichtung sich auch zugunsten des anderen Ehegatten ergeben.

2.4 Vorzeitige Aufhebung der Zugewinngemeinschaft

§ 1386 BGB n. F. enthält weiterhin die bisher bekannte Möglichkeit der Gestaltungsklage auf Aufhebung der Zugewinngemeinschaft. Diese Möglichkeit soll sowohl dem ausgleichspflichtigen wie dem -berechtigten Ehegatten zur Verfügung stehen. Zwar betont die Gesetzesbegründung[78], dass der Hauptanwendungsbereich die Leistungsklage sei. Dennoch soll den Ehegatten die bisherige Gestaltungsklage nicht verwehrt sein. Es sei manchmal für Ehegatten ausreichend, lediglich zur Beendigung des Güterstandes zu gelangen.

Letztlich kann der Ehegatte sich auch – sofern die Voraussetzungen im Übrigen vorliegen – dieser Klagemöglichkeit bedienen, um nunmehr nach Aufgabe des gesetzlichen Güterstandes Vermögen zu erwerben.

3 Regelungen zur Ehewohnung und zu den Haushaltsgegenständen

Die der Wohnungsknappheit in den letzten Monaten der Nazi-Diktatur geschuldete Hausratsverordnung, die nicht nur ihrer Wortwahl wegen nicht mehr zeitgemäß war, wurde ersatzlos aufgehoben und in das BGB zurückgeführt.

In zwei neuen Vorschriften, den §§ 1586 a und 1586 b, finden sich jetzt Regelungen zur Aufteilung von Haushaltsgegenständen und Regelungen der Rechtsverhältnisse an der Ehewohnung bei Nichteinigung der Eheleute.

3.1 Ehewohnungssachen

Gemäß § 1586 a BGB kann ein Ehegatte von dem anderen verlangen, dass ihm die Ehewohnung zur weiteren (alleinigen) Nutzung überlassen wird. Auch hier gilt zunächst, dass es sich nunmehr um eine Anspruchsgrundlage handelt, nicht mehr nur um eine Billigkeitsentscheidung.

Zunächst soll wie in § 2 HausratsVO als Rechtsfolge ausschließlich die Begründung oder Fortführung eines Mietverhältnisses vorgenommen werden können. Praxisprobleme sind deshalb durch die Neuregelung nicht zu erwarten.

---

[77] BT-Drs. 16/10798 S. 28/29.
[78] BT-Drs. 16/10798 S. 29.

§ 1586 a Abs. 2 BGB n. F. ist eine im Wesentlichen dem § 3 HausratsVO nachempfundene Vorschrift. Außerdem soll die derzeit in § 60 des Wohnungseigentumsgesetzes (WEG) geregelte Klarstellung über die Anwendbarkeit der Hausratsverordnung (insbesondere § 3) auf Wohnungseigentum und Dauerwohnrecht nunmehr systemgerecht im BGB geklärt werden (vgl. auch § 1361b Abs. 1 Satz 3 BGB).

Abs. 3 enthält inhaltsgleich die frühere Regelung des § 5 Abs. 1 Satz 1 HausratsVO. Sie ersetzt die Rechtsgestaltung durch den Richter mit einer an den §§ 563, 563a BGB orientierten gesetzlichen Nachfolge.

Der Zeitpunkt des Wechsels im Mietverhältnis knüpft an die Möglichkeiten an, die Überlassung der Ehewohnung zu regeln.

- **Durch Zugang der Mitteilung über die Wohnungsüberlassung:** Die Mitteilung wird gemäß § 130 Abs. 1 BGB mit dem Zugang beim Vermieter wirksam. Angesichts der besonderen Bedeutung der Wohnung als Lebensmittelpunkt ist die Interessenlage mit dem Eintrittsrecht des Ehegatten bei Tod des Mieters (§ 563 BGB) vergleichbar. Dementsprechend soll dem Vermieter auch in diesen Fällen das besondere Kündigungsrecht gemäß § 563 Abs. 4 BGB zustehen.

- **Durch Rechtskraft der richterlichen Entscheidung im Wohnungszuweisungsverfahren:** Die Neuregelung ist auf die Endentscheidung abgestellt, so wie es § 209 Abs. 2 FamFG-E vorsieht. Wird die Endentscheidung in einem Scheidungsurteil im Verbundverfahren getroffen, bedarf es keiner Regelung im Hinblick auf die Rechtskraft der Scheidung. Nach § 629d ZPO bzw. § 148 FamFG werden Entscheidungen in Folgesachen nicht vor Rechtskraft des Scheidungsausspruchs wirksam. Sie können aber z. B. bei Abtrennung der Folgesache oder einem isolierten Rechtsmittel auch später rechtskräftig werden.

§ 1386 Abs. 4 ersetzt § 4 HausratsVO und die bisherige richterliche Ermessensentscheidung („soll") durch einen Anspruch auf den Abschluss eines Mietvertrages. Die in der Praxis entwickelten besonderen Voraussetzungen für die Zuweisung gegen den Willen des Dritten (Vermieter, Eigentümer) werden im Erfordernis der besonderen Härte zusammengefasst.

Abs. 5 ersetzt und konkretisiert § 5 Abs. 2 HausratsVO. Danach kann das Gericht sowohl zugunsten eines Ehegatten wie auch zugunsten des Vermieters ein Mietverhältnis begründen, wenn ein solches noch nicht besteht. Ein Mietverhältnis fehlt in der Regel bei Wohnungen, die im Alleineigentum des weichenden Ehegatten, im Miteigentum beider Ehegatten oder im Miteigentum des weichenden Ehegatten mit einer dritten Person stehen. Denkbar ist auch der Fall, dass die Ehewohnung im Eigentum der Eltern bzw. Schwiegereltern steht oder dass ein Ehegatte, der alleiniger Mieter ist, das Mietverhältnis an der gemeinsamen Ehewohnung wirksam kündigt.

Der Mietvertrag schützt den berechtigten Ehegatten bei Verkauf der Ehewohnung. Bei Ehewohnungen, die im Miteigentum insbesondere beider Ehegatten stehen, dient der Mietvertrag, wie schon nach geltendem Recht, insbesondere dem Schutz des berechtigten Ehegatten mit Blick auf eine mögliche Teilungsversteigerung nach § 753 BGB.

Abs. 6 erfüllt den gleichen Zweck wie § 12 HausratsVO. Danach darf nach mehr als einem Jahr nach Rechtskraft des Scheidungsurteils nicht mehr gegen den Willen eines Drittbeteiligten in seine Rechte eingegriffen werden. Diese Jahresfrist soll – nunmehr angeknüpft an die Rechtskraft der Endentscheidung in der Scheidungssache – erhalten bleiben.

Die Jahresfrist ist im Interesse der Rechtsklarheit eine **Ausschlussfrist**. Angesichts des Grundsatzes der Vertragsfreiheit soll auch ohne ausdrückliche Regelung selbstverständlich sein, dass nach Ablauf der Jahresfrist mit Einverständnis des Vermieters oder eines anderen Drittbeteiligten der Eintritt in ein Mietverhältnis bzw. seine Begründung oder Änderung möglich ist.

3.2 Haushaltsgegenstände

3.2.1 Allgemeines

An den Grundsätzen der Zuordnung von Gegenständen zum Hausrat (jetzt wohl Haushalt) hat die Neuregelung nichts Wesentliches geändert. Eine andere Definition der Haushaltsgegenstände bringt die Neuregelung nicht. Haushaltsgegenstände, also alle beweglichen Gegenstände, die nach den Vermögens- und Lebensverhältnissen der Ehegatten für die Wohnung, die Hauswirtschaft und das Zusammenleben vorhanden sind, können nach wie vor mit Hilfe der Negativformel des BGH erfasst werden:

> „Alles, was nicht dem Beruf, dem Hobby, der Kapitalanlage oder der Trennung dient".

Allerdings unterfallen nur noch Haushaltsgegenstände, die **im gemeinsamen Eigentum** stehen, der Verteilung nach § 1586 b Abs. 1 BGB.

Der Gesetzgeber hat bewusst darauf verzichtet, die im Alleineigentum stehenden Haushaltsgegenstände einer Verteilung zu unterwerfen, zumal auch verfassungsrechtliche Bedenken dagegen sprechen. Durch den Wegfall von § 9 HausratsVO gibt es keine Möglichkeit mehr, Haushaltsgegenstände dem anderen Ehegatten zuzuweisen, weil dieser sie dringender benötigt als der Eigentümer. Dies führt aber dazu, dass vermehrt Haushaltsgegenstände im Alleineigentum im Zugewinnausgleich eine Rolle spielen werden. Vermögenswerte, die nicht in einem der drei vermögensrechtlichen Ausgleichssysteme einzuordnen sind, können im gesetzlichen Güterstand ohne Modifikationen nicht vorkommen.

3.2.2 Verhältnis zum Zugewinnausgleich

Eine Abstimmung der Neuregelung zum Zugewinnausgleichsverfahren fehlt allerdings, obschon die Bestimmungen in einem Gesetz verabschiedet wurden. Zwar lässt die Reformgesetzgebung die Richtigkeit der vom BGH schon in der Entscheidung vom 1. 12. 1983[79] ausgeführten Auffassung, dass nur der Hausrat, der nach der HausratsVO nicht verteilt werden kann, dem Zugewinnausgleich unterliegt und umgekehrt, dass Haushaltsgegenstände dann im Zugewinn keine Rolle spielen, wenn sie im Rahmen der Teilung des Haushalts bereits unter den Ehegatten verteilt wurden, unberührt. Allerdings trägt die Neuregelung auch nicht besonders dazu bei, die in der Praxis streitigen Fragen zu lösen.

Zum Beispiel gehört hierher die Einordnung des PKW, der in seiner Geschichte seit dem Gleichberechtigungsgesetz 1957 erst überwiegend reiner Vermögensgegenstand, dann auch je nach Zweckbestimmung auch reiner Haushaltsgegenstand war (der Zweitwagen, mit dem der kinderbetreuende Ehegatte die Einkäufe und den Terminplan der Kinder abarbeitete) und nunmehr in verschiedenen OLG-Bezirken unterschiedliche Rollen spielt.

Es sei nur beispielhaft auf drei Entscheidungen des OLG Düsseldorf verwiesen, die dem Pkw im Lauf der Zeit unterschiedliche Rollen zugewiesen haben:

---

[79] FamRZ 1984, 144.

- In der Entscheidung vom 15.5.1986[80] ist der Pkw nur dann Hausrat, wenn er überwiegend privat genutzt wird. Überwiegt die berufliche Nutzung, ist er als Vermögenswert in der vermögensrechtlichen Auseinandersetzung zu berücksichtigen.

- In der Entscheidung v. 31.1.1992[81] wird bereits weit stärker differenziert: Kommt der Pkw für Fahrten zur Arbeit und für familiäre Zwecke zum Einsatz, und wird diese Art der Nutzung vom Eigentümer in der Weise gebilligt, dass ein Vorrang des Einsatzes für familiäre Zwecke besteht, so soll der Pkw Hausrat sein.

- Die Entscheidung v. 23.10.2006[82] stellt auf eine im Vordringen befindliche Auffassung[83] ab, die mit dem Argument, die Erwerbstätigkeit sei schließlich (auch) familiär bedingt, den Pkw grundsätzlich den Haushaltssachen zuordnet.

Der BGH, der sich zuletzt dezidiert zu dieser Frage im Jahr 1992[84] geäußert hatte und seine Rechtsprechung, wonach im Grundsatz der Pkw kein Haushaltsgegenstand ist, fortführte, hatte in jüngster Zeit wohl noch keine Möglichkeit, diese Rechtsprechung zu korrigieren. Aber vielleicht will er das auch gar nicht mehr. Unabhängig davon, dass natürlich die konkrete Fallgestaltung jeweils ein stärkeres Gewicht auf der privaten, familiären Nutzung oder bei der beruflichen Nutzung zulässt, ist eine Kehrtwende in derartigen Fragen alles andere als prozessökonomisch, da eine uneinheitliche Rechtsprechung zu derartigen Fragen immer dazu führt, dass jede Senatsbesetzung des OLG zu dieser Frage ausprobiert wird.

Dass die dingliche Surrogation gem. § 1370 BGB entfällt, ist zu begrüßen. Dass sie im Übergangsrecht noch für alle bis zum 1.9.2009 angeschafften Haushaltsgegenstände gilt, ist dabei ein überflüssiger Wermutstropfen im Becher des Reformweines. Die unter den Gesichtspunkten der Mangelverwaltung entstandene Regelung ist nicht mehr zeitgemäß. Steht der nachgekaufte Gegenstand im Alleineigentum eines Ehegatten, so ist er im Zugewinnausgleich zu berücksichtigen, auch wenn der ersetzte Gegenstand im gemeinsamen Eigentum stand.

3.2.3 Die Neuregelungen im Einzelnen

§ 1586 a und 1586 b BGB n. F. inklusive einer neuen Überschrift und einem neuem Untertitel regeln die Rechte an der Ehewohnung (vgl. oben 3.1.) und die Aufteilung der gemeinsamen Haushaltsgegenstände. Das rechtswissenschaftlich bedeutsame Moment ist die Umwandlung der in der HausratsVO noch enthaltenen Billigkeitsentscheidung des Gerichts in die in den Haushaltssachen geregelte Anspruchsgrundlage auf Überlassung i.S. des klassischen Herausgabeanspruchs. Damit werden auch wohltuende klare Grundlagen geschaffen, eine zivilprozessuale Annehmlichkeit in einem Rechtsgebiet, das nurmehr von Einvernehmen, von Mediation, vom Gericht angeforderter Auskunft und von einem Vordringen des Amtsermittlungsgrundsatzes in reinen Zivilverfahren geprägt wird.

§ 1586 b BGB n. F. übernimmt in Abs. 1 zunächst die inhaltliche Regelung des § 8 HausratsVO, wonach

- Haushaltsgegenstände im gemeinsamen Eigentum der Eheleute aufgeteilt werden, und

- der Ehegatte, der sein Miteigentum an einem Haushaltsgegenstand bei der Haushaltsteilung aufgibt, von dem anderen Ehegatten gem. § 1586 Abs. 2 BGB n. F. eine angemessene Ausgleichszahlung verlangen kann.

---

[80] FamRZ 1986, 1132.
[81] FamRZ 1992, 1445.
[82] FamRZ 2007, 1325.
[83] OLG Koblenz, FamRB 2006, 102 f.; KG, FamRZ 2003, 1927, m. zust. Anm. Wever, FamRZ 2003, 1928.
[84] FamRZ 1992, 538.

Es handelt sich dabei wie schon bei der Regelung in § 8 Abs. 3 S. 2 HausratsVO um eine Sonderregelung für die Verteilung von Haushaltsgegenständen, soweit von ihr Gebrauch gemacht wird. Dabei gilt grundsätzlich der Vorrang der Aufteilung in Natur, die Ausgleichszahlung bleibt die Ausnahme.

Vereinbaren Eheleute die Aufteilung und eine Ausgleichszahlung, so ist diese Regelung abschließend. Eine vertragsreuig begründete Neuverteilung kann – wie schon im Rahmen der HausratsVO – mangels Rechtsschutzbedürfnis dann nicht mehr stattfinden.

Der Wegfall der Regelungen über die mit den Haushaltsgegenständen zusammenhängenden Verbindlichkeiten erscheint wesentlich problembehafteter zu sein und verkennt die im Regelfall vor den Familiengerichten erfolgende Mangelverwaltung im finanziellen Bereich. Die Begründung des Gesetzgebers, die Vorschrift habe in der Praxis keine Rolle gespielt, erscheint allenfalls unter dem Aspekt der gerichtlichen Fallstatistik richtig, nicht aber im Hinblick auf die Beratungspraxis und das Rechtsgefühl der Betroffenen. Eine Berücksichtigung im Zugewinn setzt voraus, dass tatsächlich ein Ausgleich stattfindet und nicht nur die Verbindlichkeiten verteilt werden müssen.

C Der Versorgungsausgleich

Das geltende Versorgungsausgleichsrecht wird dem verfassungsrechtlichen Gebot, einen Ausgleich zwischen den Ehegatten für den Scheidungsfall zu schaffen, der zu einer gerechten Teilhabe im Versorgungsfall führt, nicht mehr gerecht: Der bei der Scheidung derzeit durchgeführte Versorgungsausgleich verfehlt häufig die gerechte Teilhabe, unter anderem deshalb, weil sich das geltende Recht auf Prognosen stützen muss, die regelmäßig von den tatsächlichen Werten im Versorgungsfall abweichen.

Dem soll die Reform abhelfen. Das System des Versorgungsausgleichs, das wir bislang kannten und das mit den Schlagwörtern: Einmalausgleich, identische Ausgleichsrichtung und Umrechnung sowie Barwertverordnung noch nicht einmal ansatzweise erfahrbar wird, ist aus dem BGB verschwunden. Lediglich in § 1587 BGB n. F. findet sich noch ein Rest, allerdings nur im Sinn einer Verweisungsnorm zum Versorgungsausgleichgesetz (künftig: VersAusglG)[85].

Zum 1.9.2009, zusammen mit dem FamFG und dem Gesetz zur Änderung des Zugewinnausgleichs- und Vormundschaftsrechts, tritt ein eigenständiges Gesetz zum Versorgungsausgleich in Kraft: das Versorgungsausgleichsgesetz (VersAusglG). Damit verbunden ist ein weitgehender Umbau des Systems des Versorgungsausgleichs.

Allerdings belässt es die Reform bei dem grundlegenden Ansatz, dass

- für den jeweils ausgleichsberechtigten Ehegatten bereits im Zeitpunkt der Scheidung ein (künftiges) Anrecht auf Versorgung für den Fall des Alters und der Invalidität geschaffen wird und

- die Versorgungsschicksale der geschiedenen Ehegatten bereits bei Scheidung endgültig getrennt werden, mit der Folge, dass ein übertragenes Anrecht sich bei Eintritt des Versorgungsfalls ausschließlich nach den Voraussetzungen des berechtigten Ehegatten richtet.

- Entsprechend bleibt hinsichtlich des Versorgungsausgleichs das Verbundprinzip i. S. des § 623 Abs. 1 ZPO erhalten, sodass der berechtigte Ehegatte bereits bei Scheidung der Ehe die Höhe seiner künftigen Anrechte auf eine Versorgung feststellen kann.

Der Versorgungsausgleich stellt sich damit weiterhin als ein unverzichtbares Institut des Ausgleichs zwischen den Eheleuten dar. Die aus Art. 3 Abs. 1 GG hergeleitete Verteilungsgerechtigkeit hinsichtlich der in der Ehe erworbenen Anrechte und des Nachteilsausgleichs in Bezug auf die Übernahme von Aufgaben für die eheliche Lebensgemeinschaft bleibt sichergestellt.

1 Bisheriges Ausgleichssystem

Das bisherige Recht setzte die Vergleichbarkeit der vorhandenen Anrechte der Ehegatten voraus. Am Ende der Ehezeit musste der Wertunterschied ermittelt werden. Hierzu war es notwendig, vergleichbare Anrechte in den Saldo einstellen zu können. Dies musste durch Umrechnungen geschehen, wobei die Übertragung zum Teil auf Annahmen beruhte, die nicht immer mit der tatsächlichen Wertentwicklung übereinstimmten. Da eine Lösung des Problems der Vergleichbarkeit nach Auffassung des Gesetzgebers[86] kaum möglich war, entschied sich die Reform gegen die bisherige Saldierung und für einen gesonderten Ausgleich der vergleichbaren Anrechte.

---

[85] BGBl. I 2009 S.700.
[86] BT-Drs. 16/10144 S. 24.

2 Überblick über die wesentlichen Reforminhalte

Die wesentlichen Grundzüge der Reform sind die folgenden:

- Die Bestimmungen der §§ 1587 ff. BGB werden aufgehoben.

- Der Versorgungsausgleich wird in einem neuen Gesetz außerhalb des BGB (im VersAusglG) geregelt.

- Die Bestimmungen zum Versorgungsausgleich sind klar gegliedert und sprachlich so gestaltet, dass sie verständlicher als die alten Vorschriften sind.

- Grundsätzlich wird jedes Anrecht auf eine Versorgung innerhalb des Versorgungssystems selbst geteilt (interne Teilung). Damit erlangt der Ausgleichsberechtigte im Versorgungssystem des jeweils ausgleichspflichtigen Ehegatten ein Anrecht.

- Die Begründung eines Anrechts bei einem anderen Versorgungsträger findet dann statt, wenn der ausgleichsberechtigte Ehegatte damit einverstanden ist oder wenn der Versorgungsträger bei kleineren Anrechten eine externe Teilung wünscht (externe Teilung).

- Auf eine Saldierung wird verzichtet. Dadurch bedarf es keiner Vergleichbarkeit der Anrechte mehr, die Neuregelung teilt jedes Anrecht intern oder extern.

- Die Abkehr vom Einmalausgleich über die gesetzliche Rentenversicherung führt dazu, dass betriebliche und private Anrechte bei der Scheidung der Ehe geteilt und damit abschließend geregelt werden können.

- Bei einem geringen Wertunterschied wird ein Ausschluss der Durchführung des Versorgungsausgleichs als Normalfall in das Gesetz aufgenommen.

- Bei einer Ehezeit bis zu drei Jahren findet ein Versorgungsausgleich nur statt, soweit ein Ehegatte dies beantragt.

- Der Versorgungsausgleich findet künftig auch dann statt, wenn bei den Ehegatten Ost-Anrechte und West-Anrechte zusammentreffen. Damit wird die Aussetzung des Verfahrens in diesen Fällen entbehrlich.

- Die zulässigen Vereinbarungen der Ehegatten zum Ausschluss des Versorgungsausgleichs werden durch einfachere Genehmigungsvoraussetzungen und die erweiterte Disponibilität vereinfacht. Damit wird die Autonomie der Ehegatten gestärkt.

- Das sog. Rentnerprivileg fällt weg.

3 Das VersAusglG

3.1 Halbteilung

Die Neuregelung hält an dem bisherigen Halbteilungsgrundsatz fest. § 1 VersAusglG bestimmt die hälftige Teilung der in der Ehezeit erworbenen Anrechte. Damit verbleibt es bei der vom BVerfG geforderten Teilhabe an den in der Ehe erworbenen Anrechten.

Die Vorschrift stellt zugleich klar, auf welche Weise im neuen Recht der Grundsatz der gleichmäßigen Teilhabe der Eheleute am ehezeitlichen Vorsorgevermögen verwirklicht werden soll, nämlich durch die Teilung jedes Anrechts.

Darüber hinaus werden die ausgleichsberechtigte und die ausgleichspflichtige Person gesetzlich definiert. Abweichend von § 1587 a Abs. 1 S. 2 BGB wird hier in § 2 VersAusglG deutlich, dass wegen des anrechtsbezogenen Ausgleichs jeder Ehegatte grundsätzlich ausgleichspflichtig ist, wenn er Anrechte während der Ehezeit erworben hat. Der andere Ehegatte ist insoweit ausgleichsberechtigt.

3.2 Auszugleichende Anrechte / Ehezeit

Auch an der Art der in den Versorgungsausgleich bisher gem. § 1587 Abs. 1 BGB einbezogenen Vermögenswerte, die damit dem Zugewinnausgleich entzogen sind, ändert sich nichts. Sie sind künftig in § 2 VersAusglG geregelt.

3.2.1 Bisher erfasste Anrechte

Hierzu gehören:

- Rechte aus der gesetzlichen Rentenversicherung,
- beamtenrechtliche Versorgungen,
- betriebliche Altersversorgungen auf der Basis von Rentenleistungen,
- berufsständische Versorgungen,
- private Alters- und Invaliditätsversorgungen
- Versorgungen ausländischer oder überstaatlicher Versorgungsträger.

> Voraussetzung für die Einbeziehung ist nach wie vor, dass diese Rechte durch Arbeit oder Vermögen geschaffen wurden, der Absicherung im Alter oder bei Invalidität dienen und auf eine Rente gerichtet sind.

Derartige Anrechte unterfallen nicht dem Zugewinnausgleich. Das VersAusglG bestimmt in § 2 ähnlich wie bisher § 1587 Abs. 3 BGB a.F., dass eine Doppelverwertung desselben Vermögenswertes nicht möglich ist.

Umgekehrt gilt das ebenfalls: Anrechte, die durch Nachentrichtung freiwilliger Beiträge aus Mitteln des vorzeitigen Zugewinns erworben wurden oder aus einer direkten Schenkung von Anwartschaften stammen, unterliegen nicht dem Versorgungsausgleich. Es handelt sich nur eine Umschichtung von bereits auseinandergesetztem Vermögen bzw. im zweiten Fall um nicht durch Vermögen oder Arbeit entstandene Rechte.

3.2.2 Neu im Versorgungsausgleich berücksichtigte Anrechte

Auch betriebliche Altersversorgungen werden künftig wie alle Anrechte im Sinne des Betriebsrentengesetzes unabhängig von der Leistungsform in den Versorgungsausgleich einbezogen, § 2 Abs. 3 VersAusglG.

Damit werden künftig auch betriebliche Altersversorgungen, die bisher im Zugewinn behandelt wurden, im Versorgungsausgleich zu berücksichtigen sein.

Beispiel

Dies betrifft Direktversicherungen, die über den Abschluss einer Kapitallebensversicherung auf eine einmalige oder in Raten auszahlbare Kapitalleistung gerichtet sind.

Damit entfallen auch Manipulationsmöglichkeiten, die bisher über die Umwandlung und anschließende Kapitalwahl der Versicherungsleistung sowie die dann erfolgte Abänderung nach dem VAHRG möglich waren.

Ebenfalls in den Versorgungsausgleich fallen künftig nach § 2 Abs. 2 Nr. 3 VersAusglG alle Altersvorsorgeverträge nach den sog. Riester-Renten, auch wenn sie für den Versorgungsfall keine Rente, sondern eine Kapitalleistung beinhalten.

3.2.3 Ehezeit

Geblieben ist die pauschale Begrenzung des Ausgleichs auf die Ehezeit in der bisherigen Definition. Es gibt nach wie vor keine taggenaue Berechnung der Anwartschaften, sondern § 3 VersAusglG bestimmt wie § 1587 Abs. 2 BGB als Ehezeit den Zeitraum zwischen dem ersten Tag des Monats, in dem die Ehe geschlossen worden ist, und dem letzten Tag des Monats vor Zustellung des Scheidungsantrags. Auch hier verweist der Gesetzgeber auf die Möglichkeit, gerade bei langen Ehen auf den Trennungszeitpunkt abzustellen, lehnt dies aber ebenso wie beim Güterrecht ab, wobei hier Beweisschwierigkeiten als Kriterium für die Ablehnung ins Feld geführt werden.

3.3 Neuregelung der Auskunftserteilung

In § 4 VersAusglG werden die einzelnen Auskunftsrechte, die bislang im BGB und im VAHRG geregelt waren, zusammengefasst.

Danach sind die Ehegatten und die Erben untereinander und ebenso gegenüber den Versorgungsträgern zur Auskunft verpflichtet. Diese Regelung ist die materiell-rechtliche Grundlage des Auskunftsbegehrens. Verfahrensrechtlich wird sie ergänzt durch § 220 FamFG. Die Vorschrift gibt dem Gericht die Befugnis, Auskünfte sowohl von den Ehegatten, als auch von den Hinterbliebenen oder Erben wie auch von den Versorgungsträgern zu verlangen.

3.4 Ehevertragliche Vereinbarungen

Die Reform der Bestimmungen über vertragliche Vereinbarungen der Eheleute soll die Dispositionsmöglichkeiten der Betroffenen stärken.

Alte Rechtslage

Nach bisherigem Recht konnten Vereinbarungen über den Versorgungsausgleich entweder im Rahmen eines Ehevertrages nach § 1408 Abs. 2 BGB oder im Rahmen einer Scheidungsfolgenvereinbarung gemäß § 1587o BGB geschlossen werden.

- Nach § 1408 Abs. 2 BGB konnten die Eheleute in einem Ehevertrag durch eine ausdrückliche Vereinbarung den Versorgungsausgleich ganz oder teilweise ausschließen. Eine solche Vereinbarung bedurfte nach bislang geltendem Recht gemäß § 1410 BGB der notariellen Beurkundung bei gleichzeitiger Anwesenheit beider Ehegatten.

- Daneben konnten Eheleute gem. § 1587o Abs. 1 S. 1 BGB im Zusammenhang mit der Scheidung eine Vereinbarung über die Regelung des Versorgungsausgleichs treffen. Auch diese bedurfte wie der Ehevertrag entweder der notariellen Beurkundung oder der Aufnahme in das gerichtliche Protokoll gemäß § 1587o Abs. 2 BGB und darüber hinaus der Genehmigung des Familiengerichts gem. § 1587o Abs. 2 S. 3 BGB.

Neue Rechtslage

Derartige Vereinbarungen sind nach dem neuen Recht abschließend in den §§ 6 – 8 VersAusglG geregelt. Sie sehen wesentliche Erleichterungen, gleichzeitig aber auch eine das Verfahren verzögernde gerichtliche Prüfungsmöglichkeit vor. Die formellen und materiellen Voraussetzungen für Vereinbarungen werden zusammengefasst, § 1408 Abs. 2 BGB n. F. enthält nur noch einen Verweis auf diese Vorschriften.

So geht die Neuregelung davon aus, dass Vereinbarungen grundsätzlich zu genehmigen sind, es sei denn, das Gericht stellt deren Sittenwidrigkeit oder Anpassungsnotwendigkeit fest. Bislang musste jede Vereinbarung durch das Gericht genehmigt werden, ohne dass ein derartiger Genehmigungsanspruch gesetzlich festgeschrieben war.

Sowohl die Formvorschriften des § 7 VersAusglG wie auch § 8 VersAusglG sollen den notwendigen Schutz eines Ehegatten bewirken. Formal bedarf es **weiterhin der notariellen Beurkundung der Vereinbarung** bzw. im gerichtlichen Verfahren der **Protokollierung**. In beiden Fällen ist damit entweder durch die notarielle Belehrungspflicht oder durch die aufgrund des Anwaltszwangs im Scheidungsverfahren gegebene Beratung durch Rechtsanwälte der notwendige Schutz hinreichend gewahrt.

Hinzu kommt, dass künftig die Formvorschrift bis zur Rechtskraft der Entscheidung über den Wertausgleich gilt, also anders als bei § 1585 c BGB die Rechtskraft der Scheidung allein nicht ausreicht, um formfreie Vereinbarungen zum Versorgungsausgleich zu treffen.

Beispiel

Wird das Verfahren über den Versorgungsausgleich abgetrennt, weil die Ermittlung der Anwartschaften der Beteiligten noch andauert, so kann eine Vereinbarung über nicht ausgleichsreife Anrechte wirksam nur durch eine notarielle Vereinbarung abgeschlossen werden.

Unklar ist, wie das Ziel der Erleichterung von Vereinbarungen unter den Beteiligten mit der richterlichen Prüfungspflicht[87] des § 8 VersAusglG in Übereinstimmung gebracht werden soll. Die bisherige Praxis der Familiengerichte, zunächst die Anwartschaften zu ermitteln, um dann prüfen zu können, ob die Vereinbarung der Eheleute genehmigungsfähig ist, erscheint jedenfalls hierzu nicht geeignet, da dieses Verfahren nicht nur zeitlich belastend ist, sondern künftig auch durch die Ausgleichung jedes einzelnen Anrechts aufwändiger gestaltet ist. Der Gesetzgeber will aber auf die schon in der Rechtsprechung des BGH[88] für erforderlich gehaltene Prüfungspflicht des Gerichts nicht verzichten. Ob dies allerdings dem Ziel, den beteiligten Eheleuten deutlich größere Spielräume für Vereinbarungen zu ermöglichen, entgegenkommt, wird die künftige Praxis der Familiengerichte erst zeigen.

---

[87] Vgl. BT-Drs. 16/10144 S. 52/53.
[88] FamRZ 2006, 25.

3.5 Wegfall des Einmalausgleichs und neue Struktur des Ausgleichs

Die Neuregelung gibt das System des Einmalausgleichs in nur eine Richtung auf.

3.5.1 Allgemeines

Soll der Versorgungsausgleich wie bisher lediglich einmal und in eine Richtung durchgeführt werden, müssen die Anrechte vergleichbar sein. Dies sind sie aber nicht a priori, sie müssen derzeit über ein auf Prognoseentscheidungen gestütztes Verfahren (Anwendung der Barwertverordnung) im Hinblick auf ihre künftige Entwicklung vergleichbar gemacht werden. Der Einmalausgleich setzt also zwangsläufig die **Vergleichbarkeit der Anrechte** voraus. Da diese Vergleichbarkeit nur durch Prognoseentscheidungen möglich ist, kann dies zu erheblichen Wertverzerrungen führen. Die theoretisch mögliche nachträgliche Korrektur im Abänderungsverfahren findet nach Auffassung des Gesetzgebers[89] in der Praxis meist nicht statt. Nur wo systemintern geteilt wird, nämlich vor allem bei der Teilung von Anrechten aus der gesetzlichen Rentenversicherung, kommt es nach dem alten Recht zu adäquaten Ergebnissen. Deshalb erstreckt die Reform dieses Prinzip jetzt auf alle Versorgungen.

Die notwendige Folge eines anrechtsbezogenen Ausgleichs ist der mehrfache Ausgleich von Versorgungen. Das Prinzip des Einmalausgleichs in eine Richtung wird verlassen. Anders ist eine gerechte Teilung ohne Verzicht auf Vergleichbarkeit nicht durchzuführen.

Beispiel

Hat der Ehemann in der gesetzlichen Rentenversicherung Anwartschaften von 300, die Ehefrau dagegen nur von 200, sind in der gesetzlichen Rentenversicherung 50 zugunsten der Frau auszugleichen. Haben beide Ehegatten dazu beamtenrechtliche Anwartschaften, diesmal aber die Ehefrau 400 und der Ehemann lediglich 200, ergibt sich eine Ausgleichspflicht zugunsten des Mannes in Höhe von 100. Der Versorgungsausgleich muss also zweimal einmal in Richtung Ehefrau, einmal in Richtung Ehemann durchgeführt werden.

Die Anwartschaften der Beteiligten werden zukünftig **nur innerhalb des Versorgungsträgers** ausgeglichen. Dieses System des sog. internen Ausgleichs hat Vorrang vor den im Gesetz enthaltenen Ausnahmen des sog. externen Ausgleichs, der nur dann stattfinden soll, wenn ein interner Ausgleich nicht möglich oder dem Versorgungsträger nicht zumutbar ist.

Das neue Recht versucht darüber hinaus eine Zersplitterung zu verhindern. Innerhalb eines Versorgungssystems schreibt § 10 Abs. 2 VersAusglG die Verrechnung der gegenseitigen Ausgleichswerte vor. Sind zwei Anrechte aus der gesetzlichen Rentenversicherung auszugleichen, ändert sich durch die Reform im Vergleich zur derzeitigen Rechtslage nichts. Anders ist dies bei Anwartschaften von privaten Versorgungsträgern, die bisher entweder im Rahmen der gesetzlichen Rentenversicherung durch das sog. erweiterte Splitting, über den schuldrechtlichen Versorgungsausgleich oder – in den wenigsten Fällen – durch Realteilung ausgeglichen wurden.

---

[89] BR-Drs. 343/08, S. 70.

3.5.2 Ausschluss von Bagatellrechten

Bagatellausgleiche sollen nach § 18 VersAusglG unterbleiben. Diese Neuregelung ist schon deshalb segensreich, weil sie dem Familiengericht nicht nur die Möglichkeit gibt, in Fällen, in denen der Verwaltungsaufwand den wirtschaftlichen Wert des Ausgleichs bei weitem übersteigt, auf die Durchführung zu verzichten, sondern weil das Absehen vom Ausgleich eine Muss-Entscheidung des Gerichts ist („ sieht ab").

Damit sind die Beteiligten der bisherigen Praxis enthoben, bei geringfügigen Beträgen gekünstelte Konstruktionen wie den Ausschluss zu wählen, da mit der Regelung in § 18 Abs. 1 VersAusglG eine ausreichende gesetzliche Grundlage vorhanden ist. Der bisher von manchen Gerichten gewählte Umweg über § 1587 c Nr. 1 BGB ist damit nicht mehr notwendig.

3.5.3 Ausgleich durch Realteilung

Die Verwendung des Begriffs der Realteilung ist eigentlich nicht korrekt, da das Gesetz die neuen Begriffe „interne und externe Teilung" gebraucht. Da der Praktiker aber mit dem Begriff der Realteilung das verbindet, was nun die interne Teilung darstellt, ist es legitim, ihn zur besseren Verständlichkeit zu verwenden.

Die Anrechte der Ehegatten werden jeweils saldiert, die Differenz hälftig dem Ehegatten mit den geringeren Anwartschaften zugerechnet. Dies gilt für jedes einzelne Anrecht, weshalb es auch zu mehrfachen Begründungen oder Übertragungen in unterschiedliche Richtungen kommen kann.

Interne und externe Teilung

Das neue Recht kennt nur noch zwei Ausgleichsformen im Wertausgleich, nämlich die interne Teilung, geregelt in den §§ 10 bis 13 VersAusglG, und die externe Teilung, geregelt in den §§ 14 bis 17 VersAusglG. Daneben gibt es noch nachrangige Ausgleichsformen in den §§ 20 bis 26 VersAusglG, wobei sich inhaltlich dabei gegenüber dem bisherigen Recht wenig geändert hat. Lediglich die Übersichtlichkeit und die Konzentration auf eine einzige gesetzliche Regelung machen die übrigen Ausgleichsformen transparenter.

Hinweis

Die interne Teilung ist vorrangig, die externe Teilung nachrangig (§ 9 Abs. 2, 3 VersAusglG). Die externe Teilung kommt nur in Ausnahmefällen zur Anwendung.

3.5.3.1 Interne Teilung nach § 10 VersAusglG

§ 10 VersAusglG ordnet vorrangig die interne Teilung jedes Anrechts der Ehegatten an. Der Ausgleich findet wie bisher durch Beschluss des Familiengerichts statt, indem für die ausgleichsberechtigte Person zu Lasten des Anrechts der ausgleichspflichtigen Person ein Anrecht in Höhe des Ausgleichswertes (halber Ehezeitanteil, § 1 Abs. 2 VersAusglG) bei dem Versorgungsträger, bei dem das Anrecht der ausgleichspflichtigen Person besteht, übertragen wird. Für den Ausgleichswert macht der Träger in der Auskunft einen Vorschlag nach § 5 Abs. 3 VersAusglG. Der Ausgleichswert muss nicht die mathematische Hälfte des Ehezeitanteils sein, beispielsweise bei der Teilung eines Deckungskapitals. Abweichungen können sich auf Grund der Regelungen der Versorgungsträger zum Ausgleichswert ergeben.

3.5.3.2 Voraussetzungen gem. § 11 VersAusglG

Grundsätzlich teilt das Familiengericht alle Anrechte (mit Ausnahme eventuell der Beamtenversorgung der Länder) real. Das Gesetz schafft einen Rahmen für die Anforderungen an die interne Teilung. Das Familiengericht ist verpflichtet, Regelungen zur internen Teilung, zum Beispiel in einer Satzung, am Maßstab des § 11 VersAusglG zu überprüfen. Dies gilt allerdings nicht für Versorgungen, die eigenständige gesetzliche Regelungen über den Versorgungsausgleich besitzen. Die Vorschrift des §11 VersAusglG betrifft in erster Linie privatrechtliche Regelungen in Satzungen von Versorgungsträgern, vor allem der betrieblichen Altersversorgung und der privaten Rentenversicherung.

3.5.3.3 Kosten der internen Teilung

Bei der internen Teilung kann der Versorgungsträger nach § 13 VersAusglG entstehende Kosten jeweils hälftig mit den Anrechten beider Ehegatten verrechnen, soweit sie in angemessener Höhe anfallen. Dabei soll es sich nicht in jedem Fall um einen bestimmten Prozentsatz des auszugleichenden Wertes handeln. Vielmehr soll das Gericht zu hohe Werte korrigieren, soweit dies zu einer unangemessenen Schmälerung des Anrechts führen würde. Der Versorgungsträger soll nur die Kosten geltend machen können, die durch die interne Teilung entstehen, wie zum Beispiel durch die Einrichtung eines neuen Kontos und durch den Verwaltungsaufwand dafür. Die Höhe der Kosten soll gem. § 220 Abs. 4 FamFG dem Gericht mit der Auskunft mitgeteilt werden. Im Gesetzgebungsverfahren wurden 2 bis 3 % des Deckungskapitals als angemessen angesehen.

3.5.3.4 Externe Teilung

Die externe Teilung wird nur in den zwei Fällen des § 14 Abs. 2 VersAusglG sowie unter der Voraussetzung des § 16 VersAusglG bei Vorliegen von Anrechten aus einem öffentlich-rechtlichen Dienst- oder Amtsverhältnis durchgeführt werden. Erweiterungen aufgrund Analogien oder Parteivereinbarungen sind nach dem Gesetzeswortlaut und auf Grund des Ausnahmecharakters der externen Teilung nicht zulässig. Die Vorschrift beinhaltet in Abs. 1 die vom Versorgungsträger der ausgleichspflichtigen Person (mit-)bestimmten Fälle der externen Teilung der Anrechte.

- Nach § 14 Abs. 2 Nr. 1 VersAusglG ist eine externe Teilung durchzuführen, wenn sich die ausgleichsberechtigte Person und der Versorgungsträger der ausgleichspflichtigen Person auf eine externe Teilung einigen.

- Nach § 14 Abs. 2 Nr. 2 VersAusglG ist die externe Teilung durchzuführen, wenn der Versorgungsträger der ausgleichspflichtigen Person eine externe Teilung verlangt und der Ausgleichswert am Ende der Ehezeit als Rentenbetrag höchstens 2 % oder als Kapitalwert höchstens 240 % der monatlichen Bezugsgröße nach § 18 SGB IV beträgt.
  Die Vorschrift des § 14 VersAusglG macht weitere Ziele der Reform deutlich. Den Beteiligten soll zum einen die Möglichkeit eröffnet werden, durch Einigungen eigenständige Lösungen herbeizuführen. Zum anderen soll die berechtigte Person über ihr Anrecht unabhängig von der ausgleichspflichtigen Person bestimmen können.

- Nach § 14 Abs. 4 VersAusglG hat der Versorgungsträger der ausgleichspflichtigen Person den Ausgleichswert als Kapitalbetrag an den Versorgungsträger des Ausgleichsberechtigten zu zahlen. Dieser Betrag wird vom Gericht in der Endentscheidung festgesetzt. Diese Zahlung an die Zielversorgung darf bei der ausgleichspflichtigen Person nicht zu steuerpflichtigen Einnahmen führen, es sei denn, die ausgleichspflichtige Person stimmt der Wahl der Zielversorgung durch die ausgleichsberechtigte Person zu (§ 15 Abs. 3 VersAusglG)

- Für beide Fälle des § 14 Abs. 2 VersAusglG gilt, dass das Wahlrecht durch den Versorgungsträger und die Einigung des Versorgungsträgers mit der ausgleichsberechtigten Person innerhalb einer gerichtlich festgesetzten Frist zu erklären ist, sofern das Gericht von seinem Recht zur Fristsetzung Gebrauch gemacht hat (vgl. § 222 Abs. 1 FamFG). Ansonsten kann die Erklärung bis zur Entscheidung erfolgen.

- Nach § 14 Abs. 5 S. 1 VersAusglG ist eine externe Teilung in den Fällen der §§ 14, 15 VersAusglG unzulässig, wenn ein Anrecht durch Beitragszahlung nicht mehr begründet werden kann. Diese Vorschrift entspricht der derzeitigen Rechtslage. Sie ist zukünftig jedoch nicht mehr auf die gesetzliche Rentenversicherung beschränkt. Gemäß § 14 Abs. 5 S. 2 VersAusglG können Ausgleichsansprüche nach der Scheidung weiterhin geltend gemacht werden. Das Anrecht für den Ausgleich geht nicht verloren.[90]

3.5.3.5 Der Ausgleich der beamtenrechtlichen Anwartschaften

Sieht der Träger der Versorgung aus einem öffentlich-rechtlichen Dienst- oder Amtsverhältnis keine interne Teilung vor, wird ein dort bestehendes Anrecht durch externe Teilung über die gesetzliche Rentenversicherung ausgeglichen, § 16 Abs. 1 VersAusglG.

Der ausgleichsberechtigten Person steht bei einer Versorgung aus dem öffentlich-rechtlichen Dienst- oder Amtsverhältnis das **Wahlrecht** für die Zielversorgung nach § 15 Abs. 1 VersAusglG **nicht** zu. Der Bund hat für seine Beamten mit dem gleichzeitig mit dem Versorgungsausgleichsgesetz in Kraft tretenden Bundesversorgungsteilungsgesetz den Weg für eine interne Teilung frei gemacht. Anders ist dies bislang bei den Dienst- und Amtsverhältnissen der Länder und Kommunen. Da die Gesetzgebungskompetenz des Bundes für derartige Regelungen nicht besteht, müssen die einzelnen Länder die Frage nach der Einführung einer internen Teilung in den beamtenrechtlichen Versorgungen entscheiden. Entsprechende Regelungen sind bislang noch in keinem Bundesland getroffen.

Somit bleibt es für die Beamten der Länder und der Kommunen bei der externen Teilung durch Begründung von Anrechten bei der gesetzlichen Rentenversicherung. Gleichzeitig bleiben aber auch – da eine entsprechende Streichung bislang nicht erfolgt ist – die Regelungen des § 57 Abs. 1 BeamtVG in den jeweils entsprechenden länderrechtlichen Bestimmungen in Kraft. Für pensionierte Landesbeamte gilt deshalb nach wie vor, dass eine Kürzung der Versorgungsbezüge nicht erfolgt, wenn der andere Ehegatte die Voraussetzungen für den Bezug der Altersrente oder einer eigenen beamtenrechtlichen Versorgung noch nicht erfüllt.

Gemäß § 16 Abs. 2 VersAusglG werden Anrechte aus einem Beamtenverhältnis auf Widerruf sowie aus einem Dienstvertrag einer Soldatin oder eines Soldaten auf Zeit zwingend durch Begründung eines Anrechts in der gesetzlichen Rentenversicherung ausgeglichen.

3.5.3.6 Die Fälle der fehlenden Ausgleichsreife: Der bisherige schuldrechtliche Versorgungsausgleich

Der bisher in § 1587 f BGB definierte schuldrechtliche Versorgungsausgleich fehlt im neuen VersAusglG. Stattdessen ist nunmehr von Anrechten mit fehlender Ausgleichsreife die Rede, § 19 VersAusglG. Die Vorschrift nimmt Anrechte vom Ausgleich aus, bei denen die Teilung zum Zeitpunkt der Entscheidung über den Wertausgleich bei der Scheidung aus verschiedenen

---

[90] BT-Drs. 16/10144 S. 59.

Gründen nicht möglich ist. Dies sind insbesondere diejenigen Anrechte, bei denen ein Rechtsanspruch der ausgleichspflichtigen Person selbst auf eine Leistung noch nicht hinreichend verfestigt ist. Derartige Anrechte, können noch nicht ausgeglichen werden.

Beispiel

Das VersAusglG nimmt hier insbesondere noch verfallbare Betriebsrentenrechte (Nr. 1), abzuschmelzende Leistungen (Nr. 2) oder Abflachungsbeträge in der Beamtenversorgung in Bezug. Hierher gehören auch Anrechte für die dem Ausgleichsberechtigten kein Vorteil wegen Unwirtschaftlichkeit des Ausgleichs erwächst (Nr. 3), sowie Anrechte, die nicht der deutschen Gesetzgebung unterliegen (Nr. 4). Diese werden nach Maßgabe des § 20 VersAusglG dem Ausgleich unter den beteiligten Eheleuten überlassen.

3.5.3.7 Sonstiges

§ 33 Abs. 3 VersAusglG begrenzt das bisher in § 5 VAHRG geregelte Unterhaltsprivileg auf die Höhe des gesetzlichen Unterhaltsanspruchs.

Beispiel

Unterstellt, im Versorgungsausgleich werden insgesamt 450 Euro übertragen, während die Unterhaltsverpflichtung dagegen lediglich 270 Euro beträgt, so hat dies nach dem bisherigen Recht dazu geführt, dass die Kürzung der Versorgung des Unterhaltspflichtigen insgesamt unterblieben ist. Künftig werden lediglich die tatsächlichen Unterhaltszahlungen von der Kürzung ausgenommen.

Damit ist erheblicher Gestaltungsspielraum bei der Erarbeitung einer Vereinbarung zum nachehelichen Unterhalt weggefallen. Ob diese Regelung den Vorgaben des BVerfG bei der Scheidung einer phasenverschobenen Ehe genügt, ist fraglich.

3.5.4 Übergangsrecht

Das VersAusglG findet auf alle Verfahren Anwendung, die ab 1.9.2009 anhängig gemacht werden. Der Umkehrschluss, auf alle Verfahren, die am 1.9.2009 bereits anhängig waren, finde das bisherige Recht Anwendung, gilt nur bedingt. Ist das Verfahren über den Versorgungsausgleich ausgesetzt, und wird es nach dem 1.9.2009 wieder aufgenommen, gilt neues Recht. Dies muss auch für das ausgesetzte Scheidungsverfahren gelten, nicht nur für die abgetrennten und gem. § 2 VAÜG ausgesetzten Verfahren in den Fällen, in denen ausgleichungs- und nicht ausgleichungsdynamische Anrechte vorhanden sind. Da diese zukünftig gleich behandelt werden, besteht kein Grund mehr für die Beibehaltung der Aussetzung. Diese Verfahren müssen gem. § 5 VAÜG von Amts wegen wiederaufgenommen werden und nach den Bestimmungen des neuen VersAusglG durchgeführt werden. Hier sieht § 50 Abs. 1 Nr. 2 VersAusglG die Wiederaufnahme der ausgesetzten Versorgungsausgleichsverfahren von Amts wegen vor. Da nach dem neuen Versorgungsausgleichsrecht auf Grund der gesonderten Teilung jedes Anrechts ein Wertausgleich bereits vor der Einkommensangleichung durchgeführt werden kann, soll die Wiederaufnahme dieser Verfahren von Amts wegen nunmehr spätestens fünf Jahre nach dem Inkrafttreten der Reform vorgenommen werden. Damit wird sichergestellt, dass die Vielzahl der ausgesetzten Verfahren zeitnah durch die Familiengerichte abgearbeitet werden können.

Die ursprünglich vorgesehene Verpflichtung, alle ausgesetzten Ost-West-Fälle innerhalb von fünf Jahren nach neuem Recht zwingend abzuschließen, ist in eine Soll-Vorschrift umgewandelt worden, um eine Überbelastung der Familiengerichte zu verhindern.

D Arbeitshilfen

1 Musstertexte

1.1 Vermögensverzeichnis

Muster

Wir, die Eheleute Margot und Hans Muster, erstellen gemeinsam das nachfolgende Vermögensverzeichnis und stellen hierzu fest:

Herr H. Muster hat Verbindlichkeiten aus einem Darlehen in Höhe von 30.000 Euro. Positive Vermögenswerte sind nicht vorhanden.

Frau M. Muster verfügt über folgende Vermögenswerte:

- Sparbuch Sparkasse Musterstadt Nr. mit einem Guthaben von 13.567,89 Euro,
- einen PKW Mercedes CK 230 mit einem Wert von derzeit 31.500 Euro.
- ...

Unterschriften

1.2 Vermögensverzeichnis (negatives Anfangsvermögen)

Muster

Wir, die Eheleute Margot und Hans Muster, erstellen gemeinsam das nachfolgende Vermögensverzeichnis und stellen hierzu fest:

Das Anfangsvermögen der Ehefrau beträgt 0.

Der Ehemann hat in seinem Anfangsvermögen Verbindlichkeiten in Höhe von 23.500 Euro aus einem Darlehen der Sparkasse ...

Unterschriften

1.3 Vereinbarung über die Feststellung des Anfangsvermögens

Muster

Wir wollen am ... die Ehe schließen. Güterrechtliche Regelungen haben wir bislang nicht getroffen. Für unsere Ehe soll grundsätzlich der Güterstand der Zugewinngemeinschaft mit folgenden Maßgaben gelten: 1

Der Ehemann ist Eigentümer der Immobilie Friedrichstr. 1, 23456 Musterhausen mit einem Verkehrswert in Höhe von 150.000 Euro; diese ist belastet, wobei die zugrunde liegenden Darlehensverbindlichkeiten bei der Musterbank sich auf 100.000 Euro belaufen.

Der Ehemann hat weitere Darlehensverbindlichkeiten in Höhe von 80.000 Euro gegenüber der Musterbank. Weiteres Vermögen ist nicht vorhanden.

Die Ehefrau hat ein Sparguthaben in Höhe von 60.000 Euro.

Der Negativsaldo des Anfangsvermögens des Ehemanns beträgt 30.000 Euro. Die Ehefrau hat ein Anfangsvermögen von 60.000 Euro. Wir vereinbaren, dass das negative Anfangsvermögen des Ehemanns bei der zukünftigen Berechnung eines möglichen Zugewinnausgleichs keine Bedeutung erlangen soll.[1]

Anmerkung zum Muster:

[1] Unabhängig von dem ungeklärten Verhältnis zwischen der Auskunftspflicht über das Anfangsvermögen und der nach wie vor bestehenden Beweisvermutung des § 1377 Abs. 3 BGB kann die Festlegung des Anfangsvermögens den Streit über dessen Höhe verhindern. Auch die Neuregelungen sind dispositives Recht. Die Eheleute können – eines unbeschwerten Starts in die Ehe wegen – auf die gesetzlichen Regelungen verzichten.

1.4 Verlangen auf Auskunft über Vermögenssituation

Muster

Sehr geehrter Herr Müller,

unter Beifügung einer auf uns lautenden Vollmacht zeigen wir an, dass Ihre Ehefrau Waltraud Müller uns mit der Wahrnehmung ihrer Interessen beauftragt hat. Sie hat uns von einer massiven Ehekrise – hervorgerufen durch Ihre Untreue – berichtet und unseren Rat im Hinblick auf die familienrechtlichen Konsequenzen eingeholt.

Ihre Ehefrau betont, dass sie eine Trennung und Scheidung der Ehe jedenfalls derzeit nicht will. Allerdings kann sie sich nicht mehr wie in der Vergangenheit damit zufrieden geben, dass Sie insbesondere aus der wirtschaftlichen Situation und der Darstellung des Vermögens, an dem auch unsere Mandantin durch den Güterstand der Zugewinngemeinschaft partizipiert, ein derartiges Geheimnis machen, nicht zuletzt auch weil Ihre Ehefrau Manipulationen zu ihren Ungunsten befürchtet. Da Sie aus dem Wesen der Ehe heraus verpflichtet sind, wenigstens einen groben Überblick über die vermögensrechtliche Situation zu gewähren, haben wir Sie aufzufordern, dies innerhalb einer Frist von zwei Wochen zu tun. Für den Fall der nicht fristgerechten Auskunftserteilung müssten wir unserer Mandantin anraten, eine Klage auf vorzeitigen Ausgleich des Zugewinns zu erheben, in deren Rahmen Sie dann vollumfänglich Auskunft erteilen müssten.

Mit freundlichen Grüßen

S. Schlau, Rechtsanwalt

1.5 Verlangen auf Auskunft nach Trennung

Muster

Sehr geehrter Herr Schmidt,

unter Beifügung uns legitimierender Vollmacht zeigen wir an, dass Ihre Ehefrau uns mit der Wahrnehmung ihrer rechtlichen Interessen beauftragt hat. Sie hat uns berichtet, dass sie seit dem 6. 9. 2009 von Ihnen getrennt lebt und beabsichtigt, nach Ablauf des Trennungsjahres die Scheidung einzureichen. Den Trennungszeitpunkt kann bei Bedarf eine Freundin Ihrer Frau an Eides statt bestätigen, da Ihre Frau an diesem Abend kurzfristig ihre Freundin aufgesucht hat und bei dieser geblieben ist.

Da Sie mit Ihrer Ehefrau im gesetzlichen Güterstand der Zugewinngemeinschaft leben, kommt ein Zugewinnausgleich für den Fall der Scheidung in Betracht, ggf. auch bereits zu einem früheren Zeitpunkt. Gemäß § 1379 Abs. 2 BGB schulden Sie ihrer Ehefrau Auskunft über den Bestand Ihres Vermögens zum Zeitpunkt der Trennung. Diese Auskunft ist in der Form eines in sich geschlossenen, systematischen Verzeichnisses zu erteilen, das sämtliche Aktiva und Passiva umfasst. Die jeweiligen Angaben sind zu belegen und zwar im Einzelnen für Bank- oder Spargutauben durch entsprechende Kontoauszüge, für Aktiendepots durch entsprechende Depotbestätigungen, für Firmen oder Firmenbeteiligungen durch Vorlage der Bilanzen oder Gewinn- und Verlustrechnungen, bei Fahrzeugen die Angabe der wertbildenden Faktoren wie Marke, Modell, Baujahr, km-Leistung, Sonderausstattung etc., für Grundstücke durch die jeweiligen Grundbuchauszüge, bei bebauten Grundstücken zusätzlich die Baubeschreibungen und die Angabe sonstiger wertbildender Faktoren wie z. B. Mietverträge bei Fremdvermietung. Diese Aufzählung ist keine abschließende, so dass bei entsprechenden Vermögenswerten der Nachweis durch andere als die oben angeführten Belege notwendig sein kann.

Zur Auskunftserteilung setzen wir Ihnen eine Frist bis 20.9.2009 und werden unserer Mandantin nach fruchtlosem Fristablauf raten, Klage zu erheben.

Mit freundlichen Grüßen

S. Schlau, Rechtsanwalt

1.6 Auskunftsverlangen über End- und Anfangsvermögen

Muster

Sehr geehrter Herr Schmidt,

hiermit zeigen wir unter Vollmachtsvorlage die Vertretung Ihrer getrenntlebenden Ehefrau an. Nach der Zustellung des Scheidungsantrags an Sie am 3.9.2009 sind Sie verpflichtet, Auskunft über Ihr End- und Anfangsvermögen zu erteilen. Die Auskunft über das Endvermögen ist zum Stichtag 3.9.2004, die Auskunft über das Anfangsvermögen zum Tag der Eheschließung am 15.3.1987 zu erteilen.

Zur Erfüllung der Auskunft sind folgende Punkte notwendig:

- Es ist ein geordnetes, übersichtliches und nachprüfbares Bestandverzeichnis vorzulegen.

- Die Vermögensgegenstände müssen hinreichend spezifiziert und nach Aktiva und Passiva getrennt ausgewiesen sein.

- Die Vermögensgegenstände sind nach Anzahl, Art und wertbildenden Faktoren einzeln aufzuführen. Dabei sind für Einzelgegenstände Angaben zu machen, die eine Bewertung ermöglichen und im Verkehr üblicherweise mitgeteilt werden. Erfordert eine Bewertung bestimmter Gegenstände die Einsicht in Belege oder sonstige Unterlagen, sind auch diese zu übersenden, wobei zunächst einfache Kopien genügen. Da sich unserer Information nach in Ihrem Vermögen eine Unternehmensbeteiligung befindet, müssen Sie die Bilanzen und die Gewinn- und Verlustrechnungen des Unternehmens für die letzten fünf Jahre, also die Jahre 2003 bis 2008, vorlegen.

Wir behalten uns ausdrücklich vor, eine Ergänzung der Auskunft sowie der Belege und der sonstigen Unterlagen zu verlangen. Ebenso bleibt die Geltendmachung des Anspruchs auf Abgabe der eidesstattlichen Versicherung und auf Wertermittlung vorbehalten.

Ihrer Auskunftserteilung sehen wir bis 20.9.2009 entgegen.

Mit freundlichen Grüßen

Schlau

Rechtsanwalt

1.7 Schreiben an den eigenen Mandanten mit Anleitung zur Auskunft über sein Endvermögen

Muster

Sehr verehrte Frau Mustermann,

in der Anlage übersende ich das Schreiben der Prozessbevollmächtigten Ihres Mannes in Kopie.

Diesem Schreiben können Sie entnehmen, dass die Gegenseite von Ihnen Auskunft über den Bestand Ihres Endvermögens und Ihres Anfangsvermögens verlangt. Zur Erteilung dieser Auskunft sind Sie gesetzlich verpflichtet (§ 1379 BGB). Auch Ihr Ehemann ist in gleicher Weise zur Auskunft verpflichtet.

Als Auskunft ist ein Bestandsverzeichnis vorzulegen, in dem die Aktiva und Passiva Ihres Endvermögens zum ... *(Stichtag Zustellung Scheidungsantrag)* und Ihres Anfangsvermögens zum ... *(Stichtag Eheschließung)* geordnet und übersichtlich zusammengestellt sind. Die zum Endvermögen zählenden Vermögenswerte sind dabei nach Anzahl, Art und wertbildenden Faktoren, Geldbeträgen (bei Konten, sonstigen Forderungen und Verbindlichkeiten usw.) einzeln aufzuführen, sodass eine Bewertung möglich ist. In der Regel ist es sinnvoll, Ihre Wertvorstellung bezüglich derjenigen Objekte anzugeben, deren Wert sich nicht von sich aus ergibt (z. B. Kraftfahrzeuge, Immobilien). Gleiches gilt für das Anfangsvermögen.

Die Auskunftsverpflichtung umfasst auch die Pflicht entsprechende Belege vorzulegen. Diese bitte ich Sie, soweit vorhanden, beizufügen bzw. zur Besprechung mitzubringen. Die beigefügte Liste soll eine Orientierungshilfe darstellen, ohne Anspruch auf Vollständigkeit zu erheben.

Mit freundlichen Grüßen

Schlau

Rechtsanwalt

1.8 Stufenklage auf Zugewinn

Muster

In Sachen Schmidt

beziehen wir uns auf das anhängige Scheidungsverfahren und machen hiermit namens und im Auftrag der Antragstellerin die Folgesache Güterrecht anhängig. In der mündlichen Verhandlung werden wir beantragen:

I. Der Antragsgegner wird verurteilt, der Antragstellerin

1. Auskunft über den Bestand seines Endvermögens zum ... (*Datum der Zustellung des Scheidungsantrags*) und über den Bestand seines Anfangsvermögens zum ... (*Datum der Eheschließung*) jeweils durch Vorlage eines schriftlichen Bestandsverzeichnisses, gegliedert nach Aktiva und Passiva, zu erteilen;

2. die wertbildenden Faktoren aller Vermögensgegenstände und Verbindlichkeiten mitzuteilen;

3. die Auskunft unter I. 1 zu belegen durch Vorlage von Kontoauszügen, Grundbuchauszügen, Mietverträgen, Bilanzen, Gewinn- und Verlustrechnungen.

II. Der Antragsgegner wird verurteilt, ggf. an Eides statt zu versichern, dass er die Angaben zum Anfangs- und Endvermögen vollständig und richtig angegeben hat.

III. Der Antragsgegner wird verurteilt, der Antragstellerin für den Fall der Ehescheidung Zugewinnausgleich in einer nach Auskunftserteilung noch zu beziffernden Höhe nebst 5 % Zinsen über dem Basiszinssatz hieraus seit Rechtskraft der Scheidung zu zahlen.

IV. Soweit für den Fall des schriftlichen Vorverfahrens die Voraussetzungen der §§ 331 Abs. 3, 307 ZPO vorliegen, wird der Erlass eines Versäumnisurteils bzw. Anerkenntnisurteils beantragt.

Begründung:

Wir beziehen uns auf den dem erkennenden Gericht vorliegenden Antrag auf Ehescheidung und die hierzu erfolgte Zustellung an den Antragsgegner. Daraus ergibt sich, dass der Scheidungsantrag seit ... (*Datum der Zustellung des Scheidungsantrags*) rechtshängig ist.

Zwischen den Parteien besteht der Güterstand der Zugewinngemeinschaft. Mit der hiermit als Folgesache anhängig gemachten Klage verfolgt die Antragstellerin ihre Auskunfts-, Wertermittlungs-, Vorlage-, eidesstattlichen Versicherungs- und Zahlungsansprüche aus Zugewinn, und zwar im Wege der Stufenklage i. S. des § 254 ZPO.

Die mit Schreiben vom ... angeforderte Auskunft über den Bestand des Anfangs- und Endvermögens wurde bislang nicht erteilt.

Beweis: Das Schreiben vom ... in Kopie als Anlage A 1

Eine vollständige Auskunft ist bis heute nicht erteilt. Der Antragsgegner hat lediglich zu früheren Terminen Teilangaben gemacht.

Der Antragstellerin stehen Auskunfts- und Wertermittlungsansprüche nach §§ 1379, 1384 BGB zu; der Anspruch auf Abgabe der eidesstattlichen Versicherung stützt sich auf die §§ 1379, 260 Abs. 2 BGB, der Zahlungsanspruch auf § 1378 BGB.

1.9 Klage auf vorzeitigen Zugewinnausgleich

Muster

Antrag

der Elfriede Schmidt, Am Musterplatz 28, 22233 Musterhausen

Prozessbev.: Rechtsanwälte Klug und Schlau, ...

gegen

Manfred Schmidt, Musterstr. 1, 22233 Musterhausen

wegen vorzeitigem Zugewinnausgleich

vorl. Streitwert: 120.000 Euro

zeigen wir unter Beifügung einer auf uns lautenden Vollmacht an, dass wir die Antragstellerin vertreten. Namens und im Auftrag der Antragstellerin beantragen wir die Anberaumung eines Termins zur mündlichen Verhandlung, in welcher wir beantragen werden,

den Antragsgegner zu verurteilen, an die Antragstellerin vorzeitigen Zugewinnausgleich in Höhe von 120.000 Euro zu zahlen und gleichzeitig[2] die Zugewinngemeinschaft zwischen den Beteiligten aufzuheben.

Die Verfahrenskosten dem Antragsgegner aufzuerlegen.

Begründung:

Die Beteiligten[3] sind Eheleute. Sie haben am 2.3.1987 vor dem Standesamt Musterhausen die Ehe geschlossen. Die Ehe der Parteien befindet sich in einer Krise, seit der Antragsgegner eine Affäre mit einer anderen Frau hat und nicht bereit ist, diese zugunsten der ehelichen Lebensgemeinschaft aufzugeben.

Am 19. d. M. hat die Antragstellerin aus einem versehentlich an sie adressierten Schreiben des Notars Dr. Wolf einen Vertragsentwurf entnommen, der vorsieht, dass der Antragsgegner zu einem Schleuderpreis von 20.000 Euro seine Eigentumswohnung an seine Freundin veräußern will. Die Wohnung hat einen Verkehrswert von mindestens 57.000 Euro. Sie wurde vor 7 Jahren vom Antragsgegner zu einem Preis von 49.500 Euro erworben.

Beweis: Sachverständigengutachten; Kaufvertrag vom 6.7.2002

Mit dem Verkauf ist der Zugewinnausgleichsanspruch der Antragstellerin gefährdet[4]. Mithin hat die Antragstellerin Anspruch auf vorzeitigen Ausgleich des Zugewinns.

...

RA Schlau

2 Checklisten

2.1 Prüfungsschema einer Zugewinnberechnung

Für jeden Ehegatten gesondert zu ermitteln.

Endvermögen	
Aktiva	
Passiva	
Saldo	
Anfangsvermögen	
originäres AV, § 1374 Abs. 1 BGB	
Aktiva	
Passiva	
vorläufiger Saldo (Indexierung)	
privilegiertes AV, § 1374 Abs. 2 BGB	
Aktiva	
Passiva	
vorläufiger Saldo (Indexierung)	
Saldo des AV	
Zugewinn	
Zugewinn	
Ist der Zugewinn eines Ehegatten höher als der des anderen Ehegatten, ist der Ehegatte in Höhe der hälftigen Differenz ausgleichspflichtig.	

2.2 Beispiel eines Bestandsverzeichnisses als Arbeitshilfe für den Mandanten

I. Aktiva:	
Bargeld	
Bankguthaben (Girokonto, Sparkonto, Festgeldkonto usw. unter Angabe des Instituts und der Kontonummer)	
Bausparguthaben (Bausparkasse, Kontonummer)	
Wertpapiere (Einzelauflistung der Wertschriften mit Kurswert)	

I. Aktiva:	
Lebensversicherung (Versicherungsgesellschaft, Versicherungsnummer, Zeitwert)	
Kraftfahrzeug (Marke, Typ, Sonderausstattung, Baujahr, Kilometerleistung, Anschaffungsjahr, Kaufpreis)	
Immobilien hier müssen (Adresse, Grundbuchstelle, Grundstücksgröße, Wohn- und Nutzfläche, Beschreibung	
Nach der Trennung angeschaffter Hausrat	
Sammlungen mit einer Beschreibung der Einzelgegenstände	
Gewerbeunternehmen, Unternehmensbeteiligung, freiberufliche Praxis mit Bilanzen, Gewinn- und Verlustrechnungen, Überschussrechnungen der letzten fünf Jahre	
Erstattungsansprüche gegen das Finanzamt aus dem Steuerjahr ...	
Darlehensforderungen samt etwaiger offener Zinsforderungen gegen ...	
Schadenersatzansprüche gegen ...	
Miet- und Pachtforderungen mit genauer Bezeichnung	
Ansprüche aus einem Arbeitsverhältnis, Beteiligungsverhältnis	
Anspruch auf Rückzahlung einer Mietkaution	
Erstattungsanspruch gegen Ehegatten	
II. Passiva:	
Bankschulden (Girokonto, Bankkredit unter Angabe des Instituts und der Kontonummer)	
Bausparschulden (Bausparkasse, Kontonummer)	
Verbindlichkeiten gegenüber Lebensversicherungen (Art der Verbindlichkeit, Versicherungsgesellschaft, Versicherungsnummer)	
Kraftfahrzeugfinanzierung (Gläubiger)	

II. Passiva:	
Verbindlichkeiten, die auf Immobilien gesichert sind (Adresse der Immobilie, Grundbuchstelle, Art der Verbindlichkeit, Gläubiger, zum Stichtag geschuldeter Betrag)	
Verbindlichkeiten gegenüber dem Finanzamt (Veranlagungsjahr)	
Darlehensverbindlichkeiten samt etwaiger Zinsrückstände (Gläubiger)	
Schadenersatzverpflichtungen (Art der Verpflichtung, Gläubiger)	
Miet- und Pachtschulden (Schuldner, Objekt)	
Anspruch auf Zahlung einer Mietkaution (Mieter, Wohnung)	
Erstattungsverpflichtung gegenüber Ehegatten (nähere Bezeichnung des Schuldverhältnisses)	
Schulden gegenüber Handwerkern, Ärzten, Rechtsanwälten (Gläubiger, Gegenstand der Verbindlichkeit)	

E Normen und Gesetzesmaterialien

1 Synoptische Darstellung der Änderungen im Bürgerlichen Gesetzbuch und EGBGB

Art. 1 und Art. 6 des Gesetzes zur Änderung des Zugewinnausgleichs- und Vormundschaftsrechts vom 6. Juli 2009, BGBl. I 2009 S. 1696

Alte Rechtslage	Neue Rechtslage
§ 1318 Folgen der Aufhebung	**§ 1318 Folgen der Aufhebung**
(1) Die Folgen der Aufhebung einer Ehe bestimmen sich nur in den nachfolgend genannten Fällen nach den Vorschriften über die Scheidung.	(1) (unverändert)
(2) Die §§ 1569 bis 1586b finden entsprechende Anwendung 1. zugunsten eines Ehegatten, der bei Verstoß gegen die §§ 1303, 1304, 1306, 1307 oder § 1311 oder in den Fällen des § 1314 Abs. 2 Nr. 1 oder 2 die Aufhebbarkeit der Ehe bei der Eheschließung nicht gekannt hat oder der in den Fällen des § 1314 Abs. 2 Nr. 3 oder 4 von dem anderen Ehegatten oder mit dessen Wissen getäuscht oder bedroht worden ist; 2. zugunsten beider Ehegatten bei Verstoß gegen die §§ 1306, 1307 oder § 1311, wenn beide Ehegatten die Aufhebbarkeit kannten; dies gilt nicht bei Verstoß gegen § 1306, soweit der Anspruch eines Ehegatten auf Unterhalt einen entsprechenden Anspruch der dritten Person beeinträchtigen würde. Die Vorschriften über den Unterhalt wegen der Pflege oder Erziehung eines gemeinschaftlichen Kindes finden auch insoweit entsprechende Anwendung, als eine Versagung des Unterhalts im Hinblick auf die Belange des Kindes grob unbillig wäre.	(2) (unverändert)
(3) Die §§ 1363 bis 1390 und die §§ 1587 bis 1587p finden entsprechende Anwendung, soweit dies nicht im Hinblick auf die Umstände bei der Eheschließung oder bei Verstoß gegen § 1306 im Hinblick auf die Belange der dritten Person grob unbillig wäre.	(3) (unverändert
(4) Die Vorschriften der Hausratsverordnung finden entsprechende Anwendung; dabei sind die Umstände bei der Eheschließung und bei Verstoß gegen § 1306 die Belange der dritten Person besonders zu berücksichtigen.	(4) **Die §§ 1568a und 1568b** finden entsprechende Anwendung; dabei sind die Umstände bei der Eheschließung und bei Verstoß gegen § 1306 die Belange der dritten Person besonders zu berücksichtigen.
(5) § 1931 findet zugunsten eines Ehegatten, der bei Verstoß gegen die §§ 1304, 1306, 1307 oder § 1311 oder im Falle des § 1314 Abs. 2 Nr. 1 die Aufhebbarkeit der Ehe bei der Eheschließung gekannt hat, keine Anwendung.	(5) (unverändert)
§ 1361a Hausratsverteilung bei Getrenntleben	**§ 1361a Verteilung der Haushaltsgegenstände bei Getrenntleben**
(1) Leben die Ehegatten getrennt, so kann jeder von ihnen die ihm gehörenden Haushaltsgegenstände von dem anderen Ehegatten herausverlangen. Er ist jedoch verpflichtet, sie dem anderen Ehegatten zum Gebrauch zu überlassen, soweit dieser sie zur Führung eines abgesonderten Haushalts benötigt und die Überlassung nach den Umständen des Falles der Billigkeit entspricht.	(1) (unverändert)

Alte Rechtslage	Neue Rechtslage
(2) Haushaltsgegenstände, die den Ehegatten gemeinsam gehören, werden zwischen ihnen nach den Grundsätzen der Billigkeit verteilt.	(2) unverändert
(3) Können sich die Ehegatten nicht einigen, so entscheidet das zuständige Gericht. Dieses kann eine angemessene Vergütung für die Benutzung der Haushaltsgegenstände festsetzen.	(3) (unverändert)
(4) Die Eigentumsverhältnisse bleiben unberührt, sofern die Ehegatten nichts anderes vereinbaren.	(4) (unverändert)
§ 1370 Ersatz von Haushaltsgegenständen	**§ 1370 (aufgehoben)**
Haushaltsgegenstände, die anstelle von nicht mehr vorhandenen oder wertlos gewordenen Gegenständen angeschafft werden, werden Eigentum des Ehegatten, dem die nicht mehr vorhandenen oder wertlos gewordenen Gegenstände gehört haben.	
§ 1374 Anfangsvermögen	**§ 1374 Anfangsvermögen**
(1) Anfangsvermögen ist das Vermögen, das einem Ehegatten nach Abzug der Verbindlichkeiten beim Eintritt des Güterstands gehört; die Verbindlichkeiten können nur bis zur Höhe des Vermögens abgezogen werden.	(1) Anfangsvermögen ist das Vermögen, das einem Ehegatten nach Abzug der Verbindlichkeiten beim Eintritt des Güterstands gehört; ~~die Verbindlichkeiten können nur bis zur Höhe des Vermögens abgezogen werden.~~
(2) Vermögen, das ein Ehegatte nach Eintritt des Güterstands von Todes wegen oder mit Rücksicht auf ein künftiges Erbrecht, durch Schenkung oder als Ausstattung erwirbt, wird nach Abzug der Verbindlichkeiten dem Anfangsvermögen hinzugerechnet, soweit es nicht den Umständen nach zu den Einkünften zu rechnen ist.	(2) (unverändert)
	(3) Verbindlichkeiten sind über die Höhe des Vermögens hinaus abzuziehen.
§ 1375 Endvermögen	**§ 1375 Endvermögen**
(1) Endvermögen ist das Vermögen, das einem Ehegatten nach Abzug der Verbindlichkeiten bei der Beendigung des Güterstands gehört. Die Verbindlichkeiten werden, wenn Dritte gemäß § 1390 in Anspruch genommen werden können, auch insoweit abgezogen, als sie die Höhe des Vermögens übersteigen.	(1) Endvermögen ist das Vermögen, das einem Ehegatten nach Abzug der Verbindlichkeiten bei der Beendigung des Güterstands gehört. Verbindlichkeiten sind über die Höhe des Vermögens hinaus abzuziehen.
(2) Dem Endvermögen eines Ehegatten wird der Betrag hinzugerechnet, um den dieses Vermögen dadurch vermindert ist, dass ein Ehegatte nach Eintritt des Güterstands 1. unentgeltliche Zuwendungen gemacht hat, durch die er nicht einer sittlichen Pflicht oder einer auf den Anstand zu nehmenden Rücksicht entsprochen hat, 2. Vermögen verschwendet hat oder 3. Handlungen in der Absicht vorgenommen hat, den anderen Ehegatten zu benachteiligen.	(2) Dem Endvermögen eines Ehegatten wird der Betrag hinzugerechnet, um den dieses Vermögen dadurch vermindert ist, dass ein Ehegatte nach Eintritt des Güterstands 1. unentgeltliche Zuwendungen gemacht hat, durch die er nicht einer sittlichen Pflicht oder einer auf den Anstand zu nehmenden Rücksicht entsprochen hat, 2. Vermögen verschwendet hat oder 3. Handlungen in der Absicht vorgenommen hat, den anderen Ehegatten zu benachteiligen. **Ist das Endvermögen eines Ehegatten geringer als das Vermögen, das er in der Auskunft zum Trennungszeitpunkt angegeben hat, so hat dieser Ehegatte darzulegen und zu beweisen, dass die Vermögensminderung nicht auf Handlungen im Sinne des Satzes 1 Nummer 1 bis 3 zurückzuführen ist.**
(3) Der Betrag der Vermögensminderung wird dem Endvermögen nicht hinzugerechnet, wenn sie mindestens zehn Jahre vor Beendigung des Güterstands eingetreten ist oder wenn der andere Ehegatte mit der unentgeltlichen Zuwendung oder der Verschwendung einverstanden gewesen ist.	(3) Der Betrag der Vermögensminderung wird dem Endvermögen nicht hinzugerechnet, wenn sie mindestens zehn Jahre vor Beendigung des Güterstands eingetreten ist oder wenn der andere Ehegatte mit der unentgeltlichen Zuwendung oder der Verschwendung einverstanden gewesen ist.

Alte Rechtslage	Neue Rechtslage
§ 1378 Ausgleichsforderung (1) Übersteigt der Zugewinn des einen Ehegatten den Zugewinn des anderen, so steht die Hälfte des Überschusses dem anderen Ehegatten als Ausgleichsforderung zu. (2) Die Höhe der Ausgleichsforderung wird durch den Wert des Vermögens begrenzt, das nach Abzug der Verbindlichkeiten bei Beendigung des Güterstands vorhanden ist. (3) Die Ausgleichsforderung entsteht mit der Beendigung des Güterstands und ist von diesem Zeitpunkt an vererblich und übertragbar. Eine Vereinbarung, die die Ehegatten während eines Verfahrens, das auf die Auflösung der Ehe gerichtet ist, für den Fall der Auflösung der Ehe über den Ausgleich des Zugewinns treffen, bedarf der notariellen Beurkundung; § 127a findet auch auf eine Vereinbarung Anwendung, die in einem Verfahren in Ehesachen vor dem Prozessgericht protokolliert wird. Im Übrigen kann sich kein Ehegatte vor der Beendigung des Güterstands verpflichten, über die Ausgleichsforderung zu verfügen. (4) Die Ausgleichsforderung verjährt in drei Jahren; die Frist beginnt mit dem Zeitpunkt, in dem der Ehegatte erfährt, dass der Güterstand beendet ist. Die Forderung verjährt jedoch spätestens 30 Jahre nach der Beendigung des Güterstands. Endet der Güterstand durch den Tod eines Ehegatten, so sind im Übrigen die Vorschriften anzuwenden, die für die Verjährung eines Pflichtteilsanspruchs gelten.	**§ 1378 Ausgleichsforderung** (1) Übersteigt der Zugewinn des einen Ehegatten den Zugewinn des anderen, so steht die Hälfte des Überschusses dem anderen Ehegatten als Ausgleichsforderung zu. (2) Die Höhe der Ausgleichsforderung wird durch den Wert des Vermögens begrenzt, das nach Abzug der Verbindlichkeiten bei Beendigung des Güterstands vorhanden ist. **Die sich nach Satz 1 ergebende Begrenzung der Ausgleichsforderung erhöht sich in den Fällen des § 1375 Absatz 2 Satz 1 um den dem Endvermögen hinzuzurechnenden Betrag.** (3) Die Ausgleichsforderung entsteht mit der Beendigung des Güterstands und ist von diesem Zeitpunkt an vererblich und übertragbar. Eine Vereinbarung, die die Ehegatten während eines Verfahrens, das auf die Auflösung der Ehe gerichtet ist, für den Fall der Auflösung der Ehe über den Ausgleich des Zugewinns treffen, bedarf der notariellen Beurkundung; § 127a findet auch auf eine Vereinbarung Anwendung, die in einem Verfahren in Ehesachen vor dem Prozessgericht protokolliert wird. Im Übrigen kann sich kein Ehegatte vor der Beendigung des Güterstands verpflichten, über die Ausgleichsforderung zu verfügen. (4) Die Ausgleichsforderung verjährt in drei Jahren; die Frist beginnt mit dem Zeitpunkt, in dem der Ehegatte erfährt, dass der Güterstand beendet ist. Die Forderung verjährt jedoch spätestens 30 Jahre nach der Beendigung des Güterstands. Endet der Güterstand durch den Tod eines Ehegatten, so sind im Übrigen die Vorschriften anzuwenden, die für die Verjährung eines Pflichtteilsanspruchs gelten.
§ 1379 Auskunftspflicht (1) Nach der Beendigung des Güterstands ist jeder Ehegatte verpflichtet, dem anderen Ehegatten über den Bestand seines Endvermögens Auskunft zu erteilen. Jeder Ehegatte kann verlangen, dass er bei der Aufnahme des ihm nach § 260 vorzulegenden Verzeichnisses zugezogen und dass der Wert der Vermögensgegenstände und der Verbindlichkeiten ermittelt wird. Er kann auch verlangen, dass das Verzeichnis auf seine Kosten durch die zuständige Behörde oder durch einen zuständigen Beamten oder Notar aufgenommen wird. (2) Hat ein Ehegatte die Scheidung oder die Aufhebung der Ehe beantragt, gilt Absatz 1 entsprechend.	**§ 1379 Auskunftspflicht** (1) **Ist der Güterstand beendet oder hat ein Ehegatte die Scheidung, die Aufhebung der Ehe, den vorzeitigen Ausgleich des Zugewinns bei vorzeitiger Aufhebung der Zugewinngemeinschaft oder die vorzeitige Aufhebung der Zugewinngemeinschaft beantragt, kann jeder Ehegatte von dem anderen Ehegatten** 1. **Auskunft über das Vermögen zum Zeitpunkt der Trennung verlangen;** 2. **Auskunft über das Vermögen verlangen, soweit es für die Berechnung des Anfangs- und Endvermögens maßgeblich ist.** **Auf Anforderung sind Belege vorzulegen.** Jeder Ehegatte kann verlangen, dass er bei der Aufnahme des ihm nach § 260 vorzulegenden Verzeichnisses zugezogen und dass der Wert der Vermögensgegenstände und der Verbindlichkeiten ermittelt wird. Er kann auch verlangen, dass das Verzeichnis auf seine Kosten durch die zuständige Behörde oder durch einen zuständigen Beamten oder Notar aufgenommen wird. (2) **Leben die Ehegatten getrennt, kann jeder Ehegatte von dem anderen Ehegatten Auskunft über das Vermögen zum Zeitpunkt der Trennung verlangen. Absatz 1 Satz 2 bis 4 gilt entsprechend.**
§ 1384 Berechnungszeitpunkt bei Scheidung Wird die Ehe geschieden, so tritt für die Berechnung des Zugewinns an die Stelle der Beendigung des Güterstands der Zeitpunkt der Rechtshängigkeit des Scheidungsantrags.	**§ 1384 Berechnungszeitpunkt des Zugewinns und Höhe der Ausgleichsforderung bei Scheidung** **Wird die Ehe geschieden, so tritt für die Berechnung des Zugewinns und für die Höhe der Ausgleichsforderung an die Stelle der Beendigung des Güterstandes der Zeitpunkt der Rechtshängigkeit des Scheidungsantrags.**

Alte Rechtslage	Neue Rechtslage
§ 1385 Vorzeitiger Zugewinnausgleich bei Getrenntleben Leben die Ehegatten seit mindestens drei Jahren getrennt, so kann jeder von ihnen auf vorzeitigen Ausgleich des Zugewinns klagen.	**§ 1385 Vorzeitiger Zugewinnausgleich des ausgleichsberechtigten Ehegatten bei vorzeitiger Aufhebung der Zugewinngemeinschaft** Der ausgleichsberechtigte Ehegatte kann vorzeitigen Ausgleich des Zugewinns bei vorzeitiger Aufhebung der Zugewinngemeinschaft verlangen, wenn 1. die Ehegatten seit mindestens drei Jahren getrennt leben, 2. Handlungen der in § 1365 oder § 1375 Absatz 2 bezeichneten Art zu befürchten sind und dadurch eine erhebliche Gefährdung der Erfüllung der Ausgleichsforderung zu besorgen ist, 3. der andere Ehegatte längere Zeit hindurch die wirtschaftlichen Verpflichtungen, die sich aus dem ehelichen Verhältnis ergeben, schuldhaft nicht erfüllt hat und anzunehmen ist, dass er sie auch in Zukunft nicht erfüllen wird, oder 4. der andere Ehegatte sich ohne ausreichenden Grund beharrlich weigert oder sich ohne ausreichenden Grund bis zur Erhebung der Klage auf Auskunft beharrlich geweigert hat, ihn über den Bestand seines Vermögens zu unterrichten.
§ 1386 Vorzeitiger Zugewinnausgleich in sonstigen Fällen (1) Ein Ehegatte kann auf vorzeitigen Ausgleich des Zugewinns klagen, wenn der andere Ehegatte längere Zeit hindurch die wirtschaftlichen Verpflichtungen, die sich aus dem ehelichen Verhältnis ergeben, schuldhaft nicht erfüllt hat und anzunehmen ist, dass er sie auch in Zukunft nicht erfüllen wird. (2) Ein Ehegatte kann auf vorzeitigen Ausgleich des Zugewinns klagen, wenn der andere Ehegatte 1. ein Rechtsgeschäft der in § 1365 bezeichneten Art ohne die erforderliche Zustimmung vorgenommen hat oder 2. sein Vermögen durch eine der in § 1375 bezeichneten Handlungen vermindert hat und eine erhebliche Gefährdung der künftigen Ausgleichsforderung zu besorgen ist. (3) Ein Ehegatte kann auf vorzeitigen Ausgleich des Zugewinns klagen, wenn der andere Ehegatte sich ohne ausreichenden Grund beharrlich weigert, ihn über den Bestand seines Vermögens zu unterrichten.	**§ 1386 Vorzeitige Aufhebung der Zugewinngemeinschaft** Jeder Ehegatte kann unter entsprechender Anwendung des § 1385 die vorzeitige Aufhebung der Zugewinngemeinschaft verlangen.
§ 1387 Berechnungszeitpunkt bei vorzeitigem Ausgleich Wird auf vorzeitigen Ausgleich des Zugewinns erkannt, so tritt für die Berechnung des Zugewinns an die Stelle der Beendigung des Güterstands der Zeitpunkt, in dem die Klage auf vorzeitigen Ausgleich erhoben ist.	**§ 1387 Berechnungszeitpunkt des Zugewinns und Höhe der Ausgleichsforderung bei vorzeitigem Ausgleich oder vorzeitiger Aufhebung** In den Fällen der §§ 1385 und 1386 tritt für die Berechnung des Zugewinns und für die Höhe der Ausgleichsforderung an die Stelle der Beendigung des Güterstands der Zeitpunkt, in dem die entsprechenden Klagen erhoben sind.

Alte Rechtslage	Neue Rechtslage
§ 1388 Eintritt der Gütertrennung Mit der Rechtskraft des Urteils, durch das auf vorzeitigen Ausgleich des Zugewinns erkannt ist, tritt Gütertrennung ein.	**§ 1388 Eintritt der Gütertrennung** Mit der Rechtskraft der Entscheidung, die die Zugewinngemeinschaft vorzeitig aufhebt, tritt Gütertrennung ein.
§ 1389 Sicherheitsleistung Ist die Klage auf vorzeitigen Ausgleich des Zugewinns erhoben oder der Antrag auf Scheidung oder Aufhebung der Ehe gestellt, so kann ein Ehegatte Sicherheitsleistung verlangen, wenn wegen des Verhaltens des anderen Ehegatten zu besorgen ist, dass seine Rechte auf den künftigen Ausgleich des Zugewinns erheblich gefährdet werden.	**§ 1389 (aufgehoben)**
§ 1390 Ansprüche des Ausgleichsberechtigten gegen Dritte (1) Soweit einem Ehegatten gemäß § 1378 Abs. 2 eine Ausgleichsforderung nicht zusteht, weil der andere Ehegatte in der Absicht, ihn zu benachteiligen, unentgeltliche Zuwendungen an einen Dritten gemacht hat, ist der Dritte verpflichtet, das Erlangte nach den Vorschriften über die Herausgabe einer ungerechtfertigten Bereicherung an den Ehegatten zum Zwecke der Befriedigung wegen der ausgefallenen Ausgleichsforderung herauszugeben. Der Dritte kann die Herausgabe durch Zahlung des fehlenden Betrags abwenden.	**§ 1390 Ansprüche des Ausgleichsberechtigten gegen Dritte** (1) Der ausgleichsberechtigte Ehegatte kann von einem Dritten Ersatz des Wertes einer unentgeltlichen Zuwendung des ausgleichspflichtigen Ehegatten an den Dritten verlangen, wenn 1. der ausgleichspflichtige Ehegatte die unentgeltliche Zuwendung an den Dritten in der Absicht gemacht hat, den ausgleichsberechtigten Ehegatten zu benachteiligen und 2. die Höhe der Ausgleichsforderung den Wert des nach Abzug der Verbindlichkeiten bei Beendigung des Güterstands vorhandenen Vermögens des ausgleichspflichtigen Ehegatten übersteigt. Der Ersatz des Wertes des Erlangten erfolgt nach den Vorschriften über die Herausgabe einer ungerechtfertigten Bereicherung. Der Dritte kann die Zahlung durch Herausgabe des Erlangten abwenden. Der ausgleichspflichtige Ehegatte und der Dritte haften als Gesamtschuldner.
(2) Das Gleiche gilt für andere Rechtshandlungen, wenn die Absicht, den Ehegatten zu benachteiligen, dem Dritten bekannt war.	(2) (unverändert)
(3) Der Anspruch verjährt in drei Jahren nach der Beendigung des Güterstands. Endet der Güterstand durch den Tod eines Ehegatten, so wird die Verjährung nicht dadurch gehemmt, dass der Anspruch erst geltend gemacht werden kann, wenn der Ehegatte die Erbschaft oder ein Vermächtnis ausgeschlagen hat.	(3) (unverändert)
(4) Ist die Klage auf vorzeitigen Ausgleich des Zugewinns erhoben oder der Antrag auf Scheidung oder Aufhebung der Ehe gestellt, so kann ein Ehegatte von dem Dritten Sicherheitsleistung wegen der ihm nach den Absätzen 1 und 2 zustehenden Ansprüche verlangen.	(4) (aufgehoben)
	Untertitel 1a **Behandlung der Ehewohnung und der Haushaltsgegenstände anlässlich der Scheidung** **§ 1568a Ehewohnung** (1) Ein Ehegatte kann verlangen, dass ihm der andere Ehegatte anlässlich der Scheidung die Ehewohnung überlässt, wenn er auf deren Nutzung unter Berücksichtigung des Wohls der im Haushalt lebenden Kinder und der Lebensverhältnisse der Ehegatten in stärkerem Maße angewiesen ist als der andere

Alte Rechtslage	Neue Rechtslage
	Ehegatte oder die Überlassung aus anderen Gründen der Billigkeit entspricht.

(2) Ist einer der Ehegatten allein oder gemeinsam mit einem Dritten Eigentümer des Grundstücks, auf dem sich die Ehewohnung befindet, oder steht einem Ehegatten allein oder gemeinsam mit einem Dritten ein Nießbrauch, das Erbbaurecht oder ein dingliches Wohnrecht an dem Grundstück zu, so kann der andere Ehegatte die Überlassung nur verlangen, wenn dies notwendig ist, um eine unbillige Härte zu vermeiden. Entsprechendes gilt für das Wohnungseigentum und das Dauerwohnrecht.

(3) Der Ehegatte, dem die Wohnung überlassen wird, tritt
1. zum Zeitpunkt des Zugangs der Mitteilung der Ehegatten über die Überlassung an den Vermieter oder
2. mit Rechtskraft der Endentscheidung im Wohnungszuweisungsverfahren
an Stelle des zur Überlassung verpflichteten Ehegatten in ein von diesem eingegangenes Mietverhältnis ein oder setzt ein von beiden eingegangenes Mietverhältnis allein fort. § 563 Absatz 4 gilt entsprechend.

(4) Ein Ehegatte kann die Begründung eines Mietverhältnisses über eine Wohnung, die die Ehegatten auf Grund eines Dienst- oder Arbeitsverhältnisses innehaben, das zwischen einem von ihnen und einem Dritten besteht, nur verlangen, wenn der Dritte einverstanden oder dies notwendig ist, um eine schwere Härte zu vermeiden.

(5) Besteht kein Mietverhältnis über die Ehewohnung, so kann sowohl der Ehegatte, der Anspruch auf deren Überlassung hat, als auch die zur Vermietung berechtigte Person die Begründung eines Mietverhältnisses zu ortsüblichen Bedingungen verlangen. Unter den Voraussetzungen des § 575 Absatz 1 oder wenn die Begründung eines unbefristeten Mietverhältnisses unter Würdigung des berechtigten Interesses des Vermieters unbillig ist, kann der Vermieter eine angemessene Befristung des Mietverhältnisses verlangen. Kommt eine Einigung über die Höhe der Miete nicht zustande, kann der Vermieter eine angemessene Miete, im Zweifel die ortsübliche Vergleichsmiete, verlangen.

(6) In den Fällen der Absätze 3 und 5 erlischt der Anspruch auf Eintritt in ein Mietverhältnis oder auf seine Begründung ein Jahr nach Rechtskraft der Endentscheidung in der Scheidungssache, wenn er nicht vorher rechtshängig gemacht worden ist.

§ 1568b Haushaltsgegenstände

(1) Jeder Ehegatte kann verlangen, dass ihm der andere Ehegatte anlässlich der Scheidung die im gemeinsamen Eigentum stehenden Haushaltsgegenstände überlässt und übereignet, wenn er auf deren Nutzung unter Berücksichtigung des Wohls der im Haushalt lebenden Kinder und der Lebensverhältnisse der Ehegatten in stärkerem Maße angewiesen ist als der andere Ehegatte oder dies aus anderen Gründen der Billigkeit entspricht.

(2) Haushaltsgegenstände, die während der Ehe für den gemeinsamen Haushalt angeschafft wurden, gelten für die Verteilung als gemeinsames Eigentum der Ehegatten, es sei denn, das Alleineigentum eines Ehegatten steht fest. |

Alte Rechtslage	Neue Rechtslage
	(3) Der Ehegatte, der sein Eigentum nach Absatz 1 überträgt, kann eine angemessene Ausgleichszahlung verlangen.
§ 1813 Genehmigungsfreie Geschäfte (1) Der Vormund bedarf nicht der Genehmigung des Gegenvormunds zur Annahme einer geschuldeten Leistung: 1. wenn der Gegenstand der Leistung nicht in Geld oder Wertpapieren besteht, 2. wenn der Anspruch nicht mehr als 3 000 Euro beträgt, 3. wenn Geld zurückgezahlt wird, das der Vormund angelegt hat, 4. wenn der Anspruch zu den Nutzungen des Mündelvermögens gehört, 5. wenn der Anspruch auf Erstattung von Kosten der Kündigung oder der Rechtsverfolgung oder auf sonstige Nebenleistungen gerichtet ist. (2) Die Befreiung nach Absatz 1 Nr. 2, 3 erstreckt sich nicht auf die Erhebung von Geld, bei dessen Anlegung ein anderes bestimmt worden ist. Die Befreiung nach Absatz 1 Nr. 3 gilt auch nicht für die Erhebung von Geld, das nach § 1807 Abs. 1 Nr. 1 bis 4 angelegt ist.	**§ 1813 Genehmigungsfreie Geschäfte** (1) Der Vormund bedarf nicht der Genehmigung des Gegenvormunds zur Annahme einer geschuldeten Leistung: 1. wenn der Gegenstand der Leistung nicht in Geld oder Wertpapieren besteht, 2. wenn der Anspruch nicht mehr als 3 000 Euro beträgt, 3. **wenn der Anspruch das Guthaben auf einem Giro- oder Kontokorrentkonto zum Gegenstand hat oder Geld zurückgezahlt wird, das der Vormund angelegt hat,** 4. wenn der Anspruch zu den Nutzungen des Mündelvermögens gehört, 5. wenn der Anspruch auf Erstattung von Kosten der Kündigung oder der Rechtsverfolgung oder auf sonstige Nebenleistungen gerichtet ist. (2) Die Befreiung nach Absatz 1 Nr. 2, 3 erstreckt sich nicht auf die Erhebung von Geld, bei dessen Anlegung ein anderes bestimmt worden ist. Die Befreiung nach Absatz 1 Nr. 3 gilt auch nicht für die Erhebung von Geld, das nach § 1807 Abs. 1 Nr. 1 bis 4 angelegt ist.

Einführungsgesetz zum Bürgerlichen Gesetzbuche (EGBGB)

Alte Rechtslage	Neue Rechtslage
Artikel 17a Ehewohnung und Hausrat Die Nutzungsbefugnis für die im Inland belegene Ehewohnung und den im Inland befindlichen Hausrat sowie damit zusammenhängende Betretungs-, Näherungs- und Kontaktverbote unterliegen den deutschen Sachvorschriften.	**Artikel 17a Ehewohnung und <u>Haushaltsgegenstände</u>** Die Nutzungsbefugnis für die im Inland belegene Ehewohnung und **die im Inland befindlichen Haushaltsgegenstände** sowie damit zusammenhängende Betretungs-, Näherungs- und Kontaktverbote unterliegen den deutschen Sachvorschriften.
	Artikel 229 Weitere Überleitungsvorschriften **§ 20 Übergangsvorschrift zum Gesetz zur Änderung des Zugewinnausgleichs- und Vormundschaftsrechts vom 6. Juli 2009** (1) Bei der Behandlung von Haushaltsgegenständen aus Anlass der Scheidung ist auf Haushaltsgegenstände, die vor dem 1. September 2009 angeschafft worden sind, § 1370 des Bürgerlichen Gesetzbuchs in der bis zu diesem Tag geltenden Fassung anzuwenden. (2) Für Verfahren über den Ausgleich des Zugewinns, die vor dem 1. September 2009 anhängig werden, ist für den Zugewinnausgleich § 1374 des Bürgerlichen Gesetzbuchs in der bis zu diesem Tag geltenden Fassung anzuwenden. (3) § 1813 Absatz 1 Nummer 3 des Bürgerlichen Gesetzbuchs in der Fassung vom 1. September 2009 gilt auch für vor dem 1. September 2009 anhängige Vormundschaften (§ 1773 des Bürgerlichen Gesetzbuchs), Pflegschaften (§ 1915 Absatz 1 des Bürgerlichen Gesetzbuchs) und Betreuungen (§ 1908i Absatz 1 Satz 1 des Bürgerlichen Gesetzbuchs).

2 Gesetz über den Versorgungsausgleich (Versorgungsausgleichsgesetz, VersAusglG)

Art. 1 des Gesetzes zur Strukturreform des Versorgungsausgleiches vom 3. April 2009, BGBl. I 2009 S. 700

Teil 1

Der Versorgungsausgleich

Kapitel 1

Allgemeiner Teil

§ 1 Halbteilung der Anrechte

(1) Im Versorgungsausgleich sind die in der Ehezeit erworbenen Anteile von Anrechten (Ehezeitanteile) jeweils zur Hälfte zwischen den geschiedenen Ehegatten zu teilen.

(2) Ausgleichspflichtige Person im Sinne dieses Gesetzes ist diejenige, die einen Ehezeitanteil erworben hat. Der ausgleichsberechtigten Person steht die Hälfte des Werts des jeweiligen Ehezeitanteils (Ausgleichswert) zu.

§ 2 Auszugleichende Anrechte

(1) Anrechte im Sinne dieses Gesetzes sind im In- oder Ausland bestehende Anwartschaften auf Versorgungen und Ansprüche auf laufende Versorgungen, insbesondere aus der gesetzlichen Rentenversicherung, aus anderen Regelsicherungssystemen wie der Beamtenversorgung oder der berufsständischen Versorgung, aus der betrieblichen Altersversorgung oder aus der privaten Alters- und Invaliditätsvorsorge.

(2) Ein Anrecht ist auszugleichen, sofern es

1. durch Arbeit oder Vermögen geschaffen oder aufrechterhalten worden ist,

2. der Absicherung im Alter oder bei Invalidität, insbesondere wegen verminderter Erwerbsfähigkeit, Berufsunfähigkeit oder Dienstunfähigkeit, dient und

3. auf eine Rente gerichtet ist; ein Anrecht im Sinne des Betriebsrentengesetzes oder des Altersvorsorgeverträge-Zertifizierungsgesetzes ist unabhängig von der Leistungsform auszugleichen.

(3) Eine Anwartschaft im Sinne dieses Gesetzes liegt auch vor, wenn am Ende der Ehezeit eine für das Anrecht maßgebliche Wartezeit, Mindestbeschäftigungszeit, Mindestversicherungszeit oder ähnliche zeitliche Voraussetzung noch nicht erfüllt ist.

(4) Ein güterrechtlicher Ausgleich für Anrechte im Sinne dieses Gesetzes findet nicht statt.

§ 3 Ehezeit, Ausschluss bei kurzer Ehezeit

(1) Die Ehezeit im Sinne dieses Gesetzes beginnt mit dem ersten Tag des Monats, in dem die Ehe geschlossen worden ist; sie endet am letzten Tag des Monats vor Zustellung des Scheidungsantrags.

(2) In den Versorgungsausgleich sind alle Anrechte einzubeziehen, die in der Ehezeit erworben wurden.

(3) Bei einer Ehezeit von bis zu drei Jahren findet ein Versorgungsausgleich nur statt, wenn ein Ehegatte dies beantragt.

§ 4 Auskunftsansprüche

(1) Die Ehegatten, ihre Hinterbliebenen und Erben sind verpflichtet, einander die für den Versorgungsausgleich erforderlichen Auskünfte zu erteilen.

(2) Sofern ein Ehegatte, seine Hinterbliebenen oder Erben die erforderlichen Auskünfte von dem anderen Ehegatten, dessen Hinterbliebenen oder Erben nicht erhalten können, haben sie einen entsprechenden Auskunftsanspruch gegen die betroffenen Versorgungsträger.

(3) Versorgungsträger können die erforderlichen Auskünfte von den Ehegatten, deren Hinterbliebenen und Erben sowie von den anderen Versorgungsträgern verlangen.

(4) Für die Erteilung der Auskunft gilt § 1605 Abs. 1 Satz 2 und 3 des Bürgerlichen Gesetzbuchs entsprechend.

§ 5 Bestimmung von Ehezeitanteil und Ausgleichswert

(1) Der Versorgungsträger berechnet den Ehezeitanteil des Anrechts in Form der für das jeweilige Versorgungssystem maßgeblichen Bezugsgröße, insbesondere also in Form von Entgeltpunkten, eines Rentenbetrags oder eines Kapitalwerts.

(2) Maßgeblicher Zeitpunkt für die Bewertung ist das Ende der Ehezeit. Rechtliche oder tatsächliche Veränderungen nach dem Ende der Ehezeit, die auf den Ehezeitanteil zurückwirken, sind zu berücksichtigen.

(3) Der Versorgungsträger unterbreitet dem Familiengericht einen Vorschlag für die Bestimmung des Ausgleichswerts und, falls es sich dabei nicht um einen Kapitalwert handelt, für einen korrespondierenden Kapitalwert nach § 47.

(4) In Verfahren über Ausgleichsansprüche nach der Scheidung nach den §§ 20 und 21 oder den §§ 25 und 26 ist grundsätzlich nur der Rentenbetrag zu berechnen. Allgemeine Wertanpassungen des Anrechts sind zu berücksichtigen.

(5) Die Einzelheiten der Wertermittlung ergeben sich aus den §§ 39 bis 47.

Kapitel 2

Ausgleich

Abschnitt 1

Vereinbarungen über den Versorgungsausgleich

§ 6 Regelungsbefugnisse der Ehegatten

(1) Die Ehegatten können Vereinbarungen über den Versorgungsausgleich schließen. Sie können ihn insbesondere ganz oder teilweise

1. in die Regelung der ehelichen Vermögensverhältnisse einbeziehen,

2. ausschließen sowie

3. Ausgleichsansprüchen nach der Scheidung gemäß den §§ 20 bis 24 vorbehalten.

(2) Bestehen keine Wirksamkeits- und Durchsetzungshindernisse, ist das Familiengericht an die Vereinbarung gebunden.

§ 7 Besondere formelle Wirksamkeitsvoraussetzungen

(1) Eine Vereinbarung über den Versorgungsausgleich, die vor Rechtskraft der Entscheidung über den Wertausgleich bei der Scheidung geschlossen wird, bedarf der notariellen Beurkundung.

(2) § 127a des Bürgerlichen Gesetzbuchs gilt entsprechend.

(3) Für eine Vereinbarung über den Versorgungsausgleich im Rahmen eines Ehevertrags gilt die in § 1410 des Bürgerlichen Gesetzbuchs bestimmte Form.

§ 8 Besondere materielle Wirksamkeitsvoraussetzungen

(1) Die Vereinbarung über den Versorgungsausgleich muss einer Inhalts-und Ausübungskontrolle standhalten.

(2) Durch die Vereinbarung können Anrechte nur übertragen oder begründet werden, wenn die maßgeblichen Regelungen dies zulassen und die betroffenen Versorgungsträger zustimmen.

Abschnitt 2
Wertausgleich bei der Scheidung
Unterabschnitt 1
Grundsätze des Wertausgleichs bei der Scheidung

§ 9 Rangfolge der Ausgleichsformen, Ausnahmen

(1) Dem Wertausgleich bei der Scheidung unterfallen alle Anrechte, es sei denn, die Ehegatten haben den Ausgleich nach den §§ 6 bis 8 geregelt oder die Ausgleichsreife der Anrechte nach § 19 fehlt.

(2) Anrechte sind in der Regel nach den §§ 10 bis 13 intern zu teilen.

(3) Ein Anrecht ist nur dann nach den §§ 14 bis 17 extern zu teilen, wenn ein Fall des § 14 Abs. 2 oder des § 16 Abs. 1 oder Abs. 2 vorliegt.

(4) Ist die Differenz beiderseitiger Ausgleichswerte von Anrechten gleicher Art gering oder haben einzelne Anrechte einen geringen Ausgleichswert, ist § 18 anzuwenden.

Unterabschnitt 2
Interne Teilung

§ 10 Interne Teilung

(1) Das Familiengericht überträgt für die ausgleichsberechtigte Person zulasten des Anrechts der ausgleichspflichtigen Person ein Anrecht in Höhe des Ausgleichswerts bei dem Versorgungsträger, bei dem das Anrecht der ausgleichspflichtigen Person besteht (interne Teilung).

(2) Sofern nach der internen Teilung durch das Familiengericht für beide Ehegatten Anrechte gleicher Art bei demselben Versorgungsträger auszugleichen sind, vollzieht dieser den Ausgleich nur in Höhe des Wertunterschieds nach Verrechnung. Satz 1 gilt entsprechend, wenn verschiedene Versorgungsträger zuständig sind und Vereinbarungen zwischen ihnen eine Verrechnung vorsehen.

(3) Maßgeblich sind die Regelungen über das auszugleichende und das zu übertragende Anrecht.

§ 11 Anforderungen an die interne Teilung

(1) Die interne Teilung muss die gleichwertige Teilhabe der Ehegatten an den in der Ehezeit erworbenen Anrechten sicherstellen. Dies ist gewährleistet, wenn im Vergleich zum Anrecht der ausgleichspflichtigen Person

1. für die ausgleichsberechtigte Person ein eigenständiges und entsprechend gesichertes Anrecht übertragen wird,

2. ein Anrecht in Höhe des Ausgleichswerts mit vergleichbarer Wertentwicklung entsteht und

3. der gleiche Risikoschutz gewährt wird; der Versorgungsträger kann den Risikoschutz auf eine Altersversorgung beschränken, wenn er für das nicht abgesicherte Risiko einen zusätzlichen Ausgleich bei der Altersversorgung schafft.

(2) Für das Anrecht der ausgleichsberechtigten Person gelten die Regelungen über das Anrecht der ausgleichspflichtigen Person entsprechend, soweit nicht besondere Regelungen für den Versorgungsausgleich bestehen.

§ 12 Rechtsfolge der internen Teilung von Betriebsrenten

Gilt für das auszugleichende Anrecht das Betriebsrentengesetz, so erlangt die ausgleichsberechtigte Person mit der Übertragung des Anrechts die Stellung eines ausgeschiedenen Arbeitnehmers im Sinne des Betriebsrentengesetzes.

§ 13 Teilungskosten des Versorgungsträgers

Der Versorgungsträger kann die bei der internen Teilung entstehenden Kosten jeweils hälftig mit den Anrechten beider Ehegatten verrechnen, soweit sie angemessen sind.

Unterabschnitt 3

Externe Teilung

§ 14 Externe Teilung

(1) Das Familiengericht begründet für die ausgleichsberechtigte Person zulasten des Anrechts der ausgleichspflichtigen Person ein Anrecht in Höhe des Ausgleichswerts bei einem anderen Versorgungsträger als demjenigen, bei dem das Anrecht der ausgleichspflichtigen Person besteht (externe Teilung).

(2) Eine externe Teilung ist nur durchzuführen, wenn

1. die ausgleichsberechtigte Person und der Versorgungsträger der ausgleichspflichtigen Person eine externe Teilung vereinbaren oder

2. der Versorgungsträger der ausgleichspflichtigen Person eine externe Teilung verlangt und der Ausgleichswert am Ende der Ehezeit bei einem Rentenbetrag als maßgeblicher Bezugsgröße höchstens 2 Prozent, in allen anderen Fällen als Kapitalwert höchstens 240 Prozent der monatlichen Bezugsgröße nach § 18 Abs. 1 des Vierten Buches Sozialgesetzbuch beträgt.

(3) § 10 Abs. 3 gilt entsprechend.

(4) Der Versorgungsträger der ausgleichspflichtigen Person hat den Ausgleichswert als Kapitalbetrag an den Versorgungsträger der ausgleichsberechtigten Person zu zahlen.

(5) Eine externe Teilung ist unzulässig, wenn ein Anrecht durch Beitragszahlung nicht mehr begründet werden kann.

§ 15 Wahlrecht hinsichtlich der Zielversorgung

(1) Die ausgleichsberechtigte Person kann bei der externen Teilung wählen, ob ein für sie bestehendes Anrecht ausgebaut oder ein neues Anrecht begründet werden soll.

(2) Die gewählte Zielversorgung muss eine angemessene Versorgung gewährleisten.

(3) Die Zahlung des Kapitalbetrags nach § 14 Abs. 4 an die gewählte Zielversorgung darf nicht zu steuerpflichtigen Einnahmen bei der ausgleichspflichtigen Person führen, es sei denn, sie stimmt der Wahl der Zielversorgung zu.

(4) Ein Anrecht in der gesetzlichen Rentenversicherung, im Sinne des Betriebsrentengesetzes oder aus einem Vertrag, der nach § 5 des Altersvorsorgeverträge-Zertifizierungsgesetzes zertifiziert ist, erfüllt stets die Anforderungen der Absätze 2 und 3.

(5) Übt die ausgleichsberechtigte Person ihr Wahlrecht nicht aus, so erfolgt die externe Teilung durch Begründung eines Anrechts in der gesetzlichen Rentenversicherung.

§ 16 Externe Teilung von Anrechten aus einem öffentlich-rechtlichen Dienst- oder Amtsverhältnis

(1) Solange der Träger einer Versorgung aus einem öffentlich-rechtlichen Dienst- oder Amtsverhältnis keine interne Teilung vorsieht, ist ein dort bestehendes Anrecht zu dessen Lasten durch Begründung eines Anrechts bei einem Träger der gesetzlichen Rentenversicherung auszugleichen.

(2) Anrechte aus einem Beamtenverhältnis auf Widerruf sowie aus einem Dienstverhältnis einer Soldatin oder eines Soldaten auf Zeit sind stets durch Begründung eines Anrechts in der gesetzlichen Rentenversicherung auszugleichen.

(3) Das Familiengericht ordnet an, den Ausgleichswert in Entgeltpunkte umzurechnen. Wurde das Anrecht im Beitrittsgebiet erworben, ist die Umrechnung in Entgeltpunkte (Ost) anzuordnen.

§ 17 Besondere Fälle der externen Teilung von Betriebsrenten

Ist ein Anrecht im Sinne des Betriebsrentengesetzes aus einer Direktzusage oder einer Unterstützungskasse auszugleichen, so darf im Fall des § 14 Abs. 2 Nr. 2 der Ausgleichswert als Kapitalwert am Ende der Ehezeit höchstens die Beitragsbemessungsgrenze in der allgemeinen Rentenversicherung nach den §§ 159 und 160 des Sechsten Buches Sozialgesetzbuch erreichen.

Unterabschnitt 4

Ausnahmen

§ 18 Geringfügigkeit

(1) Das Familiengericht soll beiderseitige Anrechte gleicher Art nicht ausgleichen, wenn die Differenz ihrer Ausgleichswerte gering ist.

(2) Einzelne Anrechte mit einem geringen Ausgleichswert soll das Familiengericht nicht ausgleichen.

(3) Ein Wertunterschied nach Absatz 1 oder ein Ausgleichswert nach Absatz 2 ist gering, wenn er am Ende der Ehezeit bei einem Rentenbetrag als maßgeblicher Bezugsgröße höchs-

tens 1 Prozent, in allen anderen Fällen als Kapitalwert höchstens 120 Prozent der monatlichen Bezugsgröße nach § 18 Abs. 1 des Vierten Buches Sozialgesetzbuch beträgt.

§ 19 Fehlende Ausgleichsreife

(1) Ist ein Anrecht nicht ausgleichsreif, so findet insoweit ein Wertausgleich bei der Scheidung nicht statt. § 5 Abs. 2 gilt entsprechend.

(2) Ein Anrecht ist nicht ausgleichsreif,

1. wenn es dem Grund oder der Höhe nach nicht hinreichend verfestigt ist, insbesondere als noch verfallbares Anrecht im Sinne des Betriebsrentengesetzes,

2. soweit es auf eine abzuschmelzende Leistung gerichtet ist,

3. soweit sein Ausgleich für die ausgleichsberechtigte Person unwirtschaftlich wäre oder

4. wenn es bei einem ausländischen, zwischenstaatlichen oder überstaatlichen Versorgungsträger besteht.

(3) Hat ein Ehegatte nicht ausgleichsreife Anrechte nach Absatz 2 Nr. 4 erworben, so findet ein Wertausgleich bei der Scheidung auch in Bezug auf die sonstigen Anrechte der Ehegatten nicht statt, soweit dies für den anderen Ehegatten unbillig wäre.

(4) Ausgleichsansprüche nach der Scheidung gemäß den §§ 20 bis 26 bleiben unberührt.

Abschnitt 3

Ausgleichsansprüche nach der Scheidung

Unterabschnitt 1

Schuldrechtliche Ausgleichszahlungen

§ 20 Anspruch auf schuldrechtliche Ausgleichsrente

(1) Bezieht die ausgleichspflichtige Person eine laufende Versorgung aus einem noch nicht ausgeglichenen Anrecht, so kann die ausgleichsberechtigte Person von ihr den Ausgleichswert als Rente (schuldrechtliche Ausgleichsrente) verlangen. Die auf den Ausgleichswert entfallenden Sozialversicherungsbeiträge oder vergleichbaren Aufwendungen sind abzuziehen. § 18 gilt entsprechend.

(2) Der Anspruch ist fällig, sobald die ausgleichsberechtigte Person

1. eine eigene laufende Versorgung im Sinne des § 2 bezieht,

2. die Regelaltersgrenze der gesetzlichen Rentenversicherung erreicht hat oder

3. die gesundheitlichen Voraussetzungen für eine laufende Versorgung wegen Invalidität erfüllt.

(3) Für die schuldrechtliche Ausgleichsrente gelten § 1585 Abs. 1 Satz 2 und 3 sowie § 1585b Abs. 2 und 3 des Bürgerlichen Gesetzbuchs entsprechend.

§ 21 Abtretung von Versorgungsansprüchen

(1) Die ausgleichsberechtigte Person kann von der ausgleichspflichtigen Person verlangen, ihr den Anspruch gegen den Versorgungsträger in Höhe der Ausgleichsrente abzutreten.

(2) Für rückständige Ansprüche auf eine schuldrechtliche Ausgleichsrente kann keine Abtretung verlangt werden.

(3) Eine Abtretung nach Absatz 1 ist auch dann wirksam, wenn andere Vorschriften die Übertragung oder Pfändung des Versorgungsanspruchs ausschließen.

(4) Verstirbt die ausgleichsberechtigte Person, so geht der nach Absatz 1 abgetretene Anspruch gegen den Versorgungsträger wieder auf die ausgleichspflichtige Person über.

§ 22 Anspruch auf Ausgleich von Kapitalzahlungen

Erhält die ausgleichspflichtige Person Kapitalzahlungen aus einem noch nicht ausgeglichenen Anrecht, so kann die ausgleichsberechtigte Person von ihr die Zahlung des Ausgleichswerts verlangen. Im Übrigen sind die §§ 20 und 21 entsprechend anzuwenden.

Unterabschnitt 2
Abfindung

§ 23 Anspruch auf Abfindung, Zumutbarkeit

(1) Die ausgleichsberechtigte Person kann für ein noch nicht ausgeglichenes Anrecht von der ausgleichspflichtigen Person eine zweckgebundene Abfindung verlangen. Die Abfindung ist an den Versorgungsträger zu zahlen, bei dem ein bestehendes Anrecht ausgebaut oder ein neues Anrecht begründet werden soll.

(2) Der Anspruch nach Absatz 1 besteht nur, wenn die Zahlung der Abfindung für die ausgleichspflichtige Person zumutbar ist.

(3) Würde eine Einmalzahlung die ausgleichspflichtige Person unbillig belasten, so kann sie Ratenzahlung verlangen.

§ 24 Höhe der Abfindung, Zweckbindung

(1) Für die Höhe der Abfindung ist der Zeitwert des Ausgleichswerts maßgeblich. § 18 gilt entsprechend.

(2) Für das Wahlrecht hinsichtlich der Zielversorgung gilt § 15 entsprechend.

Unterabschnitt 3
Teilhabe an der Hinterbliebenenversorgung

§ 25 Anspruch gegen den Versorgungsträger

(1) Stirbt die ausgleichspflichtige Person und besteht ein noch nicht ausgeglichenes Anrecht, so kann die ausgleichsberechtigte Person vom Versorgungsträger die Hinterbliebenenversorgung verlangen, die sie erhielte, wenn die Ehe bis zum Tod der ausgleichspflichtigen Person fortbestanden hätte.

(2) Der Anspruch ist ausgeschlossen, wenn das Anrecht wegen einer Vereinbarung der Ehegatten nach den §§ 6 bis 8 oder wegen fehlender Ausgleichsreife nach § 19 Abs. 2 Nr. 2 oder Nr. 3 oder Abs. 3 vom Wertausgleich bei der Scheidung ausgenommen worden war.

(3) Die Höhe des Anspruchs ist auf den Betrag beschränkt, den die ausgleichsberechtigte Person als schuldrechtliche Ausgleichsrente verlangen könnte. Leistungen, die sie von dem Versorgungsträger als Hinterbliebene erhält, sind anzurechnen.

(4) § 20 Abs. 2 und 3 gilt entsprechend.

(5) Eine Hinterbliebenenversorgung, die der Versorgungsträger an die Witwe oder den Witwer der ausgleichspflichtigen Person zahlt, ist um den nach den Absätzen 1 und 3 Satz 1 errechneten Betrag zu kürzen.

§ 26 Anspruch gegen die Witwe oder den Witwer

(1) Besteht ein noch nicht ausgeglichenes Anrecht bei einem ausländischen, zwischenstaatlichen oder überstaatlichen Versorgungsträger, so richtet sich der Anspruch nach § 25 Abs. 1 gegen die Witwe oder den Witwer der ausgleichspflichtigen Person, soweit der Versorgungsträger an die Witwe oder den Witwer eine Hinterbliebenenversorgung leistet.

(2) § 25 Abs. 2 bis 4 gilt entsprechend.

Abschnitt 4
Härtefälle

§ 27 Beschränkung oder Wegfall des Versorgungsausgleichs

Ein Versorgungsausgleich findet ausnahmsweise nicht statt, soweit er grob unbillig wäre. Dies ist nur der Fall, wenn die gesamten Umstände des Einzelfalls es rechtfertigen, von der Halbteilung abzuweichen.

Kapitel 3 Ergänzende Vorschriften

§ 28 Ausgleich eines Anrechts der Privatvorsorge wegen Invalidität

(1) Ein Anrecht der Privatvorsorge wegen Invalidität ist nur auszugleichen, wenn der Versicherungsfall in der Ehezeit eingetreten ist und die ausgleichsberechtigte Person am Ende der Ehezeit eine laufende Versorgung wegen Invalidität bezieht oder die gesundheitlichen Voraussetzungen dafür erfüllt.

(2) Das Anrecht gilt in vollem Umfang als in der Ehezeit erworben.

(3) Für die Durchführung des Ausgleichs gelten die §§ 20 bis 22 entsprechend.

§ 29 Leistungsverbot bis zum Abschluss des Verfahrens

Bis zum wirksamen Abschluss eines Verfahrens über den Versorgungsausgleich ist der Versorgungsträger verpflichtet, Zahlungen an die ausgleichspflichtige Person zu unterlassen, die sich auf die Höhe des Ausgleichswerts auswirken können.

§ 30 Schutz des Versorgungsträgers

(1) Entscheidet das Familiengericht rechtskräftig über den Ausgleich und leistet der Versorgungsträger innerhalb einer bisher bestehenden Leistungspflicht an die bisher berechtigte Person, so ist er für eine Übergangszeit gegenüber der nunmehr auch berechtigten Person von der Leistungspflicht befreit. Satz 1 gilt für Leistungen des Versorgungsträgers an die Witwe oder den Witwer entsprechend.

(2) Die Übergangszeit dauert bis zum letzten Tag des Monats, der dem Monat folgt, in dem der Versorgungsträger von der Rechtskraft der Entscheidung Kenntnis erlangt hat.

(3) Bereicherungsansprüche zwischen der nunmehr auch berechtigten Person und der bisher berechtigten Person sowie der Witwe oder dem Witwer bleiben unberührt.

§ 31 Tod eines Ehegatten

(1) Stirbt ein Ehegatte nach Rechtskraft der Scheidung, aber vor Rechtskraft der Entscheidung über den Wertausgleich nach den §§ 9 bis 19, so ist das Recht des überlebenden Ehegatten auf Wertausgleich gegen die Erben geltend zu machen. Die Erben haben kein Recht auf Wertausgleich.

(2) Der überlebende Ehegatte darf durch den Wertausgleich nicht bessergestellt werden, als wenn der Versorgungsausgleich durchgeführt worden wäre. Sind mehrere Anrechte auszugleichen, ist nach billigem Ermessen zu entscheiden, welche Anrechte zum Ausgleich herangezogen werden.

(3) Ausgleichsansprüche nach der Scheidung gemäß den §§ 20 bis 24 erlöschen mit dem Tod eines Ehegatten. Ansprüche auf Teilhabe an der Hinterbliebenenversorgung nach den §§ 25 und 26 bleiben unberührt. § 1586 Abs. 2 Satz 1 des Bürgerlichen Gesetzbuchs gilt entsprechend.

Kapitel 4
Anpassung nach Rechtskraft

§ 32 Anpassungsfähige Anrechte

Die §§ 33 bis 38 gelten für Anrechte aus

1. der gesetzlichen Rentenversicherung einschließlich der Höherversicherung,
2. der Beamtenversorgung oder einer anderen Versorgung, die zur Versicherungsfreiheit nach § 5 Abs. 1 des Sechsten Buches Sozialgesetzbuch führt,
3. einer berufsständischen oder einer anderen Versorgung, die nach § 6 Abs. 1 Nr. 1oder Nr. 2 des Sechsten Buches Sozialgesetzbuch zu einer Befreiung von der Sozialversicherungspflicht führen kann,
4. der Alterssicherung der Landwirte,
5. den Versorgungssystemen der Abgeordneten und der Regierungsmitglieder im Bund und in den Ländern.

§ 33 Anpassung wegen Unterhalt

(1) Solange die ausgleichsberechtigte Person aus einem im Versorgungsausgleich erworbenen Anrecht keine laufende Versorgung erhalten kann und sie gegen die ausgleichspflichtige Person ohne die Kürzung durch den Versorgungsausgleich einen gesetzlichen Unterhaltsanspruch hätte, wird die Kürzung der laufenden Versorgung der ausgleichspflichtigen Person auf Antrag ausgesetzt.

(2) Die Anpassung nach Absatz 1 findet nur statt, wenn die Kürzung am Ende der Ehezeit bei einem Rentenbetrag als maßgeblicher Bezugsgröße mindestens 2 Prozent, in allen anderen Fällen als Kapitalwert mindestens 240 Prozent der monatlichen Bezugsgröße nach § 18 Abs. 1 des Vierten Buches Sozialgesetzbuch betragen hat.

(3) Die Kürzung ist in Höhe des Unterhaltsanspruchs auszusetzen, höchstens jedoch in Höhe der Differenz der beiderseitigen Ausgleichswerte aus denjenigen Anrechten im Sinne des § 32, aus denen die ausgleichspflichtige Person eine laufende Versorgung bezieht.

(4) Fließen der ausgleichspflichtigen Person mehrere Versorgungen zu, ist nach billigem Ermessen zu entscheiden, welche Kürzung ausgesetzt wird.

§ 34 Durchführung einer Anpassung wegen Unterhalt

(1) Über die Anpassung und deren Abänderung entscheidet das Familiengericht.

(2) Antragsberechtigt sind die ausgleichspflichtige und die ausgleichsberechtigte Person. Die Abänderung einer Anpassung kann auch von dem Versorgungsträger verlangt werden.

(3) Die Anpassung wirkt ab dem ersten Tag des Monats, der auf den Monat der Antragstellung folgt.

(4) Der Anspruch auf Anpassung geht auf die Erben über, wenn der Erblasser den Antrag nach § 33 Abs. 1 gestellt hatte.

(5) Die ausgleichspflichtige Person hat den Versorgungsträger, bei dem die Kürzung ausgesetzt ist, unverzüglich über den Wegfall oder Änderungen seiner Unterhaltszahlungen, über den Bezug einer laufenden Versorgung aus einem Anrecht nach § 32 sowie über den Rentenbezug, die Wiederheirat oder den Tod der ausgleichsberechtigten Person zu unterrichten.

(6) Über die Beendigung der Aussetzung aus den in Absatz 5 genannten Gründen entscheidet der Versorgungsträger. Dies gilt nicht für den Fall der Änderung von Unterhaltszahlungen.

§ 35 Anpassung wegen Invalidität der ausgleichspflichtigen Person oder einer für sie geltenden besonderen Altersgrenze

(1) Solange die ausgleichspflichtige Person eine laufende Versorgung wegen Invalidität oder Erreichens einer besonderen Altersgrenze erhält und sie aus einem im Versorgungsausgleich erworbenen Anrecht keine Leistung beziehen kann, wird die Kürzung der laufenden Versorgung auf Grund des Versorgungsausgleichs auf Antrag ausgesetzt.

(2) § 33 Abs. 2 gilt entsprechend.

(3) Die Kürzung ist höchstens in Höhe der Ausgleichswerte aus denjenigen Anrechten im Sinne des § 32 auszusetzen, aus denen die ausgleichspflichtige Person keine Leistung bezieht.

(4) Fließen der ausgleichspflichtigen Person mehrere Versorgungen zu, so ist jede Versorgung nur insoweit nicht zu kürzen, als dies dem Verhältnis ihrer Ausgleichswerte entspricht.

§ 36 Durchführung einer Anpassung wegen Invalidität der ausgleichspflichtigen Person oder einer für sie geltenden besonderen Altersgrenze

(1) Über die Anpassung, deren Abänderung und Aufhebung entscheidet der Versorgungsträger, bei dem das auf Grund des Versorgungsausgleichs gekürzte Anrecht besteht.

(2) Antragsberechtigt ist die ausgleichspflichtige Person.

(3) § 34 Abs. 3 und 4 gilt entsprechend.

(4) Sobald die ausgleichspflichtige Person aus einem im Versorgungsausgleich erworbenen Anrecht eine Leistung im Sinne des § 35 Abs. 1 beziehen kann, hat sie den Versorgungsträger, der die Kürzung ausgesetzt hat, unverzüglich darüber zu unterrichten.

§ 37 Anpassung wegen Tod der ausgleichsberechtigten Person

(1) Ist die ausgleichsberechtigte Person gestorben, so wird ein Anrecht der ausgleichspflichtigen Person auf Antrag nicht länger auf Grund des Versorgungsausgleichs gekürzt. Beiträge, die zur Abwendung der Kürzung oder zur Begründung von Anrechten zugunsten der ausgleichsberechtigten Person gezahlt wurden, sind unter Anrechnung der gewährten Leistungen an die ausgleichspflichtige Person zurückzuzahlen.

(2) Die Anpassung nach Absatz 1 findet nur statt, wenn die ausgleichsberechtigte Person die Versorgung aus dem im Versorgungsausgleich erworbenen Anrecht nicht länger als 36 Monate bezogen hat.

(3) Hat die ausgleichspflichtige Person im Versorgungsausgleich Anrechte im Sinne des § 32 von der verstorbenen ausgleichsberechtigten Person erworben, so erlöschen diese, sobald die Anpassung wirksam wird.

§ 38 Durchführung einer Anpassung wegen Tod der ausgleichsberechtigten Person

(1) Über die Anpassung entscheidet der Versorgungsträger, bei dem das auf Grund eines Versorgungsausgleichs gekürzte Anrecht besteht. Antrags-berechtigt ist die ausgleichspflichtige Person.

(2) § 34 Abs. 3 und 4 gilt entsprechend.

(3) Die ausgleichspflichtige Person hat die anderen Versorgungsträger, bei denen sie Anrechte der verstorbenen ausgleichsberechtigten Person auf Grund des Versorgungsausgleichs erworben hat, unverzüglich über die Antragstellung zu unterrichten. Der zuständige Versorgungsträger unterrichtet die anderen Versorgungsträger über den Eingang des Antrags und seine Entscheidung.

Teil 2
Wertermittlung
Kapitel 1
Allgemeine Wertermittlungsvorschriften

§ 39 Unmittelbare Bewertung einer Anwartschaft

(1) Befindet sich ein Anrecht in der Anwartschaftsphase und richtet sich sein Wert nach einer Bezugsgröße, die unmittelbar bestimmten Zeitabschnitten zugeordnet werden kann, so entspricht der Wert des Ehezeitanteils dem Umfang der auf die Ehezeit entfallenden Bezugsgröße (unmittelbare Bewertung).

(2) Die unmittelbare Bewertung ist insbesondere bei Anrechten anzuwenden, bei denen für die Höhe der laufenden Versorgung Folgendes bestimmend ist:

1. die Summe der Entgeltpunkte oder vergleichbarer Rechengrößen wie Versorgungspunkten oder Leistungszahlen,
2. die Höhe eines Deckungskapitals,
3. die Summe der Rentenbausteine,
4. die Summe der entrichteten Beiträge oder
5. die Dauer der Zugehörigkeit zum Versorgungssystem.

§ 40 Zeitratierliche Bewertung einer Anwartschaft

(1) Befindet sich ein Anrecht in der Anwartschaftsphase und richtet sich der Wert des Anrechts nicht nach den Grundsätzen der unmittelbaren Bewertung gemäß § 39, so ist der Wert des Ehezeitanteils auf der Grundlage eines Zeit-Zeit-Verhältnisses zu berechnen (zeitratierliche Bewertung).

(2) Zu ermitteln ist die Zeitdauer, die bis zu der für das Anrecht maßgeblichen Altersgrenze höchstens erreicht werden kann (n). Zudem ist der Teil dieser Zeitdauer zu ermitteln, der mit

der Ehezeit übereinstimmt (m). Der Wert des Ehezeitanteils ergibt sich, wenn das Verhältnis der in die Ehezeit fallenden Zeitdauer und der höchstens erreichbaren Zeitdauer (m/n) mit der zu erwartenden Versorgung (R) multipliziert wird (m/n x R).

(3) Bei der Ermittlung der zu erwartenden Versorgung ist von den zum Ende der Ehezeit geltenden Bemessungsgrundlagen auszugehen. § 5 Abs. 2 Satz 2 bleibt unberührt.

(4) Die zeitratierliche Bewertung ist insbesondere bei Anrechten anzuwenden, bei denen die Höhe der Versorgung von dem Entgelt abhängt, das bei Eintritt des Versorgungsfalls gezahlt werden würde.

(5) Familienbezogene Bestandteile des Ehezeitanteils, die die Ehegatten nur auf Grund einer bestehenden Ehe oder für Kinder erhalten, dürfen nicht berücksichtigt werden.

§ 41 Bewertung einer laufenden Versorgung

(1) Befindet sich ein Anrecht in der Leistungsphase und wäre für die Anwartschaftsphase die unmittelbare Bewertung maßgeblich, so gilt § 39 Abs. 1 entsprechend.

(2) Befindet sich ein Anrecht in der Leistungsphase und wäre für die Anwartschaftsphase die zeitratierliche Bewertung maßgeblich, so gilt § 40 Abs. 1 bis 3 entsprechend. Hierbei sind die Annahmen für die höchstens erreichbare Zeitdauer und für die zu erwartende Versorgung durch die tatsächlichen Werte zu ersetzen.

§ 42 Bewertung nach Billigkeit

Führt weder die unmittelbare Bewertung noch die zeitratierliche Bewertung zu einem Ergebnis, das dem Grundsatz der Halbteilung entspricht, so ist der Wert nach billigem Ermessen zu ermitteln.

Kapitel 2
Sondervorschriften für bestimmte Versorgungsträger

§ 43 Sondervorschriften für Anrechte aus der gesetzlichen Rentenversicherung

(1) Für Anrechte aus der gesetzlichen Rentenversicherung gelten die Grundsätze der unmittelbaren Bewertung.

(2) Soweit das Anrecht auf eine abzuschmelzende Leistung nach § 19 Abs. 2 Nr. 2 gerichtet ist, ist der Ehezeitanteil für Ausgleichsansprüche nach der Scheidung nach dem Verhältnis der auf die Ehezeit entfallenden Entgeltpunkte (Ost) zu den gesamten Entgeltpunkten (Ost) zu bestimmen.

(3) Besondere Wartezeiten sind nur dann werterhöhend zu berücksichtigen, wenn die hierfür erforderlichen Zeiten bereits erfüllt sind.

§ 44 Sondervorschriften für Anrechte aus einem öffentlich-rechtlichen Dienstverhältnis

(1) Für Anrechte

1. aus einem Beamtenverhältnis oder einem anderen öffentlich-rechtlichen Dienstverhältnis und

2. aus einem Arbeitsverhältnis, bei dem ein Anspruch auf eine Versorgung nach beamtenrechtlichen Vorschriften oder Grundsätzen besteht,

sind die Grundsätze der zeitratierlichen Bewertung anzuwenden.

(2) Stehen der ausgleichspflichtigen Person mehrere Anrechte im Sinne des Absatzes 1 zu, so ist für die Wertberechnung von den gesamten Versorgungsbezügen, die sich nach Anwendung der Ruhensvorschriften ergeben, und von der gesamten in die Ehezeit fallenden ruhegehaltfähigen Dienstzeit auszugehen.

(3) Stehen der ausgleichspflichtigen Person neben einem Anrecht im Sinne des Absatzes 1 weitere Anrechte aus anderen Versorgungssystemen zu, die Ruhens- oder Anrechnungsvorschriften unterliegen, so gilt Absatz 2 sinngemäß. Dabei sind die Ruhens- oder Anrechnungsbeträge nur insoweit zu berücksichtigen, als das nach Satz 1 berücksichtigte Anrecht in der Ehezeit erworben wurde und die ausgleichsberechtigte Person an diesem Anrecht im Versorgungsausgleich teilhat.

(4) Bei einem Anrecht aus einem Beamtenverhältnis auf Widerruf oder aus einem Dienstverhältnis einer Soldatin oder eines Soldaten auf Zeit ist der Wert maßgeblich, der sich bei einer Nachversicherung in der gesetzlichen Rentenversicherung ergäbe.

§ 45 Sondervorschriften für Anrechte nach dem Betriebsrentengesetz

(1) Bei einem Anrecht im Sinne des Betriebsrentengesetzes ist der Wert des Anrechts als Rentenbetrag nach § 2 des Betriebsrentengesetzes oder der Kapitalwert nach § 4 Abs. 5 des Betriebsrentengesetzes maßgeblich. Hierbei ist anzunehmen, dass die Betriebszugehörigkeit der ausgleichspflichtigen Person spätestens zum Ehezeitende beendet ist.

(2) Der Wert des Ehezeitanteils ist nach den Grundsätzen der unmittelbaren Bewertung zu ermitteln. Ist dies nicht möglich, so ist eine zeitratierliche Bewertung durchzuführen. Hierzu ist der nach Absatz 1 ermittelte Wert des Anrechts mit dem Quotienten zu multiplizieren, der aus der ehezeitlichen Betriebszugehörigkeit und der gesamten Betriebszugehörigkeit bis zum Ehezeitende zu bilden ist.

(3) Die Absätze 1 und 2 gelten nicht für ein Anrecht, das bei einem Träger einer Zusatzversorgung des öffentlichen oder kirchlichen Dienstes besteht.

§ 46 Sondervorschriften für Anrechte aus Privatversicherungen

Für die Bewertung eines Anrechts aus einem privaten Versicherungsvertrag sind die Bestimmungen des Versicherungsvertragsgesetzes über Rückkaufswerte anzuwenden. Stornokosten sind nicht abzuziehen.

Kapitel 3

Korrespondierender Kapitalwert als Hilfsgröße

§ 47 Berechnung des korrespondierenden Kapitalwerts

(1) Der korrespondierende Kapitalwert ist eine Hilfsgröße für ein Anrecht, dessen Ausgleichswert nach § 5 Abs. 3 nicht bereits als Kapitalwert bestimmt ist.

(2) Der korrespondierende Kapitalwert entspricht dem Betrag, der zum Ende der Ehezeit aufzubringen wäre, um beim Versorgungsträger der ausgleichspflichtigen Person für sie ein Anrecht in Höhe des Ausgleichswerts zu begründen.

(3) Für Anrechte im Sinne des § 44 Abs. 1 sind bei der Ermittlung des korrespondierenden Kapitalwerts die Berechnungsgrundlagen der gesetzlichen Rentenversicherung entsprechend anzuwenden.

(4) Für ein Anrecht im Sinne des Betriebsrentengesetzes gilt der Übertragungswert nach § 4 Abs. 5 des Betriebsrentengesetzes als korrespondierender Kapitalwert. Für ein Anrecht, das bei einem Träger einer Zusatzversorgung des öffentlichen oder kirchlichen Dienstes besteht, ist als korrespondierender Kapitalwert der Barwert im Sinne des Absatzes 5 zu ermitteln.

(5) Kann ein korrespondierender Kapitalwert nach den Absätzen 2 bis 4 nicht ermittelt werden, so ist ein nach versicherungsmathematischen Grundsätzen ermittelter Barwert maßgeblich.

(6) Bei einem Wertvergleich in den Fällen der §§ 6 bis 8, 18 Abs. 1 und § 27 sind nicht nur die Kapitalwerte und korrespondierenden Kapitalwerte, sondern auch die weiteren Faktoren der Anrechte zu berücksichtigen, die sich auf die Versorgung auswirken.

Teil 3
Übergangsvorschriften
§ 48 Allgemeine Übergangsvorschrift

(1) In Verfahren über den Versorgungsausgleich, die vor dem 1. September 2009 eingeleitet worden sind, ist das bis dahin geltende materielle Recht und Verfahrensrecht weiterhin anzuwenden.

(2) Abweichend von Absatz 1 ist das ab dem 1. September 2009 geltende materielle Recht und Verfahrensrecht anzuwenden in Verfahren, die

1. am 1. September 2009 abgetrennt oder ausgesetzt sind oder deren Ruhen angeordnet ist oder

2. nach dem 1. September 2009 abgetrennt oder ausgesetzt werden oder deren Ruhen angeordnet wird.

(3) Abweichend von Absatz 1 ist in Verfahren, in denen am 31. August 2010 im ersten Rechtszug noch keine Endentscheidung erlassen wurde, ab dem 1. September 2010 das ab dem 1. September 2009 geltende materielle Recht und Verfahrensrecht anzuwenden.

§ 49 Übergangsvorschrift für Auswirkungen des Versorgungsausgleichs in besonderen Fällen

Für Verfahren nach den §§ 4 bis 10 des Gesetzes zur Regelung von Härten im Versorgungsausgleich, in denen der Antrag beim Versorgungsträger vor dem 1. September 2009 eingegangen ist, ist das bis dahin geltende Recht weiterhin anzuwenden.

§ 50 Wiederaufnahme von ausgesetzten Verfahren nach dem Versorgungsausgleichs-Überleitungsgesetz

(1) Ein nach § 2 Abs. 1 Satz 2 des Versorgungsausgleichs-Überleitungsgesetzes ausgesetzter Versorgungsausgleich

1. ist auf Antrag eines Ehegatten oder eines Versorgungsträgers wieder aufzunehmen, wenn aus einem im Versorgungsausgleich zu berücksichtigenden Anrecht Leistungen zu erbringen oder zu kürzen wären;

2. soll von Amts wegen spätestens bis zum 1. September 2014 wieder aufgenommen werden.

(2) Der Antrag nach Absatz 1 Nr. 1 ist frühestens sechs Monate vor dem Zeitpunkt zulässig, ab dem auf Grund des Versorgungsausgleichs voraussichtlich Leistungen zu erbringen oder zu kürzen wären.

§ 51 Zulässigkeit einer Abänderung des öffentlich-rechtlichen Versorgungsausgleichs

(1) Eine Entscheidung über einen öffentlich-rechtlichen Versorgungsausgleich, die nach dem Recht getroffen worden ist, das bis zum 31. August 2009 gegolten hat, ändert das Gericht bei

einer wesentlichen Wertänderung auf Antrag ab, indem es die in den Ausgleich einbezogenen Anrechte nach den §§ 9 bis 19 teilt.

(2) Die Wertänderung ist wesentlich, wenn die Voraussetzungen des § 225 Abs. 2 und 3 des Gesetzes über das Verfahren in Familiensachen und in den Angelegenheiten der freiwilligen Gerichtsbarkeit vorliegen, wobei es genügt, dass sich der Ausgleichswert nur eines Anrechts geändert hat.

(3) Eine Abänderung nach Absatz 1 ist auch dann zulässig, wenn sich bei Anrechten der berufsständischen, betrieblichen oder privaten Altersvorsorge (§ 1587a Abs. 3 oder 4 des Bürgerlichen Gesetzbuchs in der bis zum 31. August 2009 geltenden Fassung) der vor der Umrechnung ermittelte Wert des Ehezeitanteils wesentlich von dem dynamisierten und aktualisierten Wert unterscheidet. Die Aktualisierung erfolgt mithilfe der aktuellen Rentenwerte der gesetzlichen Rentenversicherung. Der Wertunterschied nach Satz 1 ist wesentlich, wenn er mindestens 2 Prozent der zum Zeitpunkt der Antragstellung maßgeblichen monatlichen Bezugsgröße nach § 18 Abs.1des Vierten Buches Sozialgesetzbuch beträgt.

(4) Eine Abänderung nach Absatz 3 ist ausgeschlossen, wenn für das Anrecht nach einem Teilausgleich gemäß § 3b Abs. 1 Nr. 1 des Gesetzes zur Regelung von Härten im Versorgungsausgleich noch Ausgleichsansprüche nach der Scheidung gemäß den §§ 20 bis 26 geltend gemacht werden können.

(5) § 225 Abs. 4 und 5 des Gesetzes über das Verfahren in Familiensachen und in den Angelegenheiten der freiwilligen Gerichtsbarkeit gilt entsprechend.

§ 52 Durchführung einer Abänderung des öffentlich-rechtlichen Versorgungsausgleichs

(1) Für die Durchführung des Abänderungsverfahrens nach § 51 ist § 226 des Gesetzes über das Verfahren in Familiensachen und in den Angelegenheiten der freiwilligen Gerichtsbarkeit anzuwenden.

(2) Der Versorgungsträger berechnet in den Fällen des § 51 Abs. 2 den Ehezeitanteil zusätzlich als Rentenbetrag.

(3) Beiträge zur Begründung von Anrechten zugunsten der ausgleichsberechtigten Person sind unter Anrechnung der gewährten Leistungen zurückzuzahlen.

§ 53 Bewertung eines Teilausgleichs bei Ausgleichsansprüchen nach der Scheidung

Ist bei Ausgleichsansprüchen nach der Scheidung gemäß den §§ 20 bis 26 ein bereits erfolgter Teilausgleich anzurechnen, so ist dessen Wert mithilfe der aktuellen Rentenwerte der gesetzlichen Rentenversicherung zu bestimmen.

§ 54 Weiter anwendbare Übergangsvorschriften des Ersten Gesetzes zur Reform des Ehe-und Familienrechts und des Gesetzes über weitere Maßnahmen auf dem Gebiet des Versorgungsausgleichs für Sachverhalte vor dem 1. Juli 1977

Artikel 12 Nr. 3 Satz 1, 4 und 5 des Ersten Gesetzes zur Reform des Ehe-und Familienrechts vom 14. Juni 1976 (BGBl. I S. 1421), das zuletzt durch Artikel 142 des Gesetzes vom 19. April 2006 (BGBl. I S. 866) geändert worden ist, und Artikel 4 § 4 des Gesetzes über weitere Maßnahmen auf dem Gebiet des Versorgungsausgleichs vom 8. Dezember 1986 (BGBl. I S. 2317), das zuletzt durch Artikel 143 des Gesetzes vom 19. April 2006 (BGBl. I S. 866) geändert worden ist, sind in der bis zum 31. August 2009 geltenden Fassung weiterhin anzuwenden.

3 Entwurf eines Gesetzes zur Änderung des Zugewinnausgleichs- und Vormundschaftsrechts

BT-Drucks. 16/10798

Deutscher Bundestag   Drucksache **16/10798**
16. Wahlperiode   05. 1

Gesetzentwurf
der Bundesregierung

Entwurf eines Gesetzes zur Änderung des Zugewinnausgleichs- und Vormundschaftsrechts

A. Problem und Ziel

Das Recht des Zugewinnausgleichs hat sich in der Praxis bewährt. Es stellt sicher, dass beide Ehegatten an dem während der Ehe Erworbenen je zur Hälfte beteiligt werden. Die Berechnung ist im Einzelnen stark schematisiert, denn ein Güterstand muss einfach, klar und in der Praxis leicht zu handhaben sein. Allerdings verhindert das geltende Recht unredliche Vermögensverschiebungen des ausgleichspflichtigen Ehegatten zulasten des begünstigten Ehegatten nur unzureichend. Auch bestehen Bedenken, die Tilgung von Schulden während der Ehe unberücksichtigt zu lassen, wenn ein Ehegatte mit Schulden in die Ehe gegangen ist.

Vormünder und insbesondere Betreuer haben Probleme bei der Verwaltung des Girokontos ihres Mündels oder Betreuten, da sie bei einigen Kreditinstituten von der Teilnahme am automatisierten Zahlungsverkehr ausgeschlossen werden. Die Kreditinstitute sehen sich zu diesem Vorgehen veranlasst, da für die Wirksamkeit der Kontoverfügung eine vormundschaftsgerichtliche Genehmigung erforderlich ist, wenn das Guthaben 3 000 Euro überschreitet (§ 1813 Abs. 1 Nr. 2 des Bürgerlichen Gesetzbuchs). Mit dem Entwurf sollen die vormundschaftsrechtlichen Genehmigungspflichten an den modernen Zahlungsverkehr angepasst werden.

B. Lösung

a) Zugewinnausgleichsrecht

Der Entwurf sieht vor:

- Berücksichtigung eines negativen Anfangsvermögens in § 1374 des Bürgerlichen Gesetzbuchs;
- Stärkung der Auskunftsrechte durch Anspruch auf Vorlage von Belegen (§ 1379 des Bürgerlichen Gesetzbuchs);
- Vorverlegung des Berechnungszeitpunktes für den Zugewinnausgleich (§ 1384 des Bürgerlichen Gesetzbuchs);
- Verbesserung des vorläufigen Rechtsschutzes gegen unredliche Vermögensverschiebungen;
- Aufhebung der Hausratsverordnung und Überführung der notwendigen Regelungen in das Bürgerliche Gesetzbuch.

b) Änderung von § 1813 des Bürgerlichen Gesetzbuchs

Der Entwurf stellt in § 1813 Abs. 1 Nr. 3 des Bürgerlichen Gesetzbuchs klar, dass Verfügungen des Vormunds, Pflegers oder Betreuers über ein Giro- oder Kontokorrentkonto grundsätzlich genehmigungsfrei sind. Die Betragsgrenze von 3 000 Euro in § 1813 Abs. 1 Nr. 2 des Bürgerlichen Gesetzbuchs ist für diese Verfügungen nicht anwendbar. Zum Schutz des Mündelvermögens ist das nicht für die Bestreitung von Ausgaben erforderliche Giralgeld verzinslich anzulegen (§ 1806 des Bürgerlichen Gesetzbuchs).

C. Alternativen

Keine

D. Finanzielle Auswirkungen auf die öffentlichen Haushalte

Keine

E. Sonstige Kosten

Für die Wirtschaft, insbesondere für kleinere und mittlere Unternehmen, entstehen durch die Änderungen im Zugewinnausgleichsrecht keine Kosten. Die Vereinfachung in § 1813 des Bürgerlichen Gesetzbuchs kann zu geringfügigen Kostensenkungen bei der Kreditwirtschaft und einer Entlastung der Vormundschaftsgerichte führen. Auswirkungen des Gesetzes auf Einzelpreise, auf das Preisniveau und insbesondere das Verbraucherpreisniveau sind nicht zu erwarten.

F. Bürokratiekosten

Es werden keine Informationspflichten für die Wirtschaft und die Verwaltung eingeführt, geändert oder aufgehoben. Für Bürger wird eine bestehende Informationspflicht erweitert. Es können geringfügige Bürokratiekosten entstehen.

BUNDESREPUBLIK DEUTSCHLAND
DIE BUNDESKANZLERIN

Berlin, 5. November 2008

An den
Präsidenten des
Deutschen Bundestages
Herrn Dr. Norbert Lammert
Platz der Republik 1
11011 Berlin

Sehr geehrter Herr Präsident,

hiermit übersende ich den von der Bundesregierung beschlossenen

> Entwurf eines Gesetzes zur Änderung des Zugewinnausgleichs- und Vormundschaftsrechts

mit Begründung und Vorblatt (Anlage 1).

Ich bitte, die Beschlussfassung des Deutschen Bundestages herbeizuführen.

Federführend ist das Bundesministerium der Justiz.

Die Stellungnahme des Nationalen Normenkontrollrates gemäß § 6 Abs. 1 NKRG ist als Anlage 2 beigefügt.

Der Bundesrat hat in seiner 848. Sitzung am 10. Oktober 2008 gemäß Artikel 76 Absatz 2 des Grundgesetzes beschlossen, zu dem Gesetzentwurf wie aus Anlage 3 ersichtlich Stellung zu nehmen.

Die Auffassung der Bundesregierung zu der Stellungnahme des Bundesrates ist in der als Anlage 4 beigefügten Gegenäußerung dargelegt.

Mit freundlichen Grüßen

Anlage 1

Entwurf eines Gesetzes zur Änderung des Zugewinnausgleichs- und Vormundschaftsrechts

Vom ...

Der Bundestag hat das folgende Gesetz beschlossen:

Artikel 1
Änderung des Bürgerlichen Gesetzbuchs

Das Bürgerliche Gesetzbuch in der Fassung der Bekanntmachung vom 2. Januar 2002 (BGBl. I S. 42, 2909; 2003 I S. 738), zuletzt geändert durch ..., wird wie folgt geändert:

1. In der Inhaltsübersicht wird nach der Angabe zum Buch 4 Abschnitt 1 Titel 7 Untertitel 1 folgende Angabe eingefügt:

   „Untertitel 1a
   Behandlung der Ehewohnung und der Haushaltsgegenstände anlässlich der Scheidung".

2. In § 1318 Abs. 4 werden die Wörter „Die Vorschriften der Hausratsverordnung" durch die Wörter „Die §§ 1568a und 1568b" ersetzt.

3. Die Überschrift des § 1361a wird wie folgt gefasst:

   „§ 1361a
   Verteilung der Haushaltsgegenstände bei Getrenntleben".

4. § 1370 wird aufgehoben.

5. § 1374 wird wie folgt geändert:

   a) In Absatz 1 werden die Wörter „; die Verbindlichkeiten können nur bis zur Höhe des Vermögens abgezogen werden" gestrichen.

   b) Folgender Absatz 3 wird angefügt:

      „(3) Verbindlichkeiten sind über die Höhe des Vermögens hinaus abzuziehen."

6. § 1375 Abs. 1 Satz 2 wird wie folgt gefasst:

   „Verbindlichkeiten sind über die Höhe des Vermögens hinaus abzuziehen."

7. § 1378 Abs. 2 wird wie folgt gefasst:

   „(2) Die Höhe der Ausgleichsforderung wird durch den hälftigen Wert des Vermögens des ausgleichspflichtigen Ehegatten begrenzt, das nach Abzug der Verbindlichkeiten bei Beendigung des Güterstandes vorhanden ist. Die sich nach Satz 1 ergebende Begrenzung der Ausgleichsforderung erhöht sich in den Fällen des § 1375 Abs. 2 um die Hälfte des dem Endvermögen hinzuzurechnenden Betrages."

8. § 1379 wird wie folgt geändert:

   a) Absatz 1 Satz 1 wird wie folgt gefasst:

      „Nach der Beendigung des Güterstandes kann jeder Ehegatte von dem anderen Ehegatten Auskunft über dessen Vermögen verlangen, soweit es für die Berechnung des Anfangs- und Endvermögens maßgeblich ist; auf Anforderung sind Belege vorzulegen."

   b) In Absatz 2 werden die Wörter „oder die Aufhebung der Ehe" durch die Wörter „, die Aufhebung der Ehe, den vorzeitigen Ausgleich des Zugewinns bei vorzeitiger Aufhebung der Zugewinngemeinschaft oder die vorzeitige Aufhebung der Zugewinngemeinschaft" ersetzt.

9. Die §§ 1384 bis 1388 werden wie folgt gefasst:

   „§ 1384
   Berechnungszeitpunkt des Zugewinns
   und Höhe der Ausgleichsforderung bei Scheidung

   Wird die Ehe geschieden, so tritt für die Berechnung des Zugewinns und für die Höhe der Ausgleichsforderung an die Stelle der Beendigung des Güterstandes der Zeitpunkt der Rechtshängigkeit des Scheidungsantrags.

   § 1385
   Vorzeitiger Zugewinnausgleich des
   ausgleichsberechtigten Ehegatten bei vorzeitiger
   Aufhebung der Zugewinngemeinschaft

   Der ausgleichsberechtigte Ehegatte kann vorzeitigen Ausgleich des Zugewinns bei vorzeitiger Aufhebung der Zugewinngemeinschaft verlangen, wenn

   1. die Ehegatten seit mindestens drei Jahren getrennt leben,

   2. Handlungen der in § 1365 oder § 1375 Abs. 2 bezeichneten Art zu befürchten sind und dadurch eine erhebliche Gefährdung der Erfüllung der Ausgleichsforderung zu besorgen ist,

   3. der andere Ehegatte längere Zeit hindurch die wirtschaftlichen Verpflichtungen, die sich aus dem ehelichen Verhältnis ergeben, schuldhaft nicht erfüllt hat und anzunehmen ist, dass er sie auch in Zukunft nicht erfüllen wird, oder

   4. der andere Ehegatte sich ohne ausreichenden Grund beharrlich weigert oder sich ohne ausreichenden Grund bis zur Erhebung der Klage auf Auskunft beharrlich geweigert hat, ihn über den Bestand seines Vermögens zu unterrichten.

   § 1386
   Vorzeitige Aufhebung der Zugewinngemeinschaft

   Jeder Ehegatte kann unter entsprechender Anwendung des § 1385 die vorzeitige Aufhebung der Zugewinngemeinschaft verlangen.

§ 1387
Berechnungszeitpunkt des Zugewinns und Höhe der
Ausgleichsforderung bei vorzeitigem Ausgleich
oder vorzeitiger Aufhebung

In den Fällen der §§ 1385 und 1386 tritt für die Berechnung des Zugewinns und für die Höhe der Ausgleichsforderung an die Stelle der Beendigung des Güterstands der Zeitpunkt, in dem die entsprechenden Klagen erhoben sind.

§ 1388
Eintritt der Gütertrennung

Mit der Rechtskraft der Entscheidung, die die Zugewinngemeinschaft vorzeitig aufhebt, tritt Gütertrennung ein."

10. § 1389 wird aufgehoben.

11. § 1390 wird wie folgt geändert:

a) Absatz 1 wird wie folgt gefasst:

„(1) Der ausgleichsberechtigte Ehegatte kann von einem Dritten Ersatz des Wertes einer unentgeltlichen Zuwendung des ausgleichspflichtigen Ehegatten an den Dritten verlangen, wenn

1. der ausgleichspflichtige Ehegatte die unentgeltliche Zuwendung an den Dritten in der Absicht gemacht hat, den ausgleichsberechtigten Ehegatten zu benachteiligen und

2. die Höhe der Ausgleichsforderung den Wert des nach Abzug der Verbindlichkeiten bei Beendigung des Güterstands vorhandenen Vermögens des ausgleichspflichtigen Ehegatten übersteigt.

Der Ersatz des Wertes des Erlangten erfolgt nach den Vorschriften über die Herausgabe einer ungerechtfertigten Bereicherung. Der Dritte kann die Zahlung durch Herausgabe des Erlangten abwenden. Der ausgleichspflichtige Ehegatte und der Dritte haften als Gesamtschuldner."

b) Absatz 4 wird aufgehoben.

12. Nach § 1568 wird folgender Untertitel 1a eingefügt:

„Untertitel 1a
Behandlung der Ehewohnung und der
Haushaltsgegenstände anlässlich der Scheidung

§ 1568a
Ehewohnung

(1) Ein Ehegatte kann verlangen, dass ihm der andere Ehegatte anlässlich der Scheidung die Ehewohnung überlässt, wenn er auf deren Nutzung unter Berücksichtigung des Wohls der im Haushalt lebenden Kinder und der Lebensverhältnisse der Ehegatten in stärkerem Maße angewiesen ist als der andere Ehegatte oder die Überlassung aus anderen Gründen der Billigkeit entspricht.

(2) Ist einer der Ehegatten allein oder gemeinsam mit einem Dritten Eigentümer des Grundstücks, auf dem sich die Ehewohnung befindet, oder steht einem Ehegatten allein oder gemeinsam mit einem Dritten ein Nießbrauch, das Erbbaurecht oder ein dingliches Wohnrecht an dem Grundstück zu, so kann der andere Ehegatte die Überlassung nur verlangen, wenn dies notwendig ist, um eine unbillige Härte zu vermeiden. Entsprechendes gilt für das Wohnungseigentum und das Dauerwohnrecht.

(3) Der Ehegatte, dem die Wohnung überlassen wird, tritt

1. zum Zeitpunkt des Zugangs der Mitteilung der Ehegatten über die Überlassung an den Vermieter oder

2. mit Rechtskraft der Endentscheidung im Wohnungszuweisungsverfahren

an Stelle des zur Überlassung verpflichteten Ehegatten in ein von diesem eingegangenes Mietverhältnis ein oder setzt ein von beiden eingegangenes Mietverhältnis allein fort. § 563 Abs. 4 gilt entsprechend.

(4) Ein Ehegatte kann die Begründung eines Mietverhältnisses über eine Wohnung, die die Ehegatten auf Grund eines Dienst- oder Arbeitsverhältnisses innehaben, das zwischen einem von ihnen und einem Dritten besteht, nur verlangen, wenn der Dritte einverstanden oder dies notwendig ist, um eine schwere Härte zu vermeiden.

(5) Besteht kein Mietverhältnis über die Ehewohnung, so kann der Ehegatte, der Anspruch auf deren Überlassung hat, von der zur Vermietung berechtigten Person die Begründung eines Mietverhältnisses zu ortsüblichen Bedingungen verlangen. Unter den Voraussetzungen des § 575 Abs. 1 oder wenn die Begründung eines unbefristeten Mietverhältnisses unter Würdigung der berechtigten Interessen des Vermieters unbillig ist, kann der Vermieter eine angemessene Befristung des Mietverhältnisses verlangen. Kommt eine Einigung über die Höhe der Miete nicht zustande, kann der Vermieter eine angemessene Miete, im Zweifel die ortsübliche Vergleichsmiete, verlangen.

(6) In den Fällen der Absätze 3 und 5 erlischt der Anspruch auf Eintritt in ein Mietverhältnis oder auf seine Begründung ein Jahr nach Rechtskraft der Endentscheidung in der Scheidungssache, wenn er nicht vorher rechtshängig gemacht worden ist.

§ 1568b
Haushaltsgegenstände

(1) Jeder Ehegatte kann verlangen, dass ihm der andere Ehegatte anlässlich der Scheidung die im gemeinsamen Eigentum stehenden Haushaltsgegenstände überlässt und übereignet, wenn er auf deren Nutzung unter Berücksichtigung des Wohls der im Haushalt lebenden Kinder und der Lebensverhältnisse der Ehegatten in stärkerem Maße angewiesen ist als der andere Ehegatte oder dies aus anderen Gründen der Billigkeit entspricht.

(2) Haushaltsgegenstände, die während der Ehe für den gemeinsamen Haushalt angeschafft wurden, gelten für die Verteilung als gemeinsames Eigentum der Ehegatten, es sei denn, das Alleineigentum eines Ehegatten steht fest.

(3) Der Ehegatte, der sein Eigentum nach Absatz 1 überträgt, kann eine angemessene Ausgleichszahlung verlangen."

13. § 1813 Abs. 1 Nr. 3 wird wie folgt gefasst:

    „3. wenn der Anspruch das Guthaben auf einem Giro- oder Kontokorrentkonto zum Gegenstand hat oder Geld zurückgezahlt wird, das der Vormund angelegt hat,".

Artikel 2
Aufhebung der Hausratsverordnung

Die Verordnung über die Behandlung der Ehewohnung und des Hausrats in der im Bundesgesetzblatt Teil III, Gliederungsnummer 404-3, veröffentlichten bereinigten Fassung, zuletzt geändert durch [Artikel 62 des Gesetzes vom … zur Reform des Verfahrens in Familiensachen und in den Angelegenheiten der freiwilligen Gerichtsbarkeit], wird aufgehoben.

Artikel 3
Änderung des Gesetzes über das Verfahren in Familiensachen und in den Angelegenheiten der freiwilligen Gerichtsbarkeit

Das Gesetz über das Verfahren in Familiensachen und in den Angelegenheiten der freiwilligen Gerichtsbarkeit vom … 2008 (BGBl. I S. …), zuletzt geändert durch …, wird wie folgt geändert:

1. Die Inhaltsübersicht wird wie folgt geändert:

    a) Die Angabe zu § 96 wird wie folgt gefasst:

    „§ 96 Vollstreckung in Verfahren nach dem Gewaltschutzgesetz und in Ehewohnungssachen".

    b) In Buch 2 wird die Angabe zu Abschnitt 6 wie folgt gefasst:

    „Abschnitt 6
    Verfahren in Ehewohnungs- und Haushaltssachen".

    c) Die Angabe zu § 200 wird wie folgt gefasst:

    „§ 200 Ehewohnungssachen; Haushaltssachen".

    d) Die Angaben zu §§ 205 und 206 werden wie folgt gefasst:

    „§ 205 Anhörung des Jugendamts in Ehewohnungssachen

    § 206 Besondere Vorschriften in Haushaltssachen".

2. In § 57 Nr. 5 wird das Wort „Wohnungszuweisungssache" durch das Wort „Ehewohnungssache" ersetzt.

3. § 96 wird wie folgt geändert:

    a) In der Überschrift wird das Wort „Wohnungszuweisungssachen" durch das Wort „Ehewohnungssachen" ersetzt.

    b) In Absatz 2 Satz 1 wird jeweils das Wort „Wohnungszuweisungssachen" durch das Wort „Ehewohnungssachen" ersetzt.

4. § 111 Nr. 5 wird wie folgt gefasst:

    „5. Ehewohnungs- und Haushaltssachen".

5. § 137 Abs. 2 Satz 1 Nr. 3 wird wie folgt gefasst:

    „3. Ehewohnungs- und Haushaltssachen und".

6. In Buch 2 wird die Überschrift zu Abschnitt 6 wie folgt gefasst:

    „Abschnitt 6
    Verfahren in Ehewohnungs- und Haushaltssachen".

7. § 200 wird wie folgt gefasst:

    „§ 200
    Ehewohnungssachen; Haushaltssachen

    (1) Ehewohnungssachen sind Verfahren

    1. nach § 1361b des Bürgerlichen Gesetzbuchs,

    2. nach § 1568a des Bürgerlichen Gesetzbuchs.

    (2) Haushaltssachen sind Verfahren

    1. nach § 1361a des Bürgerlichen Gesetzbuchs,

    2. nach § 1568b des Bürgerlichen Gesetzbuchs."

8. In § 202 Satz 1 werden die Wörter „Wohnungszuweisungssache oder Hausratssache" durch die Wörter „Ehewohnungs- oder Haushaltssache" ersetzt.

9. § 203 wird wie folgt geändert:

    a) Absatz 2 wird wie folgt geändert:

    aa) In Satz 1 wird das Wort „Hausratssachen" durch das Wort „Haushaltssachen" ersetzt.

    bb) In Satz 2 wird das Wort „Hausratssachen" durch das Wort „Haushaltssachen" und das Wort „Hausratsgegenstände" durch das Wort „Haushaltsgegenstände" ersetzt.

    b) In Absatz 3 wird das Wort „Wohnungszuweisungssachen" durch das Wort „Ehewohnungssachen" ersetzt.

10. § 204 wird wie folgt geändert:

    a) In Absatz 1 werden das Wort „Wohnungszuweisungssachen" durch das Wort „Ehewohnungssachen" und die Wörter „§ 4 der Verordnung über die Behandlung der Ehewohnung und des Hausrats" durch die Wörter „§ 1568a Absatz 4 des Bürgerlichen Gesetzbuchs" ersetzt.

    b) In Absatz 2 wird jeweils das Wort „Wohnungszuweisungssachen" durch das Wort „Ehewohnungssachen" ersetzt.

11. § 205 wird wie folgt geändert:

    a) In der Überschrift wird das Wort „Wohnungszuweisungssachen" durch das Wort „Ehewohnungssachen" ersetzt.

    b) In Absatz 1 Satz 1 wird das Wort „Wohnungszuweisungssachen" durch das Wort „Ehewohnungssachen" ersetzt.

12. § 206 wird wie folgt geändert:

    a) In der Überschrift wird das Wort „Hausratssachen" durch das Wort „Haushaltssachen" ersetzt.

    b) Absatz 1 wird wie folgt geändert:

    aa) In dem Satzteil vor Nummer 1 wird das Wort „Hausratssachen" durch das Wort „Haushaltssachen" ersetzt.

bb) In den Nummern 1 und 2 wird jeweils das Wort „Hausratsgegenstände" durch das Wort „Haushaltsgegenstände" ersetzt.

13. § 209 Abs. 2 wird wie folgt geändert:

   a) In Satz 1 werden die Wörter „Wohnungszuweisungs- und Hausratssachen" durch die Wörter „Ehewohnungs- und Haushaltssachen" ersetzt.

   b) In Satz 2 wird das Wort „Wohnungszuweisungssachen" durch das Wort „Ehewohnungssachen" ersetzt.

14. § 269 Abs. 1 wird wie folgt geändert:

   a) In Nummer 5 wird das Wort „Wohnungszuweisungssachen" durch das Wort „Ehewohnungssachen" und die Angabe „§ 18" durch die Angabe „§ 17" ersetzt.

   b) In Nummer 6 wird das Wort „Hausratssachen" durch das Wort „Haushaltssachen" und die Angabe „§ 19" durch die Angabe „§ 17" ersetzt.

Artikel 4
Änderung des Gesetzes über Gerichtskosten in Familiensachen

Das Gesetz über Gerichtskosten in Familiensachen vom … 2008 (BGBl. I S. …), zuletzt geändert durch …, wird wie folgt geändert:

1. Die Inhaltsübersicht wird wie folgt geändert:

   a) Die Angabe zu § 48 wird wie folgt gefasst:

      „§ 48 Ehewohnungs- und Haushaltssachen".

   b) Nach der Angabe zu § 63 werden die folgenden Angaben eingefügt:

      „Anlage 1 (zu § 3 Abs. 2)

      Anlage 2 (zu § 28 Abs. 1)".

2. § 48 wird wie folgt gefasst:

   „§ 48
   Ehewohnungs- und Haushaltssachen

   (1) In Ehewohnungssachen nach § 200 Abs. 1 Nr. 1 des Gesetzes über das Verfahren in Familiensachen und in den Angelegenheiten der freiwilligen Gerichtsbarkeit beträgt der Verfahrenswert 3 000 Euro, in Ehewohnungssachen nach § 200 Abs. 1 Nr. 2 des Gesetzes über das Verfahren in Familiensachen und in den Angelegenheiten der freiwilligen Gerichtsbarkeit 4 000 Euro.

   (2) In Haushaltssachen nach § 200 Abs. 2 Nr. 1 des Gesetzes über das Verfahren in Familiensachen und in den Angelegenheiten der freiwilligen Gerichtsbarkeit beträgt der Wert 2 000 Euro, in Haushaltssachen nach § 200 Abs. 2 Nr. 2 des Gesetzes über das Verfahren in Familiensachen und in den Angelegenheiten der freiwilligen Gerichtsbarkeit 3 000 Euro.

   (3) Ist der nach den Absätzen 1 und 2 bestimmte Wert nach den besonderen Umständen des Einzelfalls unbillig, kann das Gericht einen höheren oder einen niedrigeren Wert festsetzen."

3. In der Anlage 1 (Kostenverzeichnis) wird die Vorbemerkung 1.3.2 Abs. 1 Nr. 3 wie folgt gefasst:

   „3. Ehewohnungs- und Haushaltssachen,".

Artikel 5
Änderung des Rechtsanwaltsvergütungsgesetzes

In § 48 Abs. 3 Satz 1 des Rechtsanwaltsvergütungsgesetzes vom 5. Mai 2004 (BGBl. I S. 718, 788), das zuletzt durch … geändert worden ist, werden die Wörter „dem Hausrat" durch die Wörter „den Haushaltsgegenständen" ersetzt.

Artikel 6
Änderung des Einführungsgesetzes zum Bürgerlichen Gesetzbuche

Dem Artikel 229 des Einführungsgesetzes zum Bürgerlichen Gesetzbuche in der Fassung der Bekanntmachung vom 21. September 1994 (BGBl. I S. 2494, 1997 I S. 1061), das zuletzt durch … geändert worden ist, wird folgender § [18] angefügt:

„§ … [18]
Übergangsvorschrift zum Gesetz zur Änderung des Zugewinnausgleichs- und Vormundschaftsrechts vom [einsetzen: Datum des Tages der Ausfertigung]

(1) Bei der Behandlung von Haushaltsgegenständen aus Anlass der Scheidung ist § 1370 des Bürgerlichen Gesetzbuchs auf Haushaltsgegenstände anzuwenden, die bis zum 1. September 2009 angeschafft worden sind.

(2) Für Verfahren über den Ausgleich des Zugewinns, die am 1. September 2009 anhängig sind, ist für den Zugewinnausgleich § 1374 des Bürgerlichen Gesetzbuchs in der bis zu diesem Tag geltenden Fassung anzuwenden.

(3) § 1813 Abs. 1 Nr. 3 des Bürgerlichen Gesetzbuchs in der Fassung vom 1. September 2009 gilt auch für vor dem 1. September 2009 anhängige Vormundschaften (§ 1773 des Bürgerlichen Gesetzbuchs), Pflegschaften (§ 1915 Abs. 1 des Bürgerlichen Gesetzbuchs) und Betreuungen (§ 1908i Abs. 1 Satz 1 des Bürgerlichen Gesetzbuchs)."

Artikel 7
Änderung des Lebenspartnerschaftsgesetzes

Das Lebenspartnerschaftsgesetz vom 16. Februar 2001 (BGBl. I S. 266), zuletzt geändert durch … [Artikel 62 des Gesetzes vom … zur Reform des Verfahrens in Familiensachen und in den Angelegenheiten der freiwilligen Gerichtsbarkeit], wird wie folgt geändert:

1. § 17 wird wie folgt gefasst:

   „§ 17
   Behandlung der gemeinsamen Wohnung und der Haushaltsgegenstände anlässlich der Aufhebung der Lebenspartnerschaft

   Für die Behandlung der gemeinsamen Wohnung und der Haushaltsgegenstände anlässlich der Aufhebung der Lebenspartnerschaft gelten die §§ 1568a und 1568b des Bürgerlichen Gesetzbuchs entsprechend."

2. Die §§ 18 und 19 werden aufgehoben.

Artikel 8
Änderung des Wohnungseigentumsgesetzes

§ 60 des Wohnungseigentumsgesetzes in der im Bundesgesetzblatt Teil III, Gliederungsnummer 403-1, veröffentlichten bereinigten Fassung, das zuletzt durch … geändert worden ist, wird aufgehoben.

Artikel 9
Änderung der Bundesnotarordnung

§ 78a Abs. 1 der Bundesnotarordnung in der im Bundesgesetzblatt Teil III, Gliederungsnummer 303-1, veröffentlichten bereinigten Fassung, die zuletzt durch … geändert worden ist, wird wie folgt gefasst:

„(1) Die Bundesnotarkammer führt ein automatisiertes Register über Vorsorgevollmachten und Betreuungsverfügungen (Zentrales Vorsorgeregister). In dieses Register dürfen Angaben über Vollmachtgeber, Bevollmächtigte, die Vollmacht, deren Inhalt sowie über Vorschläge zur Auswahl eines Betreuers, Wünsche zur Wahrnehmung der Betreuung und den Vorschlagenden aufgenommen werden. Das Bundesministerium der Justiz führt die Rechtsaufsicht über die Registerbehörde."

Artikel 10
Änderung der Vorsorgeregister-Verordnung

§ 10 der Vorsorgeregister-Verordnung vom 21. Februar 2005 (BGBl. I S. 318), die zuletzt durch Artikel 7 des Gesetzes vom 22. Dezember 2006 (BGBl. I S. 3416) geändert worden ist, wird wie folgt gefasst:

„§ 10
Betreuungsverfügungen

Im Zentralen Vorsorgeregister können auch Betreuungsverfügungen unabhängig von der Eintragung einer Vollmacht registriert werden. Die §§ 1 bis 9 gelten entsprechend."

Artikel 11
Inkrafttreten

Dieses Gesetz tritt am 1. September 2009 in Kraft.

Begründung

A. Allgemeiner Teil

1. Die Ausgangslage im Zugewinnausgleichsrecht

Das Ehegüterrecht regelt die rechtlichen Auswirkungen einer Eheschließung auf das Vermögen der Ehegatten und die vermögensrechtlichen Beziehungen der Ehegatten zueinander.

Die Zugewinngemeinschaft als gesetzlicher Güterstand tritt mit der Eheschließung ein, wenn die Ehegatten nicht durch Ehevertrag etwas anderes vereinbart haben. Zugewinngemeinschaft bedeutet Gütertrennung während des Bestehens des Güterstandes mit einem Ausgleich des Zugewinns nach Beendigung des Güterstandes, § 1363 Abs. 2 des Bürgerlichen Gesetzbuchs (BGB). Der Güterstand führt damit nicht kraft Gesetzes zu gemeinschaftlichem Eigentum der Ehegatten. Vielmehr behält jeder Ehegatte sein vor und während der Ehe erworbenes Vermögen als sein Eigentum und haftet – abgesehen von den Geschäften zur angemessenen Deckung des Lebensbedarfs der Familie – auch nur für seine Schulden mit seinem Vermögen. Jeder Ehegatte kann sein Vermögen grundsätzlich selbst verwalten und frei darüber verfügen.

Diese Freiheit jedes Ehegatten muss mit seiner ehelichen Verantwortung in Einklang gebracht werden. Der Sinn des Zugewinnausgleichs besteht darin, dem ausgleichsberechtigten Ehegatten seinen Anteil an den in der Ehe erarbeiteten wirtschaftlichen Werten zukommen zu lassen; denn die auf Lebenszeit angelegte Ehe verbindet die Ehegatten in einer von Gleichberechtigung geprägten partnerschaftlichen Gemeinschaft, die gegenseitige Verpflichtungen auch in vermögensrechtlicher Hinsicht schafft. Diese Verpflichtungen werden nach der Rechtsprechung des Bundesverfassungsgerichts (BVerfG) durch Trennung und Scheidung nur verändert, aber nicht beendet und rechtfertigen grundsätzlich die Aufteilung des während der gesamten Ehezeit erworbenen Vermögens (BVerfGE 53, S. 257, 297 und BVerfGE 80, S. 170, 180).

Aus der gleichberechtigten Lebens- und Wirtschaftsgemeinschaft der Ehegatten leitet sich der Gedanke ab, dass beide Ehegatten während der Ehe ihre Fähigkeiten und Möglichkeiten gemeinsam einsetzen und damit das während der Ehe erwirtschaftete Vermögen grundsätzlich gemeinsam erarbeiten. Dieser Ansatz ist auch knapp 50 Jahre nach dem Inkrafttreten des geltenden Güterrechts am 1. Juli 1958 unverändert tragfähig. Er orientiert sich an der Ehe mit unterschiedlicher Aufgabenverteilung, in der der Ehegatte, der selbst nicht oder in eingeschränktem Maße beruflich tätig war, dem anderen jedoch die volle Teilhabe am Berufsleben ermöglichte, an dem Gewinn des anderen beteiligt wird (vgl. die Begründung zum Gesetzentwurf der Bundesregierung vom 23. Oktober 1952; Bundestagsdrucksache I/3802). Die arbeitsteilige Lebensführung der Eheleute oder zumindest die Absicht dazu ist unverändert eine gewichtige gesellschaftliche Realität. Gerade weil es heute jeder Partnerschaft nicht juristisch, sondern in aller Regel auch gesellschaftlich unbenommen ist, sich für oder gegen eine Ehe zu entscheiden bzw. durch Vertrag vom gesetzlichen Güterstand abzuweichen, spricht viel dafür, dass die rechtliche Absicherung einer arbeitsteiligen Lebensführung ein wichtiger Grund für eine Heirat ist. Dies gilt umso mehr, als die Zugewinngemeinschaft als gesetzlicher Regelfall des ehelichen Güterrechts jedenfalls mit dem Prinzip der hälftigen Teilung des erwirtschafteten Vermögens im allgemeinen Rechtsbewusstsein verankert ist. Dieser Rahmen ist keineswegs auf das Leitbild der „Hausfrauenehe" beschränkt: Vor dem Hintergrund, dass heute Frauen im Allgemeinen genauso gut ausgebildet in die Ehe gehen wie Männer, ist die Ausgestaltung der arbeitsteiligen Lebensführung nicht nur rechtlich, sondern zunehmend auch tatsächlich nicht mehr an die klassischen Geschlechterrollen geknüpft. Dem trägt auch das neue Recht der Familienförderung, etwa in Gestalt der „Vätermonate" beim Elterngeld, Rechnung.

Bewährt hat sich auch die hälftige Teilung des Zugewinns. Sie basiert auf der Vermutung, dass beide Ehegatten einen gleichen Beitrag zu dem in der Ehe erwirtschafteten Zugewinn beigetragen haben. Diese Vermutung entspricht dem Charakter der Ehe als einer von Gleichberechtigung geprägten Gemeinschaft (BVerfG a. a. O.). Sie trägt dabei auch dem Umstand Rechnung, dass die Vermögensmehrung in der Ehe neben der Aufgabenteilung bei Erwerb und Haushalt von zahlreichen weiteren Faktoren abhängen kann wie der Wirtschaftlichkeit von Anschaffungen, der Bereitschaft zum Konsumverzicht oder der Geschicklichkeit bei Geldanlagen. Aus diesem Grund ist die Halbteilung auch bei Doppelverdiener- und Zuverdienerehen grundsätzlich sachgerecht (Gernhuber/Coester-Waltjen, Familienrecht, 5. Auflage 2006, Rn. 7 zu § 34). Dem entspricht auch das Rechtsverständnis vieler Ehegatten, wie etwa die üblich gewordene Praxis zeigt, beim Erwerb eines „Familiengrundstücks" beide Ehegatten als Eigentümer einzutragen, auch wenn die direkten finanziellen Ressourcen überwiegend von einem Ehegatten aufgebracht werden (Gernhuber/Coester-Waltjen a. a. O.).

Es ist dementsprechend auch sachgerecht, dass der Gesetzgeber mit dem Grundsatz der hälftigen Teilung für den Ausgleich des Zugewinns einen typisierenden und praxistauglichen Ansatz gewählt hat, der auch bei anderen Gemeinschaften zu finden ist (vgl. im Rahmen der Bruchteilsgemeinschaft § 742 BGB).

Die Statistik legt nahe, dass mehr als jede dritte Ehe früher oder später durch die Gerichte geschieden wird (Statistisches Bundesamt, Wirtschaft und Statistik 2/2007). Das Recht des Zugewinnausgleichs gehört deshalb zu den Gebieten, die sich in besonderem Maße in der Rechtswirklichkeit bewähren müssen. Der Gesetzgeber hat die Regelungen zur Berechnung dieser wirtschaftlichen Teilhabe in Gestalt des Zugewinnausgleichs deshalb auch im Interesse der Rechtssicherheit stark schematisiert, um Abgrenzungs-, Darlegungs- und Beweisschwierigkeiten nach Möglichkeit zu vermeiden. Ein Güterstand muss einfach, klar und in der Praxis leicht zu handhaben sein. Der Gesetzgeber hat damit einer typisierten Ausgestaltung des gesetzlichen Güterstandes den Vorzug vor Regelungen gegeben, die den tatsächlichen Anteilen der Ehegatten bei der Erwirtschaftung des Endvermögens stärker Rechnung tragen könnten.

Dem Bedürfnis der Ehegatten nach eigener Gestaltung ihrer vermögensrechtlichen Verhältnisse als Korrektiv zum typisierenden Ansatz des gesetzlichen Güterstandes hat der Gesetzgeber Rechnung getragen, indem er auch im Güterrecht die Vertragsfreiheit gelten lässt (§ 1408 Abs. 1 BGB). Es erscheint auch unverändert sachgerecht, gerade die vielfältigen Fallkonstellationen in der Doppelverdienerehe durch einen Ehevertrag zu regeln, der den individuellen Bedürfnissen der betroffenen Ehegatten Rechnung trägt. Eine ehevertragliche Regelung ist besonders angezeigt, wenn sich Fragen der Bewertung eines Unternehmens stellen oder beide Ehegatten in unterschiedlichsten Konstellationen gemeinsam unternehmerisch tätig sind.

Als Ausgangspunkt wird also das gegenwärtige Grundkonzept des Zugewinnausgleichs aufrechterhalten, weil es bei der gebotenen typisierenden Betrachtungsweise die Vorstellungen der Mehrzahl der Betroffenen hinsichtlich der güterrechtlichen Verhältnisse widerspiegelt und sich auch in der Praxis bewährt hat. Bei der Reform soll im Interesse der Praxis die derzeitige Struktur einer möglichst einfachen Berechnung des Zugewinnausgleichs so weit wie möglich beibehalten werden.

2. Probleme und Lösungen im Zugewinnausgleichsrecht

Das Güterrecht von 1957 hat sich als Musterbeispiel für ein klares und straffes Regelungswerk in der Praxis bewährt. Es vermeidet einerseits unübersichtliche Vermögensmassen, indem es nicht die zwei Vermögen der Ehegatten mit einem Gemeinschaftsvermögen kombiniert. Andererseits überzeugt der Ansatz, dass das während der Ehe erworbene Vermögen beiden Ehegatten zusteht. In gut 50 Jahren sind aber auch Gerechtigkeitsdefizite zu Tage getreten. In der Praxis haben sich Missbrauchsmöglichkeiten zulasten des wirtschaftlich schwächeren Ehegatten gezeigt. Manche Bestimmung lässt sich vereinfachen oder den Bedürfnissen der Praxis anpassen. Eine Praxisbefragung des Bundesministeriums der Justiz, an der sich seit 2003 die Landesjustizverwaltungen, der Bundesgerichtshof, die Bundesnotarkammer und die Bundesrechtsanwaltskammer beteiligt haben, hat insbesondere folgende Kritikpunkte am geltenden Recht ergeben:

- fehlende Berücksichtigung eines negativen Anfangsvermögens in § 1374 BGB,
- unzureichender Schutz vor Vermögensmanipulationen bei Trennung und Scheidung wegen des Auseinanderfallens der Stichtage in § 1378 Abs. 2 und § 1384 BGB,
- fehlende Belegpflicht in § 1379 BGB,
- Konzept und Ausgestaltung der Hausratsverordnung außerhalb des BGB.

Der Gesetzentwurf nimmt diese Kritikpunkte auf, damit das Güterrecht auch weiterhin eine belastbare und von den Ehegatten akzeptierte Grundlage bleibt.

a) Berücksichtigung von Schulden bei der Eheschließung (negatives Anfangsvermögen)

Zu den Regelungen mit Gerechtigkeitsdefiziten zählt § 1374 BGB, dem zufolge das Anfangsvermögen niemals negativ sein kann. Bei Eheschließung vorhandene Schulden bleiben also bisher bei der Ermittlung des Zugewinns unberücksichtigt. Der Ehegatte, der sein Vermögen im Laufe der Ehe um den Betrag mehrt, der der Schuldentilgung des anderen Ehegatten entspricht, übernimmt deshalb über den Zugewinnausgleich praktisch die Hälfte der Verbindlichkeiten (Gernhuber/Coester-Waltjen a. a. O., Rn. 23 zu § 36). Noch ungerechter wird das Ergebnis, wenn der eine Ehegatte die Verbindlichkeiten des anderen tilgt und zusätzlich eigenes Vermögen erwirbt: Hier bleibt nicht nur der Beitrag zur Schuldentilgung unberücksichtigt, er muss auch das eigene Vermögen bei Beendigung des Güterstandes teilen, wenn nicht die Härteklausel des § 1381 BGB hilft.

Deshalb soll das negative Anfangsvermögen in Zukunft berücksichtigt werden. Die Beschränkung des Abzugs der Verbindlichkeiten auf die Höhe des Vermögens in § 1374 BGB soll gestrichen werden. Der Entwurf geht nicht so weit, auch die Erwirtschaftung von Verlusten während der Ehe als „negativen Zugewinn" in den Zugewinnausgleich einzubeziehen. Eine solche Berücksichtigung würde zu einer Begünstigung der Gläubiger des verschuldeten Ehegatten führen, dem dann aus dem Ausgleich Mittel zur Befriedigung seiner Gläubiger zur Verfügung stünden. Außerdem ist eine solche Berücksichtigung im Hinblick auf die nur schwach ausgeprägte gesetzliche Handhabe gegen das wirtschaftliche Verhalten des anderen Ehegatten nicht angemessen.

b) Schutz vor Vermögensmanipulationen bei Trennung und Scheidung – Auseinanderfallen der Stichtage in § 1378 Abs. 2 und § 1384 BGB

Die derzeitige gesetzliche Regelung ist hier insoweit unbefriedigend, als die geltende Fassung des § 1378 Abs. 2 BGB dem ausgleichsberechtigten Ehegatten keinen Schutz vor Manipulationen bietet (Palandt/Brudermüller, 67. Auflage 2008, Rn. 8 zu § 1378 BGB). Für die Berechnung des Zugewinns kommt es zwar auf den Zeitpunkt der Zustellung des Scheidungsantrags an (Rechtshängigkeit des Scheidungsantrages, § 1384 BGB). Die Höhe der Ausgleichsforderung wird aber durch den Wert des Vermögens begrenzt, das zu einem späteren Zeitpunkt, nämlich der Rechtskraft der Scheidung (Beendigung des Güterstandes, § 1378 Abs. 2 BGB) vorhanden ist. In der Zwischenzeit, also bis die Gerichte über den Zugewinnausgleich rechtskräftig entschieden haben, besteht erhebliche Missbrauchsgefahr, wie das folgende Beispiel zeigt:

M. hat zum Zeitpunkt der Rechtshängigkeit des Scheidungsantrags (Stichtag nach § 1384 BGB) einen Zugewinn von 20 000 Euro erzielt. In der Folgezeit gibt er 8 000 Euro für eine Urlaubsreise aus und behauptet zudem, die restlichen 12 000 Euro beim Glücksspiel verloren zu haben. Zum Zeitpunkt der Beendigung des Güterstandes durch das rechtskräftige Scheidungsurteil (Stichtag nach § 1378 Abs. 2 BGB) ist bei M. somit kein Vermögen nachweisbar. Hat F. keinen Zugewinn erzielt, beträgt der Anspruch von F. auf Zugewinnausgleich rechnerisch 10 000 Euro, wird aber wegen § 1378 Abs. 2 BGB auf 0 Euro reduziert. Vor diesem Ergebnis bietet auch § 1375 Abs. 2 BGB keinen Schutz, nach dem bei der Berechnung des Zugewinns illoyale Vermögensminderungen dem Endvermögen hinzuzurechnen sind. Das würde F. aber nicht helfen, weil M. kein Vermögen mehr hat.

Die Begrenzung der Ausgleichsforderung in § 1378 Abs. 2 BGB dient zwar dem Schutz der Gläubiger des ausgleichspflichtigen Ehegatten vor der Konkurrenz durch einen Zugewinngläubiger und ist auch im Hinblick auf die fiktive Zurechnung von Vermögen nach § 1375 Abs. 2 BGB formuliert (vgl. OLG Köln, FamRZ 1988, S. 174 f., BGH, FamRZ 1988, S. 925 f.). Der Schutz wird aber durch das geltende

Recht überdehnt, indem es dem von der illoyalen Vermögensminderung betroffenen Ehegatten bereits die Stellung eines Gläubigers vorenthält.

Deshalb soll § 1384 BGB dahingehend geändert werden, dass der Berechnungszeitpunkt „Rechtshängigkeit des Scheidungsantrages" nicht nur für die Berechnung des Zugewinns, sondern auch für die Höhe der Ausgleichsforderung gilt.

c) Schutz vor Vermögensmanipulationen bei Trennung und Scheidung – Verbesserung des vorläufigen Rechtsschutzes

Der Schutz eines Ehegatten vor Vermögensminderungen des anderen Ehegatten ist derzeit auch prozessual nur schwach ausgestaltet. Leben die Ehegatten noch nicht seit drei Jahren getrennt, besteht nur die Möglichkeit, auf vorzeitigen Ausgleich des Zugewinns nach § 1386 BGB zu klagen und Sicherheitsleistung nach § 1389 BGB zu verlangen. Die Voraussetzungen für die Klage auf vorzeitigen Ausgleich des Zugewinns sind sehr eng ausgestaltet und schützen den Ehegatten letztlich nicht. So muss nach § 1386 Abs. 2 BGB zunächst abgewartet werden, bis der andere Ehegatte tatsächlich vermögensmindernde Verfügungen vorgenommen hat. Sind aber Vermögensminderungen, wie in § 1375 Abs. 2 BGB beschrieben, vorgenommen worden, so ist dieses Vermögen bei dem Ehegatten nicht mehr vorhanden. Zwar können die Vermögensminderungen nach § 1375 Abs. 2 BGB dem Endvermögen hinzugerechnet werden. Da aber die Ausgleichsforderung auch bei einer durch eine Änderung des § 1378 Abs. 2 BGB erleichterten Hinzurechnung schwer realisierbar ist, wenn es an Vermögen fehlt, würde ohne eine Änderung des vorläufigen Rechtsschutzes der ausgleichsberechtigte Ehegatte auch in Zukunft in Bezug auf diese Vermögensminderungen leer ausgehen.

Der ausgleichsberechtigte Ehegatte soll sich deshalb künftig frühzeitig vor Vermögensminderungen schützen können. Dies soll durch folgende Maßnahmen erreicht werden:

– Die derzeit in den §§ 1385 und 1386 BGB geregelten Gestaltungsklagen auf vorzeitigen Zugewinnausgleich werden umgestaltet. Der ausgleichsberechtigte Ehegatte erhält mit einem neuen § 1385 BGB-E das Recht zur Erhebung einer Leistungsklage auf Zugewinnausgleich. Damit kann er seinen Anspruch im vorläufigen Rechtsschutz durch Arrest direkt sichern.

– Die engen Voraussetzungen des geltenden § 1386 BGB werden in dem neuen § 1385 BGB-E ergänzend maßvoll erweitert.

Zusätzlich können sich beide Ehegatten nunmehr nach § 1386 BGB-E durch eine Gestaltungsklage bei Vorliegen der Voraussetzungen des neuen § 1385 BGB-E aus der Zugewinngemeinschaft lösen.

d) Auskunftspflicht in § 1379 BGB

Es besteht weitgehend Einvernehmen, dass, wie im Unterhaltsrecht (§ 1605 Abs. 1 Satz 2 in Verbindung mit § 1580 BGB), eine Pflicht zur Vorlage von Belegen eingeführt werden soll (u. a. Empfehlung des 14. Deutschen Familiengerichtstags unter B. III. 1 b, Brühler Schriften zum Familienrecht, Band 12, 2001, S. 97, 102). Dies wird aufgegriffen.

Darüber hinaus soll eine Auskunftspflicht über das Anfangsvermögen eingeführt und die Auskunftspflicht auch auf die Fälle der Klage auf vorzeitige Aufhebung der Zugewinngemeinschaft oder vorzeitigen Ausgleich des Zugewinns erstreckt werden.

e) Hausratsverordnung

Die Hausratsverordnung (HausratsV) vom 21. Oktober 1944 ist in Form und Standort (1.) sowie der Grundkonzeption (2.), nicht aber in ihrem Kernanliegen (3.), überholt:

1. Obwohl der Bundesgesetzgeber die HausratsV durch mehrfache Änderungen (zuletzt durch Artikel 12 des Gewaltschutzgesetzes vom 11. Dezember 2001 – BGBl. I S. 3513) in seinen Willen aufgenommen und der ehemaligen Regierungsverordnung damit den Charakter eines Bundesgesetzes gegeben hat, ist der ursprüngliche Rechtscharakter und der systematische Standort außerhalb des BGB nur mit dem Entstehungszeitpunkt der HausratsV zu erklären. Das Reichsjustizministerium wollte auf diesem Wege auf die kriegsbedingte Verknappung von Wohnraum und Hausrat reagieren (vgl. die amtlichen Erläuterungen, abgedruckt in Deutsche Justiz 1944, S. 278).

2. Ebenfalls nur mit der Entstehungsgeschichte ist der Grundsatz in § 2 HausratsV zu erklären, demzufolge der zuständige Richter die Rechtverhältnisse nach billigem Ermessen gestaltet. Grundlage des bürgerlichen Rechts sind demgegenüber Anspruchsgrundlagen, aus denen sich Rechte ergeben, die im Streitfall auf dem Gerichtsweg durchzusetzen sind.

3. Unverändert aktuell ist der Umstand, dass insbesondere die § 752 ff. BGB für die Behandlung der Ehewohnung unzureichend sind (vgl. Schubert, Zur Reform der Gemeinschaftsteilung durch die Hausratsverordnung von 1944, JZ 1983, S. 939 ff.). Bereits in der Weimarer Republik stellten die Landgerichte in Berlin und Hamburg fest, dass durch die gemeinsame Anmietung einer Wohnung eine Rechts- und Besitzgemeinschaft begründet werde, als deren Grundlage die Ehe anzusehen sei. Diese Wohngemeinschaft solle deshalb nicht nach rein schuldrechtlichen Momenten beurteilt werden, weshalb eine Gesetzeslücke im BGB bestehe (Schubert a. a. O., S. 940 mit ausführlichen Nachweisen zur juristischen Debatte zwischen 1926 und 1930). Dieser Ansicht aus demokratischer Zeit hat sich der große Senat des Reichsgerichts in seiner Entscheidung vom 30. Oktober 1943 unter allgemeinem Rückgriff auf die §§ 242, 1353 ff. BGB angeschlossen (Deutsche Justiz 1943, S. 591). Speziell zum Hausrat hat das Kammergericht in seiner Stellungnahme zum Entwurf der HausratsV das Rechtsverständnis wie folgt zusammengefasst: Der Hausrat sei regelmäßig nicht für den Privatgebrauch des einen oder des anderen Ehegatten angeschafft worden, sondern zur Begründung des Hausstandes. Deshalb solle der Richter alle Hausratsgegenstände ohne Rücksicht auf die Eigentumsverhältnisse verteilen dürfen (Schubert a. a. O., S. 942).

Der Ansatz, demzufolge die enge Gemeinschaft, in der die Eheleute gelebt haben, eine Auseinandersetzung von Wohnung und Haushaltsgegenständen in einem eigenen Verfahren erfordert, das sich nicht an den von der Parteiherrschaft bestimmten Grundsätzen der Zivilprozessordnung orientiert sowie schnell, zweckmäßig und einfach sein soll, ist unverändert richtig (vgl. Palandt/Brudermüller a. a. O., Rn. 1 vor § 1 HausratsV – Anhang zu den §§ 1361a, 1361b; MüKo/Müller-Gindullis, 4. Auflage 2000, Band 7, Rn. 2 vor § 1 HausratsV).

Mit Blick auf die Funktion der Wohnung als Lebensmittelpunkt der Familie hat das Bundesverfassungsgericht die HausratsV als eine im Hinblick auf Artikel 6 Abs. 1 und 2 des Grundgesetzes verfassungsgemäße Sozialbindung des Eigentums eingestuft (BVerfG, Kammerbeschluss vom 9. Oktober 1991, FamRZ 1991, S. 1413).

Der Entwurf siedelt die Kernstrukturen der HausratsV im BGB an, wo sie rechtssystematisch auch hingehören (Palandt/Brudermüller a. a. O., Rn. 1 vor § 1 HausratsV – Anhang zu den §§ 1361a, 1361b; Schubert a. a. O., S. 944; Bosch, NJW 1987, S. 2617, 2628) und gestaltet sie in Anspruchsgrundlagen um.

3. Anpassung der vormundschaftsrechtlichen Genehmigungspflichten an den modernen Zahlungsverkehr

Vormündern und Betreuern wird bei der Verwaltung des Girokontos ihres Mündels oder Betreuten von manchen Kreditinstituten die Teilnahme am automatisierten Zahlungsverkehr verwehrt. Die Kreditwirtschaft verweist zur Begründung auf § 1813 Abs. 1 Nr. 2 BGB, wonach die Annahme einer geschuldeten Leistung (zum Beispiel Abhebung vom Girokonto) zu ihrer Wirksamkeit nur dann nicht der Genehmigung des Vormundschaftsgerichts oder – falls vorhanden – des Gegenvormundes beziehungsweise des Gegenbetreuers bedarf, wenn der Anspruch (Guthaben auf dem Konto) nicht mehr als 3 000 Euro beträgt. Die Kreditinstitute können im automatisierten Kontoverkehr nicht ausreichend kontrollieren, ob ein Kontoguthaben die Betragsgrenze einhält.

Mit dem Entwurf sollen die vormundschaftsrechtlichen Genehmigungspflichten daher an den modernen Zahlungsverkehr angepasst werden. Der Vormund soll über Vermögen auf einem Girokonto des Mündels genehmigungsfrei verfügen dürfen. Dadurch soll auch für Vormünder und Betreuer (§ 1908i Abs. 1 Satz 1 BGB) die zeitaufwändige Abwicklung der Kontogeschäfte am Schalter vermieden werden. Das Vermögen des Mündels/Betreuten wird durch die Änderung nicht ohne Schutz: Zunächst gilt die Genehmigungspflicht ohnehin nicht, wenn der Vormund befreit ist (§ 1852 ff. BGB). Die Befreiung gilt entsprechend für den Verein oder die Behörde als Vormund sowie den Behörden- und Vereinsbetreuer und für nahe Familienangehörige als Betreuer (§ 1852 Abs. 2, §§ 1857a, 1908i Abs. 2 Satz 2 BGB). Zudem ist der Vormund/Betreuer wie bisher verpflichtet, das nicht für die Bestreitung der laufenden Ausgaben benötigte Giralgeld gemäß § 1806 BGB verzinslich anzulegen. Die Einhaltung dieser Verpflichtung wird durch die jährliche Rechnungslegung (§ 1840 Abs. 2 und 3 BGB) durch das Vormundschaftsgericht kontrolliert.

4. Haltung der Landesjustizverwaltungen und der beteiligten Fachkreise und Verbände

Die Länder und Verbände wurden angehört. Sie haben dem Entwurf bei Kritik im Einzelnen, die in weiten Teilen aufgenommen wurde, in seinen Grundlinien zugestimmt.

5. Kosten, Preiswirkungen/Bürokratiekosten

Für die öffentlichen Haushalte sind keine Mehrkosten zu erwarten. Die Vereinfachung in § 1813 BGB kann zu einer geringfügigen Entlastung der Vormundschaftsgerichte führen.

Für die Wirtschaft, insbesondere für kleinere und mittlere Unternehmen, entstehen keine Kosten. Die Vereinfachung in § 1813 BGB kann zu geringfügigen Kostensenkungen bei der Kreditwirtschaft führen. Auswirkungen des Gesetzes auf Einzelpreise, auf das allgemeine Preisniveau, insbesondere auf das Verbraucherpreisniveau, sind nicht zu erwarten.

Die erweiterten Rechtsschutzmöglichkeiten gegen Vermögensverschiebungen eines Ehegatten könnten bei entsprechender Inanspruchnahme zu einer geringen Mehrbelastung der Gerichte führen.

Es werden keine Informationspflichten für die Wirtschaft und die Verwaltung eingeführt, geändert oder aufgehoben. Für Bürgerinnen und Bürger wird eine bestehende Informationspflicht erweitert. Im Rahmen von § 1379 BGB sind auf Anforderung nunmehr auch Belege vorzuweisen. Dadurch können geringfügige Bürokratiekosten entstehen.

6. Gesetzgebungszuständigkeit

Die Gesetzgebungszuständigkeit des Bundes folgt aus Artikel 74 Abs. 1 Nr. 1 des Grundgesetzes (bürgerliches Recht, gerichtliches Verfahren).

7. Auswirkungen von gleichstellungspolitischer Bedeutung

Der Vorschlag hat positive gleichstellungspolitische Auswirkungen, denn er verbessert den Schutz vor Manipulationen zulasten des wirtschaftlich schwächeren Ehegatten, bei dem es sich in der Mehrzahl der Fälle immer noch um die Ehefrau handelt: Trotz erheblicher Zunahme der Erwerbstätigkeit von Frauen sind jedenfalls in Ehen mit Kindern nach wie vor beträchtlich mehr Frauen als Männer zumindest in der Phase der Kindbetreuung nicht oder nur in Teilzeit erwerbstätig (Lüderitz/Dethloff, Familienrecht, 28. Auflage 2007, Rn. 57 zu § 5 und Rn. 4 zu § 4).

B. Besonderer Teil

Zu Artikel 1 (Änderungen des Bürgerlichen Gesetzbuchs)

Zu Nummer 1 (Änderung der Inhaltsübersicht)

Die Inhaltsübersicht wird um den neu eingefügten Untertitel 1a „Behandlung der Ehewohnung und der Haushaltsgegenstände anlässlich der Scheidung" im Buch 4 „Familienrecht" Abschnitt 1 „Bürgerliche Ehe" Titel 7 „Scheidung der Ehe" ergänzt. Nach der im Entwurf eines Gesetzes zur Änderung des Erb- und Verjährungsrechts (Bundestagsdrucksache 16/8954, Artikel 1 Nr. 33) beschlossenen Streichung der einzelnen Paragraphen und der dazugehörigen Angaben sind lediglich neue Gliederungsabschnitte in die amtliche Inhaltsübersicht einzufügen.

Zu Nummer 2 (Änderung von § 1318 BGB)

Redaktionelle Folgeänderung zur Aufhebung der Hausratsverordnung und Aufnahme ihrer wesentlichen Vorschriften in das BGB.

Zu Nummer 3 (Änderung von § 1361a BGB)

Die Überschrift wird dem im Inhalt verwendeten Begriff „Haushaltsgegenstände" angepasst, der in Zukunft auch im neuen Untertitel 1a Verwendung findet.

Zu Nummer 4 (Aufhebung von § 1370 BGB)

Die durch § 1370 BGB angeordnete dingliche Surrogation von Haushaltsgegenständen ist nicht angemessen. Die Lösung war von Anfang an rechtspolitisch fragwürdig, da bei der im Zugewinnausgleich bestehenden Gütertrennung nicht davon ausgegangen werden kann, dass bei einer Ersatzbeschaffung derjenige Ehegatte Alleineigentümer werden soll, der Eigentümer der ersetzten Sache war. Die dingliche Surrogation führt besonders dann zu unbilligen Ergebnissen, wenn die Eheleute gemeinsam wertvolle Haushaltsgegenstände erwerben, z. B. ein 12-teiliges Silber- statt eines einfacheren Stahlbestecks: Quantitäts- und Qualitätsverbesserungen bei der Ersatzbeschaffung bereichern ohne Grund den Eigentümer der ersetzten Gegenstände. Auch der häufig als Primärzweck der Vorschrift angegebene Sinn, Klarheit über die Eigentumsverhältnisse zu schaffen, kann nur in engen Grenzen erreicht werden, da jeweils das Eigentum an den ersetzten Gegenständen festgestellt werden muss. Die Vorschrift soll deshalb ersatzlos aufgehoben werden.

Zu Nummer 5 (Änderung von § 1374 BGB)

Zu Buchstabe a

Durch die vorgeschlagene Änderung wird die bisherige Nichtberücksichtigung von Verbindlichkeiten zu Beginn der Ehe für die Berechnung des Zugewinns aufgegeben, weil das geltende Recht den in einer Ehe erzielten wirtschaftlichen Zugewinn rechtlich nicht immer treffend abbildet.

Beispiel:

M. hat vor Eheschließung sein ganzes Vermögen in ein Ladengeschäft investiert und ist zusätzlich Verbindlichkeiten in Höhe von 100 000 Euro eingegangen. Während der Ehezeit tilgt M. seine Schulden und erzielt ein Endvermögen von 100 000 Euro. F. hat zu Beginn der Ehe keine Verbindlichkeiten und erzielt in der Ehezeit einen Zugewinn von 100 000 Euro.
Nach geltendem Recht (§§ 1373, 1374 Abs. 1, § 1375 Abs. 1 Satz 1 BGB) beträgt der Zugewinn von M. und F. jeweils 100 000 Euro (Anfangsvermögen 0 Euro, Endvermögen 100 000 Euro). F. hat deshalb gegenüber M. keinen Ausgleichsanspruch. Bei wirtschaftlicher Betrachtung dagegen hat M. einen Zugewinn von 200 000 Euro (Anfangsvermögen – 100 000 Euro, Endvermögen 100 000 Euro) erzielt, so dass der Ausgleichsanspruch von F. bei ersatzloser Streichung von § 1374 Abs. 1 Halbsatz 2 BGB 50 000 Euro betrüge.

Beispielsrechnung	Anfangsvermögen (AV)	Zuwachs	Endvermögen (EV)	Zugewinn	Ausgleich an F.
Wirtschaftlich	M: – 100 000 F: 0	M: 200 000 F: 100 000	M: 100 000 F: 100 000	M: 200 000 F: 100 000	50 000
Geltendes Recht	M: 0 F: 0	M: 200 000 F: 100 000	M: 100 000 F: 100 000	M: 100 000 F: 100 000	0
Berücksichtig. negatives AV	M: – 100 000 F: 0	M: 200 000 F: 100 000	M: 100 000 F: 100 000	M: 200 000 F: 100 000	50 000

In derartigen Fällen soll das negative Anfangsvermögen in Zukunft zu berücksichtigen sein.

Durch die Neuregelung kann aber auch ein Zugewinnausgleichsanspruch abgewehrt werden.

Beispiel:

M. hat bei Eheschließung 30 000 Euro Schulden und erzielt im Lauf der Ehezeit einen Vermögenszuwachs von 50 000 Euro. Das Endvermögen von M. beträgt also 20 000 Euro. Die bei Eheschließung schuldenfreie F. hat ein Endvermögen von 50 000 Euro. Nach geltendem Recht hat M. gegenüber F. einen Ausgleichsanspruch in Höhe von 15 000 Euro. Fänden die 30 000 Euro Schulden im Anfangsvermögen des M. Berücksichtigung, dann hätte er wie F. einen Zugewinn von 50 000 Euro. F. müsste M. nichts zahlen.

Zu Buchstabe b

Die Neuregelung ergänzt zum einen klarstellend die in Absatz 1 vorgesehene Streichung. Sie führt zum anderen dazu, dass die Berücksichtigung eines negativen Anfangsvermögens auch für den privilegierten Erwerb nach Absatz 2 gilt. Durch diese Privilegierung werden solche Vermögensbestandteile einer Ausgleichspflicht entzogen, die in keinem Zusammenhang mit der ehelichen Lebens- und Wirtschaftsgemeinschaft stehen. Dieses Vermögen wird in der Regel positiv sein, der betroffene Ehegatte darf es also vollständig behalten und muss es nicht bei Ende des Güterstandes ausgleichen. Die Neuregelung in Absatz 3 soll auch erreichen, dass der Erwerb negativen privilegierten Vermögens ebenfalls der Ausgleichspflicht entzogen bleibt.

Wenn die Verbindlichkeiten das übernommene privilegierte Vermögen übersteigen (z. B. bei einem aufgrund einer kostenintensiven Immobilie auf einem hypothekenbelasteten Grundstück überschuldeten Nachlass), findet nach geltendem Recht zwar nicht direkt ein privilegierter Erwerb statt. Er kommt aber bei wirtschaftlicher Betrachtungsweise zustande, weil die den Wert des Erworbenen übersteigenden Verbindlichkeiten nach § 1375 Abs. 1 vom Endvermögen abgezogen werden und damit den Zugewinn mindern. Die Annahme eines überschuldeten Nachlasses aus Pietätsgründen kann aus Sicht des Annehmenden durchaus nachvollziehbar sein. Sie rechtfertigt aber keine solche umfassende Privilegierung des Annehmenden, die zugleich den anderen Ehegatten unangemessen benachteiligt.

Beispiel:

M. hat ein Anfangsvermögen von 60 000 Euro und ein Endvermögen von 100 000 Euro. F. ist schuldenfrei und hat kein Vermögen. Sie hätte also einen Ausgleichsanspruch von 20 000 Euro (die Hälfte von 100 000 –60 000). M. nimmt aber nach der Eheschließung das Erbe seiner Mutter an und verschuldet sich dadurch mit 50 000 Euro. Nach geltendem Recht vermindert sich dadurch gemäß § 1375 Abs. 1 BGB das Endvermögen von 100 000 auf 50 000 Euro, während sich das Anfangsvermögen nach allgemeiner Ansicht nicht vermindert (vgl. Palandt/Brudermüller, a. a. O., Rn. 9 zu § 1374). Bei Berücksichtigung der Schulden als negatives Anfangsvermögen vermindert sich zwar auch das Endvermögen von M. auf 50 000 Euro. Gleichzeitig geht aber sein fiktives Anfangsvermögen von 60 000 Euro auf 10 000 Euro zurück, so dass F. unverändert einen Ausgleichsanspruch von 20 000 Euro hat (als Hälfte von 50 000 –10 000).

Beispielsrechnung	Anfangsvermögen (AV)	Zuwachs	Endvermögen (EV)	Zugewinn	Ausgleich
Ohne Erbe	M: 60 000 F: 0	M: 40 000 F: 0	M: 100 000 F: 0	M: 40 000 F: 0	20 000 an F.
Mit Erbe; Geltendes Recht	M: 60 000 F: 0	M: –10 000 (40 000 –50 000) F: 0	M: 50 000 F: 0	M: 0 F: 0	0
Mit Erbe; Berücksichtigtes neg. AV	M: 10 000 (60 000 –50 000) F: 0	M: 40 000 F: 0	M: 50 000 F: 0	M: 40 000 F: 0	20 000 an F.

Für den Erwerber führt die Berücksichtigung negativen privilegierten Vermögens nicht zu unangemessenen Nachteilen: § 1378 Abs. 2 BGB-E bewirkt, dass er nicht mehr als die Hälfte des Endvermögens als Zugewinnausgleich zahlen muss, auch dann, wenn der wirtschaftliche Zugewinn durch die Berücksichtigung negativen privilegierten Vermögens beim Anfangsvermögen wesentlich höher ist.

Beispiel:

M. hat ein Anfangsvermögen von 10 000 Euro, ein Endvermögen von 100 000 Euro und damit einen Zugewinn von 90 000 Euro. F. ist schuldenfrei und hat kein Vermögen. Ihr Ausgleichsanspruch beträgt nach geltendem Recht und nach dem Gesetzentwurf 45 000 Euro. Nimmt M. nach der Eheschließung das Erbe seiner Mutter an und verschuldet sich dadurch mit 50 000 Euro, so vermindert sich nach geltendem Recht sein Endvermögen auf 50 000 Euro und sein Zugewinn auf 40 000 Euro. Der Ausgleichsanspruch von F. beträgt dann nur 20 000 Euro. Nach dem Gesetzentwurf werden die ererbten Schulden als negatives Anfangsvermögen berücksichtigt, das damit –40 000 Euro beträgt, während das Endvermögen von M. wie nach geltendem Recht 50 000 Euro beträgt. Der wirtschaftliche Zugewinn von M. von 90 000 Euro führt aber nicht zu einem Ausgleichsanspruch von 45 000 Euro, sondern wegen § 1378 Abs. 2 BGB-E zu einem Ausgleichsanspruch in Höhe von 25 000 Euro. M. kann also die Hälfte seines Endvermögens behalten.

Beispielsrechnung	Anfangsvermögen (AV)	Zuwachs	Endvermögen (EV)	Zugewinn	Ausgleich
Ohne Erbe	M: 10 000 F: 0	M: 90 000 F: 0	M: 100 000 F: 0	M: 90 000 F: 0	45 000 an F.
Mit Erbe; Geltendes Recht	M: 10 000 F: 0	M: 40 000 (90 000 –50 000) F: 0	M: 50 000 F: 0	M: 40 000 F: 0	20 000 an F.
Mit Erbe; Berücksichtigtes neg. AV	M: –40 000 (10 000 –50 000) F: 0	M: 90 000 F: 0	M: 50 000 F: 0	M: 90 000 F: 0	25 000 an F. (wg. § 1378 Abs. 2 BGB-E)

Zu Nummer 6 (Änderung von § 1375 BGB)

Es handelt sich um eine Folgeänderung zur Einführung des negativen Anfangsvermögens. Auch beim Endvermögen werden die Verbindlichkeiten in voller Höhe abgezogen. Dadurch werden die Fälle erfasst, in denen ein bei Eheschließung verschuldeter Ehegatte wirtschaftlich einen Zugewinn erzielt, obwohl er nach wie vor Schulden hat. Die Berechnung des Zugewinns hat auch in diesen Fällen Bedeutung, weil dadurch gegebenenfalls ein Ausgleichsanspruch gegen den anderen Ehegatten entfallen kann.

Beispiel:

M. hat bei Eheschließung 100 000 Euro Schulden und vermindert sie in der Ehezeit auf 50 000 Euro. Sein wirtschaftlicher Zuwachs beträgt dann 50 000 Euro, sein wirtschaftliches Endvermögen bleibt aber im Minus (–50 000 Euro). F. hat in der gleichen Zeit einen Zugewinn von 100 000 Euro erzielt.

Beispielsrechnung	Anfangsvermögen (AV)	Zuwachs	Endvermögen (EV)	Zugewinn	Ausgleich an M.
Wirtschaftlich	M: −100 000 F: 0	M: 50 000 F: 100 000	M: −50 000 F: 100 000	M: 50 000 F: 100 000	25 000
Geltendes Recht	M: 0 F: 0	M: 50 000 F: 100 000	M: 0 F: 100 000	M: 0 F: 100 000	50 000
Ber. neg. AV und neg. EV	M: −100 000 F: 0	M: 50 000 F: 100 000	M: −50 000 F: 100 000	M: 50 000 F: 100 000	25 000

Durch die Änderung des § 1375 BGB kann im Beispielsfall und allen vergleichbaren Fällen der wirtschaftliche Zugewinn jedes Ehegatten berücksichtigt werden. Ohne die Änderung müsste F. dem M. einen Zugewinnausgleich von 50 000 Euro zahlen, weil der wirtschaftliche Zugewinn des M. nicht berücksichtigt werden kann. Wenn aber die Verminderung der Schulden des M. von 100 000 auf 50 000 Euro als wirtschaftlicher Zugewinn von 50 000 Euro dem Zugewinn von F. von 100 000 Euro gegenübergestellt werden kann, dann vermindert sich der Ausgleichsanspruch des M. von 50 000 auf 25 000 Euro.

Zu Nummer 7 (Änderung von § 1378 BGB)

Die derzeit in § 1378 Abs. 2 BGB enthaltene Kappungsgrenze bedarf aufgrund der Einführung des negativen Anfangsvermögens in § 1374 BGB einer Änderung (1.) und mit Blick auf den Schutz des ausgleichsberechtigten Ehegatten vor illoyalen Vermögensminderungen einer Ergänzung (2.).

1. Kappungsgrenze

§ 1378 Abs. 2 Satz 1 BGB-E stellt sicher, dass der ausgleichsverpflichtete Ehegatte nicht mehr als die Hälfte seines bei Beendigung des Güterstandes tatsächlich vorhandenen Endvermögens an den anderen Ehegatten abgeben muss. Die Einführung einer Kappungsgrenze beruht auf Gerechtigkeitserwägungen, die schon 1957 in der Stellungnahme des Ausschusses für Rechtswesen und Verfassungsrecht des Deutschen Bundestages zur Güterrechtsreform ihren Ausdruck gefunden haben. Der Ausschuss hielt es bereits damals nicht für angemessen, dass der eine Ehegatte dem anderen im Zugewinnausgleich sein ganzes Endvermögen übertragen müsse (Bericht des Abgeordneten Seidl „Auswirkungen der Gleichberechtigung auf den Güterstand" im Schriftlichen Bericht des Ausschusses für Rechtswesen und Verfassungsrecht, abgedruckt zu Bundestagsdrucksache II/3409, S. 9, 2. Wahlperiode 1953). Um dieses als ungerecht empfundene Ergebnis bei der Berechnung der Ausgleichsforderung zu vermeiden, entschied er sich gegen die Berücksichtigung des negativen Anfangsvermögens. Das führte allerdings zu den in der Begründung zu Nummer 5 (Änderung von § 1374 BGB) dargestellten Gerechtigkeitsdefiziten.

§ 1378 Abs. 2 Satz 1 BGB-E stellt mit der Kappungsgrenze sicher, dass auch nach Einführung eines negativen Anfangs- und Endvermögens der unverändert richtige Ansatz einer gerechten Belastung des ausgleichsverpflichteten Ehegatten beibehalten wird. Grundsätzlich sollen beide Ehegatten an dem, was sie während der Ehe erworben haben, gerecht je zur Hälfte beteiligt werden. Daran orientiert sich auch die Ausgleichspflicht. „Es entspricht dem Wesen der Ehe, dass ein Ehegatte den anderen nur an dem Erwerb beteiligt, den er erzielt hat, nachdem er seine Schulden beglichen hat (Entwurf der Bundesregierung für ein Gesetz über die Gleichberechtigung von Mann und Frau auf dem Gebiete des Bürgerlichen Rechts, Bundestagsdrucksache II/224, S. 44, 2. Wahlperiode 1953).

Beispiel:

M. hat vor Eheschließung sein ganzes Vermögen in ein Ladengeschäft investiert und ist zusätzlich 100 000 Euro Verbindlichkeiten eingegangen (siehe das Beispiel in der Begründung zu Nummer 5 Buchstabe a). Während der Ehezeit tilgt M. seine Schulden und erzielt ein Endvermögen von 100 000 Euro. F. hat kein Vermögen. M. müsste daher ohne eine Kappung der Ausgleichsforderung F. sein gesamtes Vermögen übertragen:

Beispielsrechnung	Anfangsvermögen (AV)	Zuwachs	Endvermögen (EV)	Zugewinn	Ausgleich an F.
Wirtschaftlich	M: −100 000 F: 0	M: 200 000 F: 0	M: 100 000 F: 0	M: 200 000 F: 0	100 000
Geltendes Recht	M: 0 F: 0	M: 200 000 F: 0	M: 100 000 F: 0	M: 100 000 F: 0	50 000
Berücksichtig. negatives AV	M: −100 000 F: 0	M: 200 000 F: 0	M: 100 000 F: 0	M: 200 000 F: 0	100 000
Kappung auf 50 Prozent des EV	M: −100 000 F: 0	M: 200 000 F: 0	M: 100 000 F: 0	M: 200 000 F: 0	50 000

F. könnte also im Beispielsfall – wie nach geltendem Recht – nur 50 000 Euro beanspruchen.

Aber auch wenn beide Ehegatten einen Zugewinn in bestimmter Höhe erzielt haben und darüber hinaus negatives Anfangs- und Endvermögen zu berücksichtigen ist, führt die Kappungsgrenze zu gerechten Ergebnissen:

Beispiel:

M. hat vor Eheschließung sein ganzes Vermögen in ein Ladengeschäft investiert und ist zusätzlich 300 000 Euro Verbindlichkeiten eingegangen. Während der Ehezeit baut M. seine Schulden ab und erzielt ein Endvermögen von – 100 000 Euro. F. hat zu Ehebeginn kein Vermögen und erzielt ein Endvermögen von 50 000 Euro. Obwohl der wirtschaftliche Vermögenszuwachs von M. mit 200 000 Euro wesentlich höher ist als der Vermögenszuwachs von F. mit 50 000 Euro müsste F. nach geltendem Recht an M. einen Zugewinnausgleich in Höhe von 25 000 Euro zahlen. M. hat weder ein zu berücksichtigendes negatives Anfangs- noch Endvermögen. Bei einer wirtschaftlichen Betrachtungsweise durch Berücksichtigung eines negativen Anfangs- und Endvermögens ohne Kappungsgrenze müsste dagegen M. an F. einen Zugewinnausgleich in Höhe von 75 000 Euro zahlen, obwohl er bei Beendigung der Ehe noch 100 000 Euro Schulden hat und sich also verschulden müsste, um den Ausgleichsanspruch zahlen zu können. Diese beiden Ergebnisse müssen als ungerecht empfunden werden. Durch die nach § 1378 Abs. 2 Satz 1 BGB-E vorgesehene Kappungsgrenze lässt sich dagegen ein gerechtes Ergebnis erreichen: Obwohl M. den höheren Zugewinn erzielt hat, muss er an F. keinen Ausgleich zahlen, weil er nicht über positives Endvermögen verfügt. Er muss sich also nicht verschulden. F. verfügt zwar über ein positives Endvermögen, muss aber an M. ebenfalls keinen Ausgleich leisten, weil dieser den höheren Zugewinn erzielt hat.

Beispielsrechnung	Anfangsvermögen (AV)	Zuwachs	Endvermögen (EV)	Zugewinn	Ausgleich
Wirtschaftlich	M: –300 000 F: 0	M: 200 000 F: 50 000	M: –100 000 F: 50 000	M: 200 000 F: 50 000	an F: 75 000
Geltendes Recht	M: 0 F: 0	M: 200 000 F: 50 000	M: 0 F: 50 000	M: 0 F: 50 000	an M: 25 000
Berücksichtig. negatives AV und EV ohne Kappung	M: –300 000 F: 0	M: 200 000 F: 50 000	M: –100 000 F: 50 000	M: 200 000 F: 50 000	an F: 75 000
Berücksichtig. negatives AV und EV mit Kappung	M: –300 000 F: 0	M: 200 000 F: 50 000	M: –100 000 F: 50 000	M: 200 000 F: 50 000	0

Die Berücksichtigung eines negativen Anfangs- und Endvermögens in Verbindung mit der Einführung einer Kappungsgrenze bei der Berechnung des Ausgleichsanspruchs ermöglicht es daher, unterschiedlichste Entwicklungen des Vermögens der Ehegatten zu berücksichtigen und beim Zugewinnausgleich gerechte Ergebnisse zu erzielen. Das entspricht auch der zunehmend verbreiteten Lebenswirklichkeit, wonach beide Ehegatten erwerbstätig sind und im Verlauf der Ehe bei beiden Ehegatten wirtschaftliche Gewinne oder Verluste zu verzeichnen sein können.

Die Einführung einer Kappungsgrenze ist auch für den Fall einer erfolgreichen Privatinsolvenz sachgerecht:

Beispiel:

M. hat bei Eheschließung 100 000 Euro Schulden und wird durch eine erfolgreiche Privatinsolvenz nach Eheschließung schuldenfrei. Anschließend erwirtschaftet er einen Zugewinn von 50 000 Euro. Seine Ehefrau hat keinen Zugewinn. Ohne die erfolgreiche Privatinsolvenz hätte M. zwar einen wirtschaftlichen Zuwachs von 50 000 Euro (100 000 Euro Schulden vermindert auf nur noch 50 000 Euro) und müsste wegen § 1378 Abs. 2 Satz 1 BGB-E an F. keinen Ausgleich zahlen. Mit Insolvenz hat er nach dem Entwurf 25 000 Euro als Zugewinnausgleich zu zahlen. Es liegt aber in der Natur der Sache, dass die erfolgreiche Privatinsolvenz den früheren Schuldner wieder in die Lage versetzt, Verbindlichkeiten zu erfüllen. Der Anspruch auf Zugewinnausgleich ist eine solche Verbindlichkeit. Außerdem gibt es keinen Grund, die Schuldenfreiheit aufgrund einer erfolgreichen Privatinsolvenz anders zu behandeln, als die Schuldenfreiheit aufgrund einer Schuldentilgung.

2. Illoyale Vermögensminderung

Die derzeitige gesetzliche Regelung ist insoweit unbefriedigend, als die Begrenzung der Ausgleichsforderung auf das tatsächlich vorhandene Vermögen (§ 1378 Abs. 2 BGB) dem ausgleichsberechtigten Ehegatten keinen Schutz vor Manipulationen bietet (s. o. Teil A Nr. 2 Buchstabe b). Der illoyal verwandte Betrag wird zwar dem Endvermögen zugerechnet, ist aber in der Regel beim ausgleichspflichtigen Ehegatten nicht mehr vorhanden. Dem Berechtigten bleibt in diesem Fall nur der Anspruch aus § 1390 BGB gegen den von der illoyalen Vermögensminderung begünstigten Dritten. § 1378 Abs. 2 Satz 2 BGB-E ergänzt deshalb die in § 1375 Abs. 2 BGB geregelte Hinzurechnung des Betrags der illoyalen Vermögensminderung zum Endvermögen um die Hinzurechnung der Hälfte dieses Betrags zur Ausgleichsforderung. Dies entspricht angesichts des Grundsatzes der hälftigen Teilung der Differenz von End- und Anfangsvermögen im Ergebnis der Erhöhung des Endvermögens um die Summe der illoyalen Vermögensminderung. Die Ergänzung stellt sicher, dass die Grundregel des hälftigen Ausgleichs (§ 1378 Abs. 1 BGB) nicht zu einem Schutz illoyaler Vermögensminderung führt. Damit wird die Rechtsposition des von einer illoyalen Vermögensminderung betroffenen Ehegatten deutlich gestärkt. Durch die Rechtsänderung wird der illoyale Ehegatte also im Ergebnis so behandelt, als habe er sein Endvermögen nicht vermindert. Dies kann zur Folge haben, dass der illoyale Ehegatte in diesen Fällen auch sein ganzes Vermögen abführen oder sich wegen der Hinzurechnung dieses eventuell nicht mehr vorhandenen Vermögensteils zur Ausgleichsforderung verschulden muss. Bei illoyalem Verhalten ist dies angemessen, weil der Schutz des § 1378 Abs. 1 BGB nur dem loyalen Ehegatten zugute kommen soll.

Zu Nummer 8 (Änderung von § 1379 BGB)

Zu Buchstabe a

Nach geltendem Recht besteht der Auskunftsanspruch nur für das Endvermögen und umfasst nicht die Vorlage von Belegen zu den erteilten Auskünften.

Mit der Änderung wird zum einen der Auskunftsanspruch erweitert. So wird zunächst als Folgeänderung zu § 1374 BGB ein Auskunftsanspruch auch für das Anfangsvermögen eingeführt. Dies dient den Interessen des Ehegatten, der beim anderen Ehegatten ein negatives Anfangsvermögen vermutet.

Beispiel:

M. hat bei Eheschließung 30 000 Euro Schulden und erzielt im Lauf der Ehezeit einen Vermögenszuwachs von 50 000 Euro. Das Endvermögen von M. beträgt also 20 000 Euro. Die bei Eheschließung schuldenfreie F. hat ein Endvermögen von 50 000 Euro. Unter Berücksichtigung der 30 000 Euro Schulden im Anfangsvermögen des M. haben beide Ehegatten einen Zugewinn von 50 000 Euro. Nach neuem Recht (Berücksichtigung des negativen Anfangsvermögens) muss F. dem M. nichts zahlen. Sie hat deshalb ein Interesse daran, von den Schulden des M. bei Eheschließung zu erfahren.

Der Auskunftsanspruch bezieht sich in der Neuformulierung deshalb nicht nur auf Informationen über positives Vermögen. Er umfasst alle für die Berechnung des Anfangs- oder Endvermögens maßgeblichen Informationen. Er schließt damit auch Auskünfte über Vermögensbestandteile ein, die nach § 1374 Abs. 2 BGB dem Anfangsvermögen oder nach § 1375 Abs. 2 BGB dem Endvermögen hinzuzurechnen sind.

Zum anderen wird die bereits im Unterhaltsrecht bestehende Pflicht zur Vorlage von Belegen (§ 1605 Abs. 1 Satz 2 in Verbindung mit § 1580 BGB) auf das Zugewinnausgleichsrecht erstreckt und damit eine Forderung aus der gerichtlichen Praxis aufgegriffen (u. a. Empfehlung des 14. Deutschen Familiengerichtstags unter B. III. 1 b, Brühler Schriften zum Familienrecht, S. 97, 102). Die Annäherung an unterhaltsrechtliche Regelungen entspricht einem familienrechtlichen Anspruch besser als die bisherige Orientierung an der erbrechtlichen Norm des § 2314 BGB. Mit der Einführung der Belegpflicht kann der berechtigte Ehegatte die Angaben des auskunftspflichtigen Ehegatten besser überprüfen. Dies kann die Rechtsverfolgung erleichtern, aber auch bei überzeugenden Belegen zur Vermeidung von Rechtsstreitigkeiten beitragen. Die Pflicht zur Vorlage von Belegen besteht nur in dem Umfang, in dem solche Belege noch vorhanden sind. Sind z. B. nach dreißigjähriger Ehe Kaufbelege nicht mehr vorhanden, wäre die Erfüllung der Belegpflicht für den verpflichteten Ehegatten unmöglich und deshalb nicht zu erfüllen.

Zu Buchstabe b

Derzeit besteht eine Auskunftspflicht erst bei Beendigung des Güterstandes oder wenn die Scheidung oder Aufhebung der Ehe beantragt ist.

Für den Fall des vorzeitigen Ausgleichs des Zugewinns nach geltender Rechtslage bedeutet dies, dass zunächst die Gestaltungsklage des § 1385 oder des § 1386 BGB erhoben werden muss und erst mit Rechtskraft dieses Urteils und der damit einhergehenden Beendigung des Güterstandes auf Auskunft geklagt werden kann.

Künftig wird das System des vorzeitigen Ausgleichs des Zugewinns umgestaltet:

Dem ausgleichsberechtigten Ehegatten wird künftig die Möglichkeit eingeräumt, seinen Anspruch direkt durch eine – mit der Gestaltungsklage auf Aufhebung der Zugewinngemeinschaft verbundene – Leistungsklage auf vorzeitigen Ausgleich des Zugewinns geltend zu machen, § 1385 BGB-E. Um eine solche zu erheben, muss der Berechtigte seinen Anspruch aber auch beziffern können. Das kann er nur, wenn er über die Höhe des Zugewinns des anderen Ehegatten informiert ist. Deshalb muss ihm die Möglichkeit eines Auskunftsanspruchs wie bei der Einklagung seines Zugewinnausgleichs im Rahmen des Scheidungsverfahrens eingeräumt werden.

Zusätzlich kann sich jeder Ehegatte unter den Voraussetzungen des § 1385 BGB-E mit einer reinen Gestaltungsklage aus der Zugewinngemeinschaft lösen, § 1386 BGB-E. Auch in diesem Fall muss der Ehegatte wissen, ob er ausgleichsberechtigt ist. Er kann nur dann eine sinnvolle Entscheidung darüber treffen, ob er eine Gestaltungsklage oder eine Leistungsklage erheben möchte, wenn er über den Zugewinn des anderen Ehegatten Bescheid weiß. Werden dem klagewilligen Ehegatten diese Informationen verweigert, so muss er die Möglichkeit haben, sie durch einen Auskunftsanspruch einfordern zu können.

Zu Nummer 9 (Änderung der §§ 1384 bis 1388 BGB)

Zu § 1384 BGB (Berechnungszeitpunkt des Zugewinns und Höhe der Ausgleichsforderung bei Scheidung)

Mit der Neuregelung soll erreicht werden, dass sich die Ausgleichsforderung des berechtigten Ehegatten nicht nach dem bei Rechtskraft des Scheidungsurteils, sondern nach dem bei Rechtshängigkeit des Scheidungsantrages vorhandenen Vermögensbestand richtet. Vermögensänderungen nach Zustellung des Scheidungsantrages können daher die Höhe des Anspruchs nicht mehr beeinflussen. Auch dadurch wird die Rechtsposition des von einer illoyalen Vermögensminderung betroffenen Ehegatten gestärkt.

Es handelt sich dabei um die Stichtagslösung, die das OLG Köln (FamRZ 1988, S. 174 f.) gegen die spätere andere Ansicht des BGH (FamRZ 1988, S. 925 f.) bereits nach geltendem Recht für möglich gehalten hat, um den lückenhaften Schutz des geltenden § 1378 Abs. 2 BGB zu ergänzen. Der BGH hat ausdrücklich offengelassen, ob § 1378 Abs. 2 BGB Ausnahmen für die Fälle zulässt, in denen ein Ehegatte über

Vermögensgegenstände verfügt hat, um den anderen zu benachteiligen und seine Ausgleichspflicht durch Manipulationen zu mindern (a. a. O., S. 926).

Zu § 1385 BGB (Vorzeitiger Zugewinnausgleich des ausgleichsberechtigten Ehegatten bei vorzeitiger Aufhebung der Zugewinngemeinschaft)

a) Allgemeines

Der Schutz des ausgleichsberechtigten Ehegatten vor Vermögensminderungen des anderen Ehegatten ist vor Rechtshängigkeit des Scheidungsantrages derzeit nur sehr gering ausgestaltet.

Zunächst muss der Ehegatte, dem eine Ausgleichsforderung zusteht, nach den §§ 1385, 1386 BGB eine Klage auf vorzeitigen Ausgleich des Zugewinns erheben. Dieses Verfahren ist aber aufwändig und umständlich, vor allem dann, wenn es dem ausgleichsberechtigten Ehegatten in erster Linie um seinen Zahlungsanspruch geht. Denn die Klage auf vorzeitigen Ausgleich des Zugewinns ist eine Gestaltungsklage. Mit Rechtskraft des Urteils tritt Gütertrennung ein, § 1388 BGB. Erst danach ist die Erhebung einer Auskunfts- und dann einer Leistungsklage möglich, um die Zugewinnausgleichsforderung geltend zu machen.

Außerdem sind die in § 1386 Abs. 2 BGB genannten Voraussetzungen für die Gestaltungsklage sehr eng ausgelegt und schützen den berechtigten Ehegatten letztlich nicht. So muss beispielsweise nach dieser Vorschrift zunächst abgewartet werden, bis der andere Ehegatte bereits vermögensmindernde Handlungen nach § 1375 BGB vorgenommen hat.

Zwar kann der berechtigte Ehegatte auch eine Sicherheitsleistung nach § 1389 BGB verlangen, wenn er die Gestaltungsklage erhoben hat und eine Gefährdung des Ausgleichsanspruchs durch den anderen Ehegatten zu besorgen ist. Einen Auskunftsanspruch nach § 1379 BGB hat der Ehegatte zu diesem Zeitpunkt aber noch nicht. Er weiß deshalb in der Regel nicht, in welcher Höhe er seinen Anspruch überhaupt sichern sollte.

Zudem ist umstritten, ob der zukünftige Zugewinnausgleichsanspruch direkt durch Arrest gesichert werden kann. Die herrschende Meinung bejaht dies (siehe dazu ausführlich Haußleiter/Schulz, Vermögensauseinandersetzung bei Trennung und Scheidung, 4. Auflage 2004, S. 148 ff; OLG Karlsruhe 5. FamS, FamRZ 2007, S. 408 f.; OLG München, FamRZ 2007, S. 1101). Eine Mindermeinung dagegen sieht in dem Sicherungsmittel des § 1389 BGB eine Lex specialis, die die Anwendung des Arrestes ausschließt (OLG Karlsruhe 18. FamS, FamRZ 2007, S. 410).

Der ausgleichsberechtigte Ehegatte soll deshalb künftig frühzeitig und effektiver vor Vermögensminderungen geschützt werden, die im Ergebnis seine Ausgleichsforderung beeinträchtigen können. Dies soll durch folgende Maßnahmen erreicht werden:

– Die derzeit in den §§ 1385 und 1386 BGB geregelten Ansprüche auf vorzeitigen Zugewinnausgleich werden umgestaltet. Der ausgleichsberechtigte Ehegatte erhält mit dem neuen § 1385 BGB-E einen Anspruch auf Zahlung des Zugewinnausgleichs. Dieser kann allerdings nur zusammen mit dem Anspruch auf Aufhebung der Zugewinngemeinschaft geltend gemacht werden. Der Anspruchsinhaber kann damit gleichzeitig Leistung und Rechtsgestaltung verlangen. Zudem wird erreicht, dass der Ehegatte seinen Zahlungsanspruch im vorläufigen Rechtsschutz durch Arrest direkt sichern kann.

– Im neuen § 1385 BGB-E werden die engen Voraussetzungen des geltenden § 1386 Abs. 2 BGB maßvoll erweitert (s. Buchstabe b Nr. 2) und § 1386 Abs. 3 BGB an die Änderung des § 1379 BGB-E angepasst (s. Buchstabe b Nr. 3).

b) Im Einzelnen

1. Zusammenfassung der §§ 1385, 1386 BGB

Der ausgleichsberechtigte Ehegatte soll künftig seinen Zugewinn vorzeitig beanspruchen können. Mit der Zusammenfassung der in den §§ 1385, 1386 BGB geregelten Ansprüche wird die sofortige Erhebung einer Leistungsklage möglich und gleichzeitig auch die Aufhebung der Zugewinngemeinschaft eingeleitet. Damit werden die Bedürfnisse der Praxis berücksichtigt, eine Ausgleichsforderung zügig und damit auch direkt absicherbar geltend zu machen. Dieser – wenn auch künftige – Zugewinnausgleichsanspruch kann im Wege des vorläufigen Rechtsschutzes durch Arrest nach § 916 ZPO gesichert werden.

2. Erweiterung des Anwendungsbereichs

Die derzeit geltenden Voraussetzungen des § 1386 Abs. 2 BGB werden maßvoll erweitert:

Die vermögensmindernde Verfügung des ausgleichspflichtigen Ehegatten muss künftig nicht mehr abgewartet werden. In Zukunft reicht es aus, wenn die Vornahme einer der in § 1365 oder § 1375 Abs. 2 BGB bezeichneten Handlungen zu befürchten ist.

Die Frage, wann eine solche Handlung zu befürchten ist, hat das Gericht im konkreten Einzelfall zu entscheiden. Es müssen Anhaltspunkte vorliegen, aus denen sich ergibt, dass der Vermögensverlust durch eine entsprechende Handlung bevorsteht. Bereits im Gesetz, etwa durch Regelbeispiele, konkrete Vorgaben zu machen, ist aufgrund der unterschiedlichen Fallgestaltungen nicht sinnvoll.

Insbesondere in den folgenden Fällen wäre der ausgleichsberechtigte Ehegatte im Gegensatz zur bestehenden Rechtslage künftig besser geschützt, wenn sein Anspruch durch eine Leistungsklage geltend gemacht wird:

– Der Ehemann hat sein Vermögen in Aktien und Festgeldkonten angelegt. Mit der Trennung beginnt er, die Aktien zu veräußern und die Festgeldkonten aufzulösen. Das Geld transferiert er auf sein Girokonto. Einen wirtschaftlichen Grund dafür gibt es nicht. Die Ehefrau befürchtet deshalb, der Ehemann habe diese Vermögenswerte nur jederzeit verfügbar gemacht, um sie leichter verschwinden zu lassen und dadurch sein Vermögen zum Nachteil seiner Ehefrau zu vermindern.

– Die Ehefrau ist Alleineigentümerin einer vermieteten Eigentumswohnung. Diese Eigentumswohnung stellt als Kapitalanlage einen erheblichen Teil ihres Vermögens dar. Unmittelbar nach der Trennung inseriert die Ehefrau die Wohnung zum Verkauf, obwohl dies wirtschaftlich nicht sinnvoll ist. Der Ehemann befürchtet nun, dass der

Verkauf nur dazu dienen soll, den Erlös beiseite zu schaffen, um ihm keinen Zugewinn ausgleichen zu müssen.

- Die Ehegatten haben während ihrer Ehe in einfachen Vermögensverhältnissen gelebt. Unmittelbar nach der Trennung bucht der Ehemann für sich und seine Freundin eine Luxuskreuzfahrt. Die ausgleichsberechtigte Ehefrau befürchtet nun, dass mit der Bezahlung dieser Kreuzfahrt das ersparte kleine Vermögen des Ehemannes aufgebraucht wird.

Durch eine entsprechende Handlung muss die Gefährdung der Erfüllung der Ausgleichsforderung zu besorgen sein. Das ist der Fall, wenn der ausgleichspflichtige Ehegatte aufgrund der Vermögensminderungen seine Schulden einschließlich der Ausgleichsforderung nicht mehr begleichen kann. Hier besteht künftig Anspruch auf vorzeitigen Ausgleich des Zugewinns.

3. Auskunftsanspruch

Die bislang in § 1386 Abs. 3 BGB geregelten und nunmehr in § 1385 Nr. 4 BGB-E übernommenen Voraussetzungen werden an die Änderung des § 1379 Abs. 2 BGB-E angepasst. Bislang konnte der Ehegatte vor Erhebung der Gestaltungsklage auf vorzeitigen Zugewinnausgleich keine Auskunftsklage erheben. Damit der ausgleichsberechtigte Ehegatte aber seine Leistungsklage auch beziffern kann, wird ihm künftig ein Auskunftsrecht zugebilligt.

Weigert sich der Ehegatte ohne ausreichenden Grund beharrlich, den anderen Ehegatten über den Bestand seines Vermögens zu unterrichten und erteilt er nur Auskunft, weil er der bevorstehenden Verurteilung nach Erhebung der Auskunftsklage entgehen möchte oder dazu durch ein entsprechendes Urteil verpflichtet worden ist, so soll dem anderen Ehegatten auch hier die Leistungsklage möglich sein. Das wird in § 1385 Nr. 4 BGB-E ausdrücklich klargestellt. Ohne diese Regelung hätte der zur Auskunft verpflichtete Ehegatte die Möglichkeit, die Voraussetzungen einer bereits erhobenen Klage auf vorzeitigen Zugewinnausgleich nachträglich entfallen zu lassen. Wenn er nach beharrlicher Weigerung doch noch Auskunft erteilt, wäre die Voraussetzung „beharrliche Weigerung" für die Zahlungsklage entfallen.

Zu § 1386 BGB (Vorzeitige Aufhebung der Zugewinngemeinschaft)

Hauptzielrichtung der Änderungen in den §§ 1385, 1386 BGB-E ist eine Verbesserung des Schutzes des ausgleichsberechtigten Ehegatten. Deshalb wird in § 1385 BGB-E auch der Zahlungsanspruch als Hauptanwendungsfall geregelt.

Die bislang geltenden Möglichkeiten beider Ehegatten, sich vorzeitig aus der Zugewinngemeinschaft zu lösen, sollen aber durch die Änderungen nicht eingeschränkt werden. Daher sieht § 1386 BGB-E für beide Ehegatten einen Anspruch auf vorzeitige Auflösung der Zugewinngemeinschaft vor. Die in § 1385 BGB-E genannten Voraussetzungen sollen entsprechend gelten.

Die neue Formulierung in § 1386 BGB-E, „vorzeitige Aufhebung der Zugewinngemeinschaft" anstelle von „vorzeitiger Ausgleich des Zugewinns" bringt besser zum Ausdruck, dass es bei dem Anspruch aus § 1386 BGB-E um die Auflösung der Zugewinngemeinschaft und nicht um den Anspruch auf Zahlung der Ausgleichsforderung geht.

Die Möglichkeit, die vorzeitige Auflösung der Zugewinngemeinschaft für beide Ehegatten vorzusehen, ist interessengerecht. Auch wenn in vielen praktischen Fällen sicherlich die Geltendmachung des Ausgleichsanspruchs durch Leistungsklage für den ausgleichsberechtigten Ehegatten sinnvoller sein wird, kann sich für ihn eine reine Gestaltungsklage dann anbieten, wenn die Leistungsklage im Einzelfall aufwändiger und umständlicher ist als die Gestaltungsklage. So sind durchaus Fälle denkbar, in denen ein Ehegatte, der nicht weiß, ob er überhaupt ausgleichsberechtigt ist, sich nur schnell und unkompliziert aus der Zugewinngemeinschaft lösen möchte.

Der ausgleichsberechtigte Ehegatte hat damit künftig zwei Möglichkeiten: Er kann

- seinen Anspruch auf Ausgleich des Zugewinns zusammen mit der Aufhebung der Zugewinngemeinschaft direkt einklagen oder

- sich allein durch eine Gestaltungsklage aus der Zugewinngemeinschaft lösen.

Aus Gründen der „Waffengleichheit" beider Ehegatten ist es interessengerecht, auch dem ausgleichsverpflichteten Ehegatten nunmehr ausdrücklich die Erhebung der Gestaltungsklage in allen Fällen des § 1385 BGB-E zu ermöglichen. Er kann sich nur durch die Gestaltungsklage aus der Zugewinngemeinschaft lösen, da er keinen Leistungsanspruch geltend machen und damit keine Leistungsklage erheben kann. Nach geltendem Recht kann er grundsätzlich in den in den §§ 1385, 1386 BGB vorgesehenen Fällen Klage erheben. Nach herrschender Meinung stehen die in § 1386 Abs. 2 BGB aufgeführten Gründe aber nur dem ausgleichsberechtigten Ehegatte zur Verfügung, da nur für ihn eine Gefährdung der Ausgleichsforderung in Betracht kommt (Staudinger/Thiele, Neubearbeitung 2007, Rn. 14 zu § 1386 BGB). Dies soll nun durch den Entwurf im Wege einer Erweiterung geändert werden. Zu unlauteren Vermögensverschiebungen kann es auch durch den ausgleichsberechtigten Ehegatten kommen, die beispielsweise im Fall des § 1375 Abs. 2 BGB umso schwerer nachzuweisen sind, je mehr Zeit vergeht. Hier soll der ausgleichsverpflichtete Ehegatte nicht „sehenden Auges" bis zur Möglichkeit der Erhebung der Scheidungsklage mit einer Gestaltungsklage warten müssen.

Zu § 1387 BGB (Berechnungszeitpunkt des Zugewinns und Höhe der Ausgleichsforderung bei vorzeitigem Ausgleich oder vorzeitiger Aufhebung)

Es handelt sich um notwendige Folgeänderungen aufgrund der vorgeschlagenen Änderung des § 1384 BGB mit der Vorverlegung des Stichtages für die Höhe der Ausgleichsforderung und der Umgestaltung des § 1385 BGB-E in eine Leistungsklage.

Zu § 1388 BGB (Eintritt der Gütertrennung)

Es handelt sich um eine zur Klarstellung notwendige Folgeänderung aufgrund der Ausgestaltung des § 1385 BGB-E als Leistungs- und Gestaltungsanspruch und des § 1386 BGB-E als Gestaltungsanspruch. In beiden Fällen tritt mit dem rechtskräftigen Urteil Gütertrennung ein.

Zu Nummer 10 (Aufhebung von § 1389 BGB)

§ 1389 BGB wird aufgehoben und damit wird klargestellt, dass eine direkte Sicherung des künftigen Zugewinnausgleichsanspruchs im Rahmen des vorläufigen Rechtsschutzes durch Arrest nach § 916 ZPO möglich ist. Hintergrund sind folgende Überlegungen:

– Das Verfahren der Sicherheitsleistung ist in der geltenden Form umständlich ausgestaltet und wird in der Praxis kaum genutzt. Hinzu kommt, dass gerade bei den Fragen des vorläufigen Rechtsschutzes erhebliche Rechtsunsicherheit besteht. Zum einen ist nicht klar, wie die Sicherheitsleistung gesichert werden kann. Es wird sowohl eine Sicherung durch einstweilige Verfügung als auch durch Arrest für möglich gehalten. Zum anderen ist auch umstritten, ob die zukünftige Zugewinnausgleichsforderung direkt durch Arrest nach § 916 ZPO sicherbar ist (zum Streitstand vgl. die Begründung zu Nummer 9 zu § 1385 BGB Buchstabe a).

– Um die Interessen des ausgleichsberechtigten Ehegatten wirksam zu schützen, wird § 1386 BGB in eine Leistungsklage umgestaltet. Eine direkte Sicherung dieses Anspruchs ist für den berechtigten Ehegatten das sinnvolle Instrumentarium.

Zu Nummer 11 (Änderung von § 1390 BGB)

Zu Buchstabe a

Nach geltendem Recht steht dem durch eine illoyale Vermögensminderung benachteiligten Ehegatten ein Herausgabeanspruch gegen den begünstigten Dritten zu, wenn die Ausgleichsforderung gegen den „illoyalen" Ehegatten wegen § 1378 Abs. 2 BGB nicht zu realisieren ist. Nach § 1378 Abs. 2 Satz 2 BGB-E steht dem Ehegatten zwar in Zukunft eine Ausgleichsforderung gegenüber dem anderen „illoyalen" Ehegatten zu, die dessen Endvermögen übersteigen kann. Die Realisierung dieser Forderung hängt aber von der ungewissen zukünftigen Vermögensentwicklung beim ausgleichsverpflichteten Ehegatten ab. Deshalb soll der anspruchsberechtigte Ehegatte auch weiterhin Ansprüche gegen den begünstigten Dritten haben. § 1390 BGB-E soll immer dann greifen, wenn die Forderung das gesamte Endvermögen des „illoyalen" Ehegatten übersteigt.

Da es auch bei der illoyalen Vermögensminderung um die Einbeziehung des Wertes in den Zugewinnausgleich geht (vgl. § 1375 Abs. 2 BGB: „wird der Betrag hinzugerechnet"), wird § 1390 BGB von einer Herausgabe- auf eine Geldforderung umgestellt. Der „illoyale" Ehegatte und der begünstigte Dritte haften als Gesamtschuldner. Obwohl der Anspruch auf Zahlung von Zugewinnausgleich und der Anspruch auf Herausgabe des Werts gegen den Dritten unterschiedliche Gegenstände betreffen, ist dennoch eine Gesamtschuldnerschaft möglich, weil es sich bei beiden Ansprüchen um besonders eng verwandte Ansprüche handelt – beide Schuldner haben gemeinsam die Schädigung des Gläubigers zu verantworten (vgl. BGH, Beschluss des Großen Zivilsenats vom 1. Februar 1965, NJW 1965, 1175). Zur Vermeidung unbilliger Härten kann der Dritte allerdings in entsprechender Anpassung des geltenden Rechts die Zahlung durch die Herausgabe des Erlangten abwenden.

Zu Buchstabe b

Der bisherige Absatz 4 entfällt. Diese besondere Sicherung des ausgleichsberechtigten Ehegatten ist nach der Umwandlung seines Anspruchs in einen Zahlungsanspruch gegen den Dritten nicht mehr notwendig. Die Sicherung dieses Zahlungsanspruchs nach den allgemeinen Vorschriften des einstweiligen Rechtsschutzes reicht zum Schutz des ausgleichsberechtigten Ehegatten aus.

Zu Nummer 12 (Einfügung des neuen Untertitels 1a)

Angesichts der engen Gemeinschaft, in der die Ehegatten gelebt haben, soll die Auseinandersetzung von Wohnung und Hausrat weiterhin in einem eigenen Verfahren erfolgen, das sich nicht an den von der Parteiherrschaft bestimmten Grundsätzen der Zivilprozessordnung orientiert sowie schnell, zweckmäßig und einfach ist (siehe die Begründung unter Abschnitt A Nr. 2 Buchstabe e). Da es sich um eine Regelung von Scheidungsfolgen handelt, erfolgt die Regelung als neuer Untertitel im Titel 7 des Buches 4 des BGB.

Die Wertungsmaßstäbe, nach denen gemäß den §§ 1361a und 1361b BGB die vorläufige und gemäß den §§ 1568a und 1568b BGB-E die endgültige Zuweisung der Ehewohnung und die Verteilung der Haushaltsgegenstände vorgenommen werden sollen, sind aufeinander abgestimmt. Soweit sie nicht deckungsgleich sind, berücksichtigen sie Abstufungen, die sich aus der Aufhebung der ehelichen Lebensgemeinschaft und der Auflösung der Ehe ergeben.

Zu § 1568a BGB-E (Ehewohnung)

Die Vorschrift soll Ehegatten, die sich während der Trennungszeit vor der Scheidung nicht über die Ehewohnung haben einigen können, Maßstäbe für die Lösung eines Konfliktes geben. Die Vorschrift über die Ehewohnung wird vor der Regelung über die Haushaltsgegenstände in das BGB eingefügt, weil sie den bedeutsameren Vermögensgegenstand betrifft.

Zu Absatz 1

Die Ableitung der Sonderregelungen für die Behandlung von Ehewohnung und Hausrat aus der früheren ehelichen Lebensgemeinschaft (vgl. § 1353 Abs. 1 BGB) wird für die Ehewohnung durch die Schaffung einer Anspruchsgrundlage für die Wohnungsüberlassung umgesetzt.

Die Neufassung macht deutlich, dass das Gericht bei der Gestaltung der Rechtsverhältnisse (vgl. § 209 FamFG-E) anhand von Anspruchsgrundlagen entscheidet. Die Anspruchsvoraussetzungen entsprechen den Grundsätzen, die sich bei der Anwendung des § 2 HausratsV durch den Richter herausgebildet haben (vgl. MüKo/Müller-Gindullis a. a. O., Rn. 3 ff. zu § 2 HausratsV m. w. N.). Die Anknüpfung u. a. an die Lebensverhältnisse stellt sicher, dass bei der gerichtlichen Entscheidung wie bisher auch alle Umstände des Einzelfalls Berücksichtigung finden können. Zur Sicherung einer zweckmäßigen und gerechten Zuweisung soll grundsätzlich derjenige Ehegatte die Ehewohnung behalten, der unter Berücksichtigung dieser Umstände stärker auf sie angewiesen ist. Ergänzend wird auf andere Billigkeitsgründe abgestellt. Das kann insbesondere in den Fällen Bedeutung erlangen, in denen keine Kinder vorhanden sind und sich nicht feststellen lässt, ob ein Ehegatte stärker als der andere auf die Ehewohnung angewiesen ist. In diesen Fällen kommt es darauf an, ob ein Ehegatte aufgrund anderer Umstände ein besonderes und schützenswertes Interesse an der Wohnung hat, weil er beispielsweise in ihr aufgewachsen ist.

Im Interesse der Rechtsklarheit ist aufgrund der ersatzlosen Streichung von § 2 HausratsV als Rechtsfolge ausschließlich die Begründung oder Fortführung eines Mietverhältnisses vorgesehen, so wie es bereits jetzt in der Anwendung des 2. Abschnitts der HausratsV der Regelfall ist.

Zu Absatz 2

Die Vorschrift entspricht inhaltlich im Wesentlichen § 3 HausratsV. Außerdem soll die derzeit in § 60 des Wohnungseigentumsgesetzes erfolgte Klarstellung über die Anwendbarkeit der Hausratsverordnung (insbesondere § 3) auf Wohnungseigentum und Dauerwohnrecht nunmehr systemgerecht im BGB geklärt werden (vgl. auch § 1361b Abs. 1 Satz 3 BGB). Zwischen den Ehegatten wird dann im Regelfall nach Absatz 5 ein Mietvertrag zu schließen sein.

Zu Absatz 3

Die Vorschrift entspricht § 5 Abs. 1 Satz 1 HausratsV. Sie ersetzt die Rechtsgestaltung durch den Richter durch eine an den §§ 563, 563a BGB orientierte gesetzliche Nachfolge. Die Vorschrift findet – wie nach der bisherigen Rechtsprechung zu § 5 Abs. 1 Satz 1 HausratsV (BVerfG, NJW 1992, S. 106; OLG München, FamRZ 1991, S. 1452, 1453) – auch dann Anwendung, wenn es sich bei der Ehewohnung um genossenschaftsrechtlich gebundenen Wohnraum handelt.

Der Entwurf sieht davon ab, im Rahmen der Absätze 3 bis 5 ein bloßes entgeltliches Nutzungsverhältnis der Ehegatten untereinander zuzulassen. Das Mietrecht kennt ein solches entgeltliches Nutzungsverhältnis neben der Miete nicht. Eine solche Regelung wäre systemwidrig.

Der Entwurf übernimmt die in § 5 Abs. 1 Satz 2 HausratsV enthaltene Regelung nicht. Für diese richterliche Anordnung ist in einem auf Anspruchsgrundlagen umgestellten System kein Platz. Außerdem besteht aus mietrechtlicher Sicht für eine Nachhaftung kein Bedürfnis, da der Vermieter bei Zahlungsrückständen das Mietverhältnis kündigen kann.

Der Zeitpunkt des Wechsels im Mietverhältnis knüpft an die Möglichkeiten an, die Überlassung der Ehewohnung zu regeln:

– Durch Zugang der Mitteilung über die Wohnungsüberlassung. Die Mitteilung wird gemäß § 130 Abs. 1 BGB mit dem Zugang beim Vermieter wirksam. Das gilt allerdings nicht im Rahmen von Absatz 4, wenn es auf die Zustimmung des Vermieters ankommt und diese noch nicht erteilt ist.

  Angesichts der besonderen Bedeutung der Wohnung als Lebensmittelpunkt ist die Interessenlage mit dem Eintrittsrecht des Ehegatten bei Tod des Mieters (§ 563 BGB) vergleichbar. Dementsprechend soll dem Vermieter auch in diesen Fällen das besondere Kündigungsrecht gemäß § 563 Abs. 4 BGB zustehen.

– Durch Rechtskraft der richterlichen Entscheidung im Wohnungszuweisungsverfahren. Die Neuregelung ist auf die Endentscheidung abgestellt, so wie es § 209 Abs. 2 FamFG vorsieht. Wird die Endentscheidung in einem Scheidungsurteil im Verbundverfahren getroffen, bedarf es keiner Regelung im Hinblick auf die Rechtskraft der Scheidung. Nach § 148 FamFG werden Entscheidungen in Folgesachen nicht vor Rechtskraft des Scheidungsausspruchs wirksam. Sie können aber z. B. bei Abtrennung der Folgesache oder einem isolierten Rechtsmittel auch später rechtskräftig werden.

Zu Absatz 4

Die Vorschrift ersetzt § 4 HausratsV und passt den dortigen Regelungsinhalt an das Konzept dieses Untertitels an, indem es die richterliche Ermessensentscheidung („soll") durch einen Anspruch auf den Abschluss eines Mietvertrages ersetzt. Die in der Praxis entwickelten besonderen Voraussetzungen für die Zuweisung gegen den Willen des Dritten (Johannsen/Henrich-Brudermüller, Eherecht, 4. Auflage 2003, Rn. 6 zu § 4 HausratsV m. w. N.) werden im Erfordernis der schweren Härte zusammengefasst. Diese Abstufung zur unbilligen Härte in Absatz 2 soll der besonderen Zweckbindung der Wohnungsüberlassung im Verhältnis zwischen Dienstherr und Dienstverpflichtetem Rechnung tragen. Eine schwere Härte kann zum Beispiel vorliegen, wenn der Ehegatte, der die Wohnung nicht aufgrund eines Dienst- oder Arbeitsverhältnisses innehat, psychisch schwer krank ist und die mit dem Fortzug veranlasste Veränderung seiner Lebensumwelt sich negativ auf seinen Gesundheitszustand auswirken würde (AG Kerpen, FamRZ 1997, S. 1344, 1345). Das Gleiche gilt, wenn die Wohnung für diesen Ehegatten behindertengerecht umgebaut worden ist.

Zu Absatz 5

Die Vorschrift ersetzt und konkretisiert § 5 Abs. 2 HausratsV, wonach der Richter zugunsten eines Ehegatten ein Mietverhältnis begründen kann, wenn kein Mietverhältnis an der Ehewohnung besteht. Beispielsweise fehlt ein Mietverhältnis häufig bei Wohnungen, die im Alleineigentum des weichenden Ehegatten, im Miteigentum des weichenden Ehegatten und einer dritten Person (Absatz 2) oder im Miteigentum beider Ehegatten (Absatz 1) stehen. Denkbar ist auch der Fall, dass die Ehewohnung im Eigentum der Eltern bzw. Schwiegereltern steht oder dass ein Ehegatte, der alleiniger Mieter ist, das Mietverhältnis an der gemeinsamen Ehewohnung wirksam kündigt.

Der Mietvertrag schützt den berechtigten Ehegatten bei Verkauf der Ehewohnung (§ 566 BGB). Bei Ehewohnungen, die im Miteigentum, insbesondere beider Ehegatten, stehen, dient der Mietvertrag – wie schon nach geltendem Recht – insbesondere auch dem Schutz des berechtigten Ehegatten mit Blick auf eine mögliche Teilungsversteigerung nach § 753 BGB (vgl. Johannsen/Henrich-Brudermüller a. a. O., Rn. 14 zu § 3 HausratsV). Falls ein gerichtliches Verfahren notwendig wird, legt das Gericht den Inhalt des Mietvertrages durch eine rechtsgestaltende Entscheidung fest.

Mietvertrag

Der Mietvertrag soll sich nach den ortsüblichen Bedingungen richten. Die richterliche Mietfestsetzung wird anstelle des unbestimmten Rechtsbegriffs der Billigkeit (§ 2 HausratsV) ausdrücklich an die ortsübliche Vergleichsmiete als Regelfall geknüpft, von der aufgrund der persönlichen und wirtschaftlichen Verhältnisse der Betroffenen im Einzelfall abgewichen werden kann (vgl. BayObLG, FamRZ 1977, S. 467, 472 und Palandt/Brudermüller a. a. O., Rn. 6 zu § 5 HausratsV – Anhang zu den §§ 1361a, 1361b).

Anspruchsgegner

Die Formulierung „zur Vermietung berechtigte Person" soll dem Umstand Rechnung tragen, dass der aus der Vorschrift Verpflichtete nicht zwingend der Eigentümer der zu vermietenden Immobilie sein muss (z. B. bei der Vermietung durch Verwaltungsgesellschaften in eigenem Namen).

Angemessene Befristung des Mietverhältnisses

Aufgrund von § 5 Abs. 2 HausratsV kann der Richter das Mietverhältnis nach geltendem Recht von vornherein auf eine bestimmte Übergangszeit befristen (vgl. MüKo/Müller-Gindullis a. a. O., Rn. 12 zu § 5 HausratsV; BayObLG, FamRZ 1974, S. 17, 18 f.; FamRZ 1977, S. 467, 472; OLG München, FamRZ 2001, S. 1709, 1710). Dies ergibt sich aus dem Umstand, dass für das nach der HausratsV begründete Mietverhältnis § 535 ff. BGB gelten (herrschende Meinung, vgl. MüKo/Müller-Gindullis a. a. O., Rn. 12 zu § 5 HausratsV; Staudinger/Weinreich, Neubearbeitung 2004, Rn. 27 zu § 5 HausratsV). Für befristete Mietverhältnisse gilt deshalb auch der einschlägige Mieterschutz des BGB (vgl. BayObLG, FamRZ 1974, S. 17, 19 zum seinerzeitigen Fortsetzungsverlangen gemäß § 556b i. V. m. § 556a BGB a. F.).

Das bis zum 1. September 2001 geltende Mietrecht sah keine Beschränkung für den Abschluss eines Zeitmietvertrages vor, weil der Mieter nachträglich über das Fortsetzungsverlangen (§ 564c BGB a. F.) geschützt war. Seit der am 1. September 2001 in Kraft getretenen Mietrechtsreform ist der Mieterschutz auf den Abschluss des Mietvertrages vorverlagert: Während § 575 BGB die Befristung eines Mietvertrages nur unter bestimmten Voraussetzungen erlaubt, ist das nachträgliche Fortsetzungsverlangen auf den Wegfall des Befristungsgrundes beschränkt.

An diese Entwicklung ist die Nachfolgeregelung zu § 5 Abs. 2 HausratsV anzupassen. Der berechtigte Ehegatte soll nicht immer einen Anspruch auf Abschluss eines unbefristeten Mietvertrags haben. Dies widerspräche dem Anliegen des Entwurfs, eine ausgewogene Interessenbalance zwischen den Beteiligten vorzunehmen. Der Mietvertrag kommt nicht aufgrund der freien Entscheidung der Beteiligten zustande, sondern weil der berechtigte Ehegatte mit Blick auf die Funktion der Wohnung als Lebensmittelpunkt der Familie einen Anspruch auf Abschluss eines Mietvertrags hat und der Eigentümer diesen erfüllen muss.

Außerdem sind Situationen denkbar, in denen geschiedene Ehegatten nicht über ein unbefristetes Mietverhältnis dauerhaft aneinander gebunden sein sollten.

Eine Befristung wird deshalb aus zwei Gründen vorgesehen: Zum einen ist die Befristung des Mietverhältnisses möglich, wenn die Voraussetzungen des § 575 Abs. 1 BGB vorliegen. Die zur Vermietung verpflichtete Person, regelmäßig der Eigentümer, soll wie jeder andere Vermieter auch das Recht bekommen, eine Befristung des Mietverhältnisses aus den dort genannten engen Gründen zu verlangen.

Zum anderen ist die Befristung möglich, wenn die Begründung eines unbefristeten Mietverhältnisses unter Würdigung der berechtigten Interessen des Vermieters ausnahmsweise unbillig ist. Damit soll einerseits eventuellen verfassungsrechtlichen Bedenken gegen die zu weitgehende Ermöglichung eines unbefristeten Mietverhältnisses Rechnung getragen werden. Andererseits sollen aber auch Situationen vermieden werden, in denen eine sofortige Räumung der Wohnung für den berechtigten Ehegatten unzumutbar ist.

Bei der Dauer der Befristung sind die Interessen des berechtigten Ehegatten an dem dauerhaften Verbleib in der Wohnung und des Eigentümers an einer anderen Verwendung oder Verwertung der Ehewohnung angemessen zu gewichten.

Zu Absatz 6

Die Schutzvorschrift zugunsten Dritter erfüllt den gleichen Zweck wie § 12 HausratsV. Mehr als ein Jahr nach Rechtskraft der Scheidung darf nicht mehr gegen den Willen eines Drittbeteiligten in seine Rechte eingegriffen werden. Eine Ausnahme gilt nur, wenn der Anspruch vor Fristablauf rechtshängig gemacht wird.

Es versteht sich angesichts des Grundsatzes der Vertragsfreiheit auch ohne ausdrückliche Regelung von selbst, dass nach Ablauf der Jahresfrist mit Einverständnis des Vermieters oder eines anderen Drittbeteiligten der Eintritt in ein Mietverhältnis bzw. seine Begründung oder Änderung möglich ist.

Zu § 1568b BGB-E (Haushaltsgegenstände)

Die Vorschrift übernimmt im Wesentlichen die Regelung von § 8 HausratsV.

Auf eine Bestimmung wie § 9 HausratsV ist verzichtet worden. Hausrat, der im Alleineigentum eines Ehegatten steht, soll zukünftig nur noch im Rahmen eines eventuellen güterrechtlichen Ausgleichs berücksichtigt werden. Es besteht kein Bedürfnis mehr für einen so starken Eingriff in das Eigentumsrecht eines Ehegatten.

Auch § 10 HausratsV soll nicht übernommen werden. Absatz 1 der Bestimmung hat bisher schon keine beachtenswerte praktische Bedeutung erlangt. Die Vorschrift ist auch nicht erforderlich, weil hausratsbezogene Schulden auf andere Weise rechtlich einfacher gewürdigt werden können. Wurden sie nicht verteilt, so mindern sie im Zugewinnausgleich das Endvermögen desjenigen Ehegatten, der im Außenverhältnis Schuldner ist (BGH, NJW-RR 1986, S. 1325 f.). Absatz 2 dieser Vorschrift widerspricht dem Änderungsvorschlag, wonach Gegenstände, die im Alleineigentum eines Ehegatten stehen oder stehen werden, nicht Gegenstand der Hausratsverteilung sein sollen.

Zu Absatz 1

Die Vorschrift regelt die Verteilung des Hausrats entsprechend § 1568a Abs. 1 BGB-E. Die Bedürftigkeitsprüfung soll insoweit nach den gleichen Maßstäben erfolgen wie bei der Ehewohnung.

Zusätzlich wird auch hier auf andere Gründe der Billigkeit abgestellt. Es ist im Einzelfall beispielsweise nicht auszuschließen, dass beide Ehegatten in gleichem Maße und nicht einer in stärkerem Maße auf den Haushaltsgegenstand angewiesen sind. In diesen Fällen wird eine zweckmäßige und gerechte Verteilung nur dann ermöglicht, wenn auch an andere Umstände angeknüpft werden kann. Es kann beispielsweise darauf abgestellt werden, wer die Anschaffung des Gegenstandes veranlasst oder ihn während der Ehe auf eigene Kosten gepflegt und erhalten hat.

Zu Absatz 2

Die Vorschrift übernimmt den Regelungsinhalt des § 8 Abs. 2 HausratsV, der sich bewährt hat.

Zu Absatz 3

Satz 1 entspricht der Regelung des § 8 Abs. 3 Satz 2 HausratsV, der sich bewährt hat. Die Umsetzung erfolgt durch richterliche Entscheidung gemäß § 209 Abs. 1 FamFG.

Die angemessene Ausgleichszahlung soll grundsätzlich dem Verkehrswert des Gegenstandes zum Zeitpunkt der Verteilung entsprechen. Auf diese Weise wird eine gerechte und abschließende Verteilung der Haushaltsgegenstände im Wege einer dafür vorgesehenen Sonderregelung ermöglicht. Die neue Vorschrift soll wie die Hausratsverordnung eine Sonderregelung für die Verteilung der Haushaltsgegenstände sein, allerdings nur, soweit tatsächlich von ihr Gebrauch gemacht wird. Ansonsten kommt auf die eventuelle Verrechnung des vor und während der Ehe erworbenen gemeinsamen Eigentums der Ehegatten das Ehegüterrecht des BGB zur Anwendung.

Auch die Haushaltsgegenstände, für die die Ehegatten im Rahmen der Verteilung wechselseitig Ausgleichszahlungen zu leisten haben, unterfallen dieser Sonderregelung. Die angemessene Ausgleichszahlung wird sich in der Regel am Verkehrswert orientieren müssen, damit gerechte Ergebnisse erzielt werden. Wenn beispielsweise ein Ehegatte gegen Ausgleichszahlung ein Tafelservice erhält, während dem anderen Ehegatten ebenfalls gegen Ausgleichszahlung ein hochwertiges technisches Gerät zugeteilt wird, können die beiden Ausgleichszahlungen unschwer verrechnet werden.

Zu Nummer 13 (Änderung von § 1813 BGB)

Vormünder und Betreuer haben bisher bei der Führung des Giro- oder Kontokorrentkontos für ihre Mündel oder Betreuten zum Teil Schwierigkeiten. Die Kreditinstitute sehen sich dem Risiko ausgesetzt, nicht mit befreiender Wirkung zu leisten, wenn sie Kontoverfügungen ohne vormundschaftsgerichtliche Genehmigung akzeptieren, obwohl das Guthaben 3 000 Euro übersteigt, und verweisen hierzu auf § 1813 Abs. 1 Nr. 2 BGB. Immer häufiger stellen sie daher das Konto des Kunden auf manuelle Kontoführung um, wenn die Bestellung eines Betreuers bekannt wird. Die Praxis behilft sich zuweilen mit einer Befreiung des Vormunds/Betreuers von den Genehmigungspflichten gemäß § 1817 Abs. 1 BGB oder mit seiner allgemeinen Ermächtigung nach § 1825 BGB. Beide Vorschriften sind nach ihrem Zweck nicht darauf gerichtet, die bei der Verwaltung eines Girokontos entstehenden Probleme zu beseitigen, zudem werden Befreiung und allgemeine Ermächtigung von den Vormundschaftsgerichten nicht ohne Weiteres erteilt. Das führt zu aufwändigen Beschwerdeverfahren (vgl. OLG Köln, FamRZ 2007, S. 1268 f.). Diese Erschwernis bei der Vermögensverwaltung des Vormunds oder Betreuers kann durch die vorgeschlagene Gesetzesänderung vermieden werden.

§ 1813 Abs. 1 Nr. 3 BGB, dessen Fassung noch vom Gesetzgeber des Bürgerlichen Gesetzbuchs von 1896 herrührt, erfasst ausschließlich das vom Vormund selbst ohne Beachtung der besonderen Auflagen nach den §§ 1807 bis 1811 BGB angelegte Geld, das er für die Bestreitung von Ausgaben bereitzuhalten hat (§ 1806 zweiter Halbsatz BGB) aber noch nicht sofort, sondern erst in einiger Zeit benötigt (Mugdan IV, S. 1089 f.). Bei dem zur Bestreitung der Ausgaben benötigten Geld soll der Vormund von je her nach dem Willen des Gesetzgebers freie Hand haben. Durch die Gesetzesänderung wird nunmehr klargestellt, dass der Vormund, Pfleger (§ 1915 Abs. 1 Satz 1 BGB) oder Betreuer (§ 1908i Abs. 1 Satz 1 BGB) auch über das Guthaben des Mündels/Betreuten auf einem Giro- oder Kontokorrentkonto genehmigungsfrei verfügen kann. Dabei kommt es nicht darauf an, ob er selbst, der Mündel oder Dritte das Geld auf das Konto eingezahlt hat. Es kommt auch nicht darauf an, ob das Guthaben die Betragsgrenze gemäß § 1813 Abs. 1 Nr. 2 BGB einhält. Das heutige Girokonto dient vor allem der bargeldlosen Abwicklung des Zahlungsverkehrs. Außerdem wird Geld, das zur Bestreitung von Ausgaben vorgesehen ist, heute ganz typischerweise auf einem Giro- oder Kontokorrentkonto bereitgehalten. Da es sich bei Einzahlungen auf ein solches Konto in der Regel nicht oder nicht nur um solche des Vormunds handelt, ist eine ausdrückliche Einbeziehung des Giro- und des Kontokorrentkontos in den Wortlaut von § 1813 Abs. 1 Nr. 3 BGB erforderlich. Die Befreiung von der Genehmigungspflicht gilt für Ansprüche, die das Guthaben auf einem Giro- oder Kontokorrentkonto betreffen. Es sollen dabei nicht nur die Auszahlung des Geldes, sondern alle üblichen Nutzungen eines solchen Kontos, insbesondere also auch die Überweisung von Geld, erfasst werden, in denen zugleich auch eine Annahme der von der Bank dem Mündel/Betreuten geschuldeten Leistung im Sinne von § 1813 Abs. 1 erster Halbsatz BGB liegt. Legt der Vormund das für Ausgaben benötigte Geld vorübergehend auf einem Termingeldkonto an, stellt dies eine Geldanlage im Sinne des bisherigen und insoweit bestehen bleibenden Teils der Ausnahmeregelung in § 1813 Abs. 1 Nr. 3 BGB dar.

Zwar bietet die Anwendung der Betragsgrenze des § 1813 Abs. 1 Nr. 2 BGB bei Verfügungen über das Guthaben eines Girokontos eine zusätzliche Kontrolle durch den Genehmigenden. Das Mündelvermögen ist aber bereits nach den vormundschaftsrechtlichen Vorschriften grundsätzlich hinreichend geschützt. Eine Änderung im Verhältnis zu der vom Gesetzgeber vorgenommenen Risikoabwägung bei den vormundschaftsrechtlichen Pflichten geht mit der vorgeschlagenen Neufassung von § 1813 Abs. 1 Nr. 3 BGB nicht einher: Praktisch lassen sich unredliche Kontobewegungen, die vom Kreditinstitut dokumentiert werden, sehr viel leichter nachverfolgen als unredliche Verfügungen über Bargeld; das höhere Risiko dürfte von Veruntreuungen abhalten. Rechtlich besteht die Pflicht des Vormunds/Betreuers, bei Übernahme vorhandenes Vermögen in dem Vermögensverzeichnis für das Vormundschaftsgericht aufzuführen, § 1802 BGB. Weiter besteht u. a. die Pflicht, nicht für die laufenden Ausgaben benötigtes Geld verzinslich anzulegen, § 1806 ff. BGB, und dem Vormundschaftsgericht Rechenschaft über den Verbleib des Vermögens abzulegen, § 1840 BGB. Soweit auf einem Giro- oder Kontokorrentkonto Zahlungen Dritter eingehen, bedarf der Vormund zur Annahme der den Zahlungen zugrunde liegenden dem Mündel geschuldeten Leistungen – z. B. einen Kaufpreisanspruch o. Ä. – ebenfalls der Genehmigung gemäß den §§ 1812, 1813 BGB. Diese entfällt nicht dadurch, dass der Vormund die Leistung über ein Verrechnungskonto des Mündels entgegennimmt. Das Vormundschaftsgericht ist somit das zentrale Aufsichtsorgan zum Schutz des Mündels/Betreuten vor pflichtwidrigen Vermögensschäden anlässlich der Vermögensverwaltung des Vormunds oder Betreuers. Eine Lockerung besteht nur da, wo bereits das geltende Recht Befreiungen von bestimmten Pflichten und Obliegenheiten bei der Vermögensverwaltung, insbesondere auch von der Genehmigungspflicht gemäß § 1812 BGB sowie eine Befreiung von der Rechnungslegungspflicht, vorsieht: so für den Vormund, wenn ein Elternteil dies anordnet, §§ 1852 bis 1855 BGB, für den Verein oder die Behörde als Vormund, § 1857a BGB, sowie für den Behörden- und Vereinsbetreuer und für nahe Familienangehörige als Betreuer, § 1908i Abs. 2 Satz 2 BGB.

Zu Artikel 2 (Aufhebung der Hausratsverordnung)

Das materielle Recht der Hausratsverordnung wird, soweit erforderlich, in das BGB aufgenommen (vgl. die Begründung zu Artikel 1 Nr. 12). Das Verfahren über die Behandlung der Ehewohnung und der Haushaltsgegenstände anlässlich der Scheidung ist im Gesetz über das Verfahren in Familiensachen und in den Angelegenheiten der freiwilligen Gerichtsbarkeit geregelt. Die Hausratsverordnung wird deshalb aufgehoben.

Zu den Artikeln 3, 4 und 5 (Änderung des Gesetzes über das Verfahren in Familiensachen und in den Angelegenheiten der freiwilligen Gerichtsbarkeit, Änderung des Gesetzes über Gerichtskosten in Familiensachen und Änderung des Rechtsanwaltsvergütungsgesetzes)

Bei den Regelungsvorschlägen handelt es sich um Folgeänderungen aufgrund der Verlagerung der Regelungen über die Behandlung der Ehewohnung und der Haushaltsgegenstände in das BGB und aufgrund der geänderten Begriffe. Inhaltliche Änderungen sind damit nicht verbunden.

Zu Artikel 6 (Änderung des Einführungsgesetzes zum Bürgerlichen Gesetzbuche)

Die Bestimmung enthält die für bestimmte Sachverhalte erforderlichen Übergangsregelungen. Weitere Übergangsvorschriften sind nicht erforderlich. Werden durch die Neufassung der Vorschriften bereits anhängige Verfahren betroffen, so gelten die allgemeinen zivilprozessualen Regelungen. Klageänderungen, die durch die Neugestaltung von Anspruchsgrundlagen veranlasst sind, sind in der Regel als sachdienlich anzusehen (§ 263 ZPO) soweit es sich nicht ohnehin lediglich um Klageerweiterungen oder Klagereduzierungen handelt (§ 264 ZPO). Der Wegfall von Anspruchsgrundlagen führt zur Erledigung der Hauptsache (vgl. Zöller/Vollkommer, 26. Auflage 2007, Rn. 4 zu § 91a ZPO).

Zu Absatz 1

Absatz 1 der Übergangsvorschrift regelt die Behandlung von Haushaltsgegenständen, die vor der Aufhebung des § 1370 BGB angeschafft worden sind.

Zu Absatz 2

Absatz 2 regelt die Behandlung des Zugewinnausgleichs für Verfahren über den Zugewinnausgleich, die bei Inkrafttreten dieses Gesetzes anhängig sind. Es kommt allein darauf an, ob der Anspruch auf Zugewinnausgleich in einem gerichtlichen Verfahren anhängig ist und nicht darauf, ob z. B. auch das Scheidungsverfahren anhängig ist. Ist z. B. bei Inkrafttreten dieses Gesetzes nur die Klage auf Scheidung anhängig und wird der Anspruch auf Zugewinnausgleich erst nach Inkrafttreten dieses Gesetzes geltend gemacht, dann gilt ausschließlich die neue Rechtslage.

Absatz 2 sieht bewusst nur eine Übergangsregelung für § 1374 BGB vor, denn nur in Bezug auf die Einführung des negativen Anfangsvermögens besteht ein schutzwürdiges Interesse am Fortbestand der alten Rechtslage. Die übrigen Bestimmungen dienen vor allem dem Schutz vor Manipulationen; das Vertrauen auf den Fortbestand einer Manipulationsmöglichkeit ist nicht schutzwürdig.

Zu Absatz 3

Absatz 3 der Überleitungsvorschrift stellt klar, dass § 1813 Abs. 1 Nr. 3 BGB in der Neufassung auch auf die bereits vor dem Inkrafttreten der Neufassung anhängigen Vormundschaften, Pflegschaften und Betreuungen anwendbar ist. Die geführten Girokonten unterfallen damit dem neuen Recht, der Vormund/Pfleger/Betreuer kann ab Inkrafttreten der Neuregelung genehmigungsfrei verfügen.

Zu Artikel 7 (Änderung des Lebenspartnerschaftsgesetzes)

Es handelt sich um eine Folgeänderung: Mit der Aufhebung der Hausratsverordnung und der Übernahme ihrer wesentlichen Vorschriften in das BGB ist das Lebenspartnerschaftsgesetz entsprechend anzupassen.

Zu Artikel 8 (Änderung des Wohnungseigentumsgesetzes)

Es handelt sich um eine Folgeänderung zur Aufhebung des § 60 des Wohnungseigentumsgesetzes und zur Übernahme seines Regelungsinhalts in das BGB.

Zu Artikel 9 (Änderung der Bundesnotarordnung)

Im Zentralen Vorsorgeregister können derzeit Vorsorgevollmachten und damit verbundene Betreuungsverfügungen registriert werden. Eine Möglichkeit der Registrierung „isolierter" Betreuungsverfügungen im Sinne des § 1901a Satz 1 BGB, also solcher, die nicht mit einer Vorsorgevollmacht verbunden sind, besteht allerdings nicht.

Einer Länderumfrage zu dem Vorschlag des Justizministeriums Baden-Württemberg, auch „isolierte" Betreuungsverfügungen im Zentralen Vorsorgeregister zu speichern, ergab, dass der Vorschlag positiv aufgenommen und einhellig begrüßt wurde. Auch die Bundesnotarkammer, die an dieser Umfrage beteiligt war, unterstützte diesen Vorschlag.

Um dem bestehenden praktischen Bedarf Rechnung zu tragen, soll durch eine Änderung in § 78a der Bundesnotarordnung (BNotO) die Rechtsgrundlage für die Registrierung „isolierter" Betreuungsverfügungen geschaffen werden. Folgeänderungen werden in der Vorsorgeregister-Verordnung (VRegV) vorgenommen.

Zu Artikel 10 (Änderung der Vorsorgeregister-Verordnung)

Im Zentralen Vorsorgeregister sollen künftig auch Betreuungsverfügungen im Sinne des § 1901a Satz 1 BGB registriert werden können. Die Rechtsgrundlage dafür wird durch eine Änderung von § 78a Abs. 1 BNotO geschaffen.

§ 10 Satz 1 VRegV-E stellt den Grundsatz klar: Auch „isolierte" Betreuungsverfügungen im Sinne des § 1901a Satz 1 BGB, also solche, die nicht mit einer Vorsorgevollmacht verbunden sind, können im Zentralen Vorsorgeregister eingetragen werden. § 10 Satz 2 VRegV-E regelt, dass die Vorschriften für die Eintragung einer Vorsorgevollmacht entsprechend auch für die Eintragung dieser Betreuungsverfügung gelten.

Zu Artikel 11 (Inkrafttreten)

Diese Vorschrift regelt das Inkrafttreten des Gesetzes. Das Gesetz soll zu dem Zeitpunkt in Kraft treten, zu dem auch das Gesetz über das Verfahren in Familiensachen und in den Angelegenheiten der freiwilligen Gerichtsbarkeit in Kraft tritt. Das neu geregelte Sachrecht soll zeitgleich mit dem neu geregelten Verfahrensrecht zur Anwendung kommen, um Schwierigkeiten für den Rechtsanwender zu vermeiden.

Anlage 2

Stellungnahme des Nationalen Normenkontrollrates

Der Nationale Normenkontrollrat hat den Gesetzentwurf auf Bürokratiekosten, die durch Informationspflichten begründet werden, geprüft.

Mit dem Gesetz wird eine Informationspflicht für Bürgerinnen und Bürger geändert. Dies führt zu Bürokratiekosten, die derzeit nicht quantifiziert werden können. Informationspflichten der Wirtschaft und für die Verwaltung werden nicht eingeführt, geändert oder aufgehoben. Es entstehen damit keine Bürokratiekosten für Wirtschaft und Verwaltung.

Der Nationale Normenkontrollrat hat im Rahmen seines gesetzlichen Prüfauftrages keine Bedenken gegen das Regelungsvorhaben.

Anlage 3

Stellungnahme des Bundesrates

Der Bundesrat hat in seiner 848. Sitzung am 10. Oktober 2008 beschlossen, zu dem Gesetzentwurf gemäß Artikel 76 Abs. 2 des Grundgesetzes wie folgt Stellung zu nehmen:

1. **Zu Artikel 1 Nr. 2a – neu – (§ 1356a – neu – BGB), Nr. 9 (§ 1385 Nr. 4 BGB), Artikel 7 Nr. 01 – neu – (§ 2 Satz 3 – neu – LPartG)**

   a) Artikel 1 ist wie folgt zu ändern:

   aa) Nach Nummer 2 ist folgende Nummer 2a einzufügen:

   ‚2a. Nach § 1356 wird folgender § 1356a eingefügt:

   „§ 1356a
   Auskunftspflicht

   (1) Jeder Ehegatte ist verpflichtet, dem anderen Ehegatten über seine Einkünfte und über den Bestand seines Vermögens Auskunft zu erteilen, soweit dies für einen Überblick über seine Einkommens- und Vermögensverhältnisse erforderlich ist. Die §§ 260, 261 sowie 1605 Abs. 1 Satz 2 gelten entsprechend. Der Anspruch ist nicht übertragbar.

   (2) Absatz 1 gilt nicht, wenn die Ehegatten getrennt leben.

   (3) Vor Ablauf von zwei Jahren kann erneute Auskunft nur verlangt werden, wenn der Ehegatte glaubhaft macht, dass sich die Einkommens- und Vermögensverhältnisse des anderen Ehegatten grundlegend verändert haben.

   (4) Auskunftspflichten aus anderem Rechtsgrund bleiben unberührt."'

   bb) In Nummer 9 § 1385 Nr. 4 sind der abschließende Punkt zu streichen und folgende Wörter anzufügen:

   „oder seiner Auskunftspflicht nach § 1356a nachzukommen."

   b) In Artikel 7 ist vor Nummer 1 folgende Nummer 01 einzufügen:

   ‚01. Dem § 2 wird folgender Satz angefügt:

   „§ 1356a des Bürgerlichen Gesetzbuchs gilt entsprechend."'

   B e g r ü n d u n g

   Der Gesetzentwurf der Bundesregierung verfolgt das begrüßenswerte Ziel, den güterrechtlichen Auskunftsanspruch der Ehegatten nach ihrer Trennung zu erweitern und effektiver zu gestalten. Darüber hinaus ist es erstrebenswert, die Auskunftsrechte der Ehegatten auch während ihres Zusammenlebens zu stärken.

   Es stellt ein Gebot moderner, gleichberechtigter ehelicher Partnerschaft dar, dass der eine Ehepartner über die Einkommens- und Vermögensverhältnisse des anderen zumindest im Wesentlichen unterrichtet ist. Ein Auskunftsanspruch trägt ferner dazu bei, die gleichmäßige Teilhabe der Ehegatten an dem Vermögen zu gewährleisten, das sie während der Ehezeit erwirtschaften.

   Durch einen neuen § 1356a BGB soll ein von der Geltendmachung des Familienunterhalts losgelöster Auskunftsanspruch als Teil des allgemeinen Ehewirkungsrechts geschaffen werden. Nach geltendem Recht besteht lediglich eine durch die Rechtsprechung aus § 1353 Abs. 1 BGB hergeleitete Verpflichtung zur Auskunftserteilung „in groben Zügen" (vgl. BGH, Urteil vom 25. Juni 1976 – IV ZR 125/75 –, FamRZ 1976, 516 = FamRZ 1978, 677; Urteil vom 29. Januar 1986 – IVb ZR 11/85 –, FamRZ 1986, 558; Urteil vom 5. Juli 2000 – XII ZR 26/98 –, NJW 2000, 3199).

   Erforderlich ist die Schaffung eines neuen, eigenständigen Auskunftsanspruchs. Einerseits wäre eine bloße Verweisung auf § 1605 BGB nicht sachgerecht, weil sie nur so weit reichen würde, wie die Auskunft zur Bemessung eines Unterhaltsanspruchs erforderlich ist. Andererseits erscheint auch ein umfassender Auskunftsanspruch nicht notwendig. Geholfen werden soll den Ehepartnern, insbesondere Frauen, die keinerlei Vorstellung von den Einkommens- und Vermögensverhältnissen ihres Ehepartners haben. Dazu genügt es, wenn die Auskunft dem anderen Ehegatten einen Überblick über die Einkommens- und Vermögensverhältnisse verschafft. § 1356a Abs. 1 Satz 1 Halbsatz 2 BGB-E sieht deshalb eine Einschränkung vor, um eine unangemessene Belastung des auskunftspflichtigen Ehegatten zu vermeiden.

   § 1356a Abs. 1 Satz 2 BGB-E stellt klar, dass die §§ 260 und 261 BGB auf den Auskunftsanspruch nach Satz 1 anzuwenden sind und ordnet darüber hinaus die entsprechende Anwendung von § 1605 Abs. 1 Satz 2 BGB an. Die Verweisung auf § 260 Abs. 1 BGB hat zur Folge, dass die Auskunft nicht nur hinsichtlich des Vermögens, sondern auch hinsichtlich der Einkünfte durch Vorlage eines schriftlichen Verzeichnisses zu erfolgen hat.

   Bei der entsprechenden Anwendung der vorgenannten Vorschriften ist aber stets zu berücksichtigen, dass es zur Erfüllung der Auskunftspflicht genügt, dem Ehegatten einen Überblick über die Einkommens- und Vermögensverhältnisse des anderen Ehegatten zu verschaffen. Dies bedeutet, dass unter Umständen geringe Anforderungen an die Gliederung und Aufschlüsselung des Verzeichnisses zu stellen sind. Ferner können bei der entsprechenden Anwendung des § 260 BGB die im Unterhaltsrecht entwickelten Grundsätze nicht ohne Weiteres und in vollem Umfang auf den Anspruch nach § 1356a BGB-E übertragen werden. Dies gilt ebenso für die sich aus § 1605 Abs. 1 Satz 2 ergebende Pflicht zur Vorlage von Belegen. Der beschränkte und vom Unterhaltsrecht abweichende Zweck der Auskunftspflicht ist bei der entsprechenden Anwendung stets zu beachten.

§ 1356a Abs. 1 Satz 3 BGB-E regelt schließlich, dass der Auskunftsanspruch nicht übertragbar ist. Nach seinem Sinn und Zweck kann und darf der Anspruch nur dem anderen Ehegatten zu Gute kommen, nicht aber außerhalb der Ehe stehenden Personen, insbesondere Gläubigern. Es ließe sich zwar durchaus vertreten, dass der Anspruch ohnehin höchstpersönlicher Natur ist mit der Folge, dass er nach § 399 BGB nicht abtretbar und damit nach § 851 Abs. 1 ZPO auch nicht pfändbar wäre. Eine Klarstellung erscheint aber angebracht.

§ 1356a Abs. 2 BGB-E schließt den Auskunftsanspruch aus, sobald die Ehegatten getrennt leben. Ab diesem Zeitpunkt reichen zum einen die bereits geltenden Regelungen aus (insbesondere der Auskunftsanspruch aus § 1361 Abs. 4 Satz 4 in Verbindung mit § 1605 BGB). Zum anderen trägt ab der Trennung das Ziel der Neuregelung nicht mehr, zu einer gleichberechtigten Partnerschaft beizutragen.

§ 1356a Abs. 3 BGB-E regelt die Frage, in welchen zeitlichen Abständen Auskunft zu erteilen ist. Er bestimmt, dass die Auskunft grundsätzlich nur nach Ablauf von zwei Jahren seit Erteilung der letzten Auskunft verlangt werden kann. Dies schützt den auskunftspflichtigen Ehegatten und dient der Begrenzung des Anspruchs auf das erforderliche Maß. Etwas anderes gilt nur, wenn glaubhaft gemacht wird, dass sich die Einkommens- oder Vermögensverhältnisse des Ehegatten grundlegend geändert haben. In Anlehnung an § 1605 Abs. 2 BGB erscheint dies angemessen, um den Rechtsschutz des Auskunftsbegehrenden nicht unzulässig zu verkürzen. Das Erfordernis einer Glaubhaftmachung vermeidet gleichzeitig eine unzumutbare Mehrbelastung des Auskunftspflichtigen.

§ 1356a Abs. 4 BGB-E stellt klar, dass bereits bestehende Auskunftspflichten nicht beseitigt oder ersetzt werden. Dies gilt etwa für die in bestimmten Konstellationen nach der Rechtsprechung bestehende Pflicht zu ungefragter Auskunft.

§ 1386 Abs. 3 BGB (bzw. künftig § 1385 Nr. 4 BGB-E) gibt einem im gesetzlichen Güterstand lebenden Ehegatten das Recht, auf vorzeitigen Ausgleich des Zugewinns zu klagen, wenn der andere Ehegatte sich ohne ausreichenden Grund beharrlich weigert, ihn über den Bestand seines Vermögens zu unterrichten. Ausreichend ist dabei eine Unterrichtung in groben Zügen, so dass sich der andere Ehegatte ein ungefähres Bild von der Vermögenslage machen kann (vgl. Staudinger/Thiele, Bearbeitung 2000, § 1386 BGB Rn. 23). Dies gilt jedoch nicht, wenn die Unterrichtung mit „ausreichendem Grund" verweigert wird.

§ 1386 Abs. 3 BGB stellt einen der Fälle dar, in denen der Gesetzgeber es für einen Ehegatten als unzumutbar erachtet, am Güterstand der Zugewinngemeinschaft festzuhalten (vgl. Staudinger/Thiele, Bearbeitung 2000, § 1386 BGB Rn. 2). Auch bei beharrlicher Verletzung der Pflichten aus § 1356a BGB-E besteht Anlass zu der Befürchtung, dass der Ehegatte den anderen nicht (voll) an seinem Zugewinn beteiligen oder zumindest dessen Be-

rechnung erschweren will. Damit ist es in dieser Situation ebenfalls unzumutbar, den anderen Ehegatten am Güterstand der Zugewinngemeinschaft festzuhalten. § 1385 Nr. 4 BGB-E ist deshalb entsprechend zu ergänzen.

Der bisher in § 1386 Abs. 3 BGB (künftig § 1385 Nr. 4 BGB-E) geregelte Tatbestand wird dadurch nicht ersetzt sondern nur ergänzt. Dies beruht insbesondere darauf, dass die in § 1356a BGB-E begründete Auskunftspflicht nach der Trennung nicht mehr besteht (vgl. § 1356a Abs. 2 BGB-E). Der bisher in § 1386 Abs. 3 BGB geregelte Tatbestand erfasst aber auch den Fall getrennt lebender Ehegatten.

Streitigkeiten um die Auskunftspflicht nach § 1356a BGB-E sind ebenso wie Ansprüche auf Herstellung des ehelichen Lebens nach § 1353 BGB als sonstige Familiensachen nach § 266 Abs. 1 Nr. 3 FamFG – aus der Ehe herrührende Ansprüche – einzuordnen. Folgeänderungen in FamFG und GVG sind deshalb nicht erforderlich.

Durch die Änderung von § 2 LPartG wird § 1356a BGB-E für entsprechend anwendbar erklärt und damit zwischen Lebenspartnern dieselbe Auskunftspflicht wie zwischen Ehegatten geschaffen.

2. **Zu Artikel 1 Nr. 12** (§ 1568a Abs. 3 BGB)

Der Bundesrat bittet, im weiteren Verlauf des Gesetzgebungsverfahrens sicherzustellen, dass im Fall der Wohnungszuweisung gemäß § 1568a Abs. 3 BGB-E die aus dem Mietverhältnis herrührenden Ansprüche des Vermieters auch weiterhin durch richterliche Anordnung gesichert werden können.

Begründung

§ 5 Abs. 1 Satz 2 HausratsV ermöglicht es dem Richter, im Rahmen der Zuweisung einer Mietwohnung an einen Ehegatten Anordnungen zu treffen, die geeignet sind, die aus dem Mietverhältnis herrührenden Ansprüche des Vermieters zu sichern.

§ 5 Abs. 1 Satz 2 HausratsV dient dabei der – auch verfassungsrechtlich gebotenen (vgl. BayObLG, Beschluss vom 20. September 1960, NJW 1961, S. 317 ff.) – Absicherung des Vermieters, indem für die aus der Sozialbindung des Artikels 14 Abs. 2 GG resultierende Beschränkung des Eigentumsrechts ein verhältnismäßiger Ausgleich geschaffen wird. Zugleich entfaltet § 5 Abs. 1 Satz 2 HausratsV eine Schutzfunktion für den in der Wohnung verbleibenden Ehegatten, der durch die zusätzlichen Sicherheiten vor einer vorzeitigen Kündigung des Mietverhältnisses bewahrt wird.

Dementsprechend war im Referentenentwurf des Bundesministeriums der Justiz vom 1. November 2007 (vgl. Fußnote 1 zu § 1568a BGB-E) noch vorgesehen, § 209 Abs. 1 FamFG durch eine dem § 5 Abs. 1 Satz 2 HausratsV entsprechende Regelung zu ergänzen. In der Begründung war hierzu ausgeführt, dass für die bislang in § 5 Abs. 1 Satz 2 HausratsV enthaltene Regelung unverändert ein Bedürfnis bestehe, weil sie einem der Ehegatten die Ehewohnung sichere.

Der Gesetzentwurf der Bundesregierung sieht eine Übernahme dieser Regelung in das BGB oder das FamFG jedoch nicht mehr vor. Dies wird lediglich damit begründet, dass für diese richterliche Anordnung in einem auf Anspruchsgrundlagen umgestellten System kein Platz mehr bestehe. Außerdem bestehe aus mietrechtlicher Sicht kein Bedürfnis für eine Nachhaftung, da der Vermieter bei Zahlungsrückständen das Mietverhältnis kündigen könne.

Diese Annahmen im Gesetzentwurf der Bundesregierung greifen jedoch deutlich zu kurz. Entgegen der dortigen Begründung besteht – auch aus verfassungsrechtlichen Erwägungen – ein Bedürfnis für Schutzanordnungen zugunsten des Vermieters unverändert fort:

Die Grundsätze der Wohnungszuweisung nach § 1568a Abs. 1 BGB-E werden regelmäßig dazu führen, dass die Wohnung dem wirtschaftlich schwächeren Ehegatten zugewiesen wird. Denn dieser dürfte im Regelfall auf die Nutzung der Wohnung in weitaus stärkerem Maße angewiesen sein als der wirtschaftlich stärkere Ehegatte (vgl. Götz/Brudermüller, Die gemeinsame Wohnung, Rn. 340).

Da § 5 Abs. 1 Satz 1 HausratsV ebenso wie § 1568a Abs. 1 BGB-E eine Wohnungszuweisung gerade auch gegen den Willen des Vermieters ermöglichen, ging die Rechtsprechung in der gebotenen verfassungskonformen Auslegung von § 5 Abs. 1 Satz 2 HausratsV davon aus, dass das Gericht zur Vornahme von Sicherungsanordnungen zugunsten des Vermieters sogar verpflichtet sei, wenn durch den Wechsel in der Person des Mieters die Belange des Vermieters beeinträchtigt werden können (vgl. OLG Celle, Beschluss vom 27. Juni 2001 – 10 UF 278/00 –, FamRZ 2002, 340; OLG Karlsruhe, Beschluss vom 12. Dezember 1997 – 2 UF 52/97 –, NJW 1998, 2148). Dem lag die Überlegung zugrunde, dass der Vermieter durch die Wohnungszuweisung übergangslos mit einem häufig wirtschaftlich weniger leistungsfähigen Mieter konfrontiert wird und damit ein höheres Zahlungsausfallrisiko zu tragen hat. Die bloße Verweisung auf die Möglichkeit eines Räumungsprozesses trägt den berechtigten Interessen des Vermieters nicht hinreichend Rechnung, zumal etwaige Zahlungsausfälle vom Zeitpunkt des zur Kündigung berechtigenden Zahlungsverzuges bis zur tatsächlichen Räumung nach rechtskräftigem Abschluss eines gerichtlichen Räumungsverfahrens – einschließlich aller denkbaren Vollstreckungsschutzanträge – zu einer beträchtlichen Summe anwachsen können.

Hinzu kommt, dass der Verweis auf die mietrechtliche Kündigungsmöglichkeit das Ziel des § 1568a Abs. 1 BGB-E, nämlich den Schutz des wirtschaftlich schwächeren Ehegatten und der gemeinsamen Kinder, vollständig untergräbt. Denn auch wenn dem wirtschaftlich schwächeren Ehegatten, der zumeist die Kinder betreut und sich zeitgleich in der Zeit nach der Scheidung beruflich neu orientieren muss, ein Unterhaltsanspruch gegen den anderen Ehegatten zusteht, so muss dieser erst tituliert und vollstreckt werden, bevor das Geld an den Vermieter weitergeleitet werden kann. In dieser Zeit droht jedoch nach § 543 Abs. 2 Satz 1 Nr. 3 BGB bereits die außerordentliche Kündigung wegen Zahlungsverzuges mit anschließender Räumung.

Im Vergleich zur bisherigen Situation, die die Anordnung von Sicherungen zugunsten des Vermieters zwingend vorsah, stellt sich der Gesetzentwurf insoweit im Ergebnis als Entlastung des wirtschaftlich stärkeren Ehegatten dar. Dieser wird ohne Weiteres aus seiner mietvertraglichen Haftung entlassen, demgegenüber wird dem wirtschaftlich schwächeren Ehegatten und etwaigen Kindern in der Übergangszeit nach der Scheidung das Risiko eines Wohnungsverlustes aufgebürdet.

3. Zu Artikel 1 Nr. 12 (§ 1568a Abs. 3 Satz 3 – neu – BGB)

Dem Artikel 1 Nr. 12 § 1568a Abs. 3 ist folgender Satz anzufügen:

„Macht der Vermieter von dem Kündigungsrecht des § 563 Abs. 4 Gebrauch, kann er Ansprüche aus dem Mietvertrag auch gegen den aus dem Mietverhältnis ausgeschiedenen Ehegatten geltend machen."

Begründung

Durch § 1568a BGB-E sollen die bislang in der Hausratsverordnung enthaltenen Vorschriften zur Zuweisung der Ehewohnung (§ 3 ff. HausratsV) in das Bürgerliche Gesetzbuch überführt werden. Mit § 1568a Abs. 1 BGB-E wird eine Anspruchsgrundlage für die Überlassung der Ehewohnung geschaffen. In § 1568a Abs. 3 BGB-E wird für Mietwohnungen geregelt, dass der Ehegatte, dem die Wohnung überlassen wird, anstelle des zur Überlassung verpflichteten Ehegatten in ein von diesem eingegangenes Mietverhältnis eintritt oder ein von beiden gemeinsam eingegangenes Mietverhältnis allein fortsetzt. Als Zeitpunkt des Eintritts in das Mietverhältnis nennt § 1568a Abs. 3 Satz 1 BGB-E den Zugang der Mitteilung der Ehegatten über die Überlassung an den Vermieter oder die Rechtskraft der Endentscheidung im Wohnungszuweisungsverfahren. Mit diesem Zeitpunkt würde damit auch der die Ehewohnung verlassende Ehegatte aus dem Mietverhältnis ausscheiden und dem Vermieter somit nicht mehr als Schuldner der weiteren Verpflichtungen aus dem Mietvertrag zur Verfügung stehen. Gemäß § 1568a Abs. 3 Satz 2 BGB-E soll der Vermieter allerdings das Recht haben, entsprechend § 563 Abs. 4 BGB innerhalb eines Monats nach Kenntnis von dem endgültigen Eintritt in das Mietverhältnis außerordentlich mit der gesetzlichen Frist zu kündigen, wenn in der Person des Eingetretenen ein wichtiger Grund vorliegt.

§ 1568a Abs. 3 BGB-E verzichtet dabei auf eine dem § 5 Abs. 1 Satz 2 HausratsV („Der Richter kann den Ehegatten gegenüber Anordnungen treffen, die geeignet sind, die aus dem Mietverhältnis herrührenden Ansprüche des Vermieters zu sichern.") entsprechende Regelung zum Schutz des Vermieters. Die Entwurfsbegründung verweist darauf, dass aus mietrechtlicher Sicht für eine Nachhaftung kein Bedürfnis bestehe, da der Vermieter bei Zahlungsrückständen das Mietverhältnis kündigen könne.

Diese Möglichkeit zur Kündigung wegen Zahlungsrückstandes wird nicht für ausreichend erachtet, um die wirtschaftlichen Interessen des Vermieters hinreichend zu wahren, insbesondere da er lediglich Drittbetroffener der Ehescheidung ist. Vielmehr ist auch bei Neufassung der Vorschriften sicherzustellen, dass der Vermieter wegen der Verpflichtungen aus dem Mietvertrag auch auf den aus dem Mietverhältnis ausscheidenden Ehegatten als Schuldner zugreifen kann. Nach Mitteilung der gerichtlichen Praxis verbleibt in aller Regel der wirtschaftlich schwächere Elternteil mit den Kindern in der Ehewohnung. Dem Vermieter wird durch § 1568a Abs. 3 BGB-E zugemutet, das Wohnungsmietverhältnis mit diesem Elternteil alleine fortzuführen, ohne dass wie bisher die richterliche Möglichkeit besteht, durch Anordnung gegenüber dem Ehegatten die Sicherheit der Mietzahlungen zu stärken. Dadurch entsteht zuungunsten des Vermieters eine Rechtsschutzlücke gegenüber der bisherigen Rechtslage. Diese wird auch nicht durch das entsprechend anwendbare Sonderkündigungsrecht des § 563 Abs. 4 BGB geschlossen, auch wenn die Zahlungsunfähigkeit des neuen alleinigen Mieters von der herrschenden Meinung als wichtiger Kündigungsgrund im Sinne dieser Vorschrift angesehen wird. Auch bei einer rechtzeitigen Kündigung kann der Vermieter nach der beabsichtigten Neuregelung für den in der gesetzlichen Kündigungsfrist auflaufenden Mietzins nicht auf die Mithaftung des aus dem Mietverhältnis ausgeschiedenen Ehegatten zurückgreifen. Diese Haftungslücke soll die Ergänzung des § 1568a Abs. 3 BGB-E um den vorgeschlagenen Satz 3 schließen. Da das Sonderkündigungsrecht des § 563 Abs. 4 BGB innerhalb eines Monats nach Kenntniserlangung auszuüben ist, wird die Frage der fortbestehenden Mithaftung des ausscheidenden Ehegatten schnell geklärt, und die Mithaftung ist auf den Zeitraum bis zum Ende der gesetzlichen Kündigungsfrist beschränkt.

4. **Zu Artikel 1 Nr. 12** (§ 1568a Abs. 5 BGB)

Der Bundesrat bittet, im weiteren Verlauf des Gesetzgebungsverfahrens sicherzustellen, dass für den Fall der Wohnungszuweisung gemäß § 1568a Abs. 2 BGB-E ohne gleichzeitige Begründung eines Mietverhältnisses nach § 1568a Abs. 5 BGB-E dem dinglich Berechtigten ein Anspruch auf Nutzungsentschädigung gegen den dinglich nicht Berechtigten eingeräumt wird.

Begründung

Nach § 1568a Abs. 2 BGB-E hat ein Ehegatte, der nicht dinglich Berechtigter des Grundstücks ist, auf dem sich die Ehewohnung befindet, unter gewissen Voraussetzungen einen Überlassungsanspruch gegen den dinglich Berechtigten.

Weiter kann der dinglich nicht berechtigte Ehegatte nach § 1568a Abs. 5 BGB-E vom dinglich Berechtigten die Begründung eines Mietverhältnisses zu ortsüblichen Bedingungen verlangen. Die Entwurfsbegründung geht davon aus, dass ein derartiger Mietvertrag im Regelfall zu schließen sein wird.

Allerdings sind nach dem Gesetzentwurf weder die Ansprüche der Absätze 2 und 5 miteinander verknüpft noch wird dem dinglich Berechtigten ein korrespondierender Anspruch gegen den dinglich nicht Berechtigten auf Begründung eines Mietverhältnisses eingeräumt. Der Gesetzentwurf stellt es dem dinglich nicht Berechtigten daher frei, ob dieser den ihm zustehenden Anspruch auf Begründung eines Mietverhältnisses nach § 1568a Abs. 5 BGB-E geltend macht oder nicht.

Macht der dinglich nicht Berechtigte lediglich seinen Anspruch aus § 1568a Abs. 2 BGB-E geltend, ohne zugleich die Begründung eines Mietverhältnisses zu verlangen, hat der dinglich Berechtigte einen – verfassungsrechtlich zwingend gebotenen (vgl. Johannsen/Henrich/Brudermüller, Eherecht, 4. Auflage, § 3 HausratsV, Rn. 10) – Anspruch auf Nutzungsentschädigung. Die Rechtsgrundlage dieses Anspruchs war bereits im geltenden Recht höchst umstritten (entweder § 987 Abs. 1, § 990 Abs. 1, § 100 BGB oder § 3 HausratsV analog bzw. bei Miteigentum § 745 Abs. 2 BGB oder die §§ 2, 3 HausratsV analog; vgl. zuletzt BGH, Urteil vom 15. Februar 2006 – XII ZR 202/03 –, FamRZ 2006, 930).

Der Gesetzentwurf sollte die Gelegenheit nutzen, für diesen Nutzungsentschädigungsanspruch, der im Übrigen dem Mietrecht nicht fremd wäre (vgl. § 546a BGB), eine eindeutige Anspruchsgrundlage zu schaffen. Hierbei sollte eine familienrechtliche Lösung gewählt werden, damit auch auf diesen Anspruch die Verfahrensregeln von § 200 ff. FamFG Anwendung finden können.

5. **Zu Artikel 1 Nr. 13** (§ 1813 Abs. 1 Nr. 3 BGB)

Der Bundesrat bittet, im weiteren Verlauf des Gesetzgebungsverfahrens zu prüfen, ob nach der beabsichtigten Neufassung des § 1813 Abs. 1 Nr. 3 BGB die Interessen des Mündels und des Betreuten noch hinreichend geschützt sind.

Begründung

Das Anliegen, die vormundschaftsrechtlichen Genehmigungspflichten an den modernen Zahlungsverkehr anzupassen, ist grundsätzlich zu begrüßen. Jedoch bringt der Wegfall des Genehmigungserfordernisses erhebliche Missbrauchsgefahren mit sich. Von daher stellt sich die Frage, ob die jährliche Rechnungslegung nach § 1840 BGB ausreichend ist, um die Belange des Mündels und des Betreuten hinreichend zu schützen.

6. **Zu Artikel 7a – neu –** (§ 6 Abs. 2 Satz 4 – neu – BtBG)

Nach Artikel 7 ist folgender Artikel 7a einzufügen:

,Artikel 7a
Änderung des Betreuungsbehördengesetzes

Dem § 6 Abs. 2 des Betreuungsbehördengesetzes vom 12. September 1990 (BGBl. I S. 2002, 2025), das zuletzt durch … geändert worden ist, wird folgender Satz angefügt:

„Die Beglaubigung durch die Urkundsperson bei der Betreuungsbehörde steht in ihrer Wirkung einer Beglaubigung durch den Notar gleich." '

Begründung

Nach geltendem Recht ist die Urkundsperson bei der Betreuungsbehörde befugt, Unterschriftsbeglaubigungen auf Vorsorgevollmachten und Betreuungsverfügungen vorzunehmen (§ 6 Abs. 2 BtBG). Die Vorschrift wurde durch das Zweite Betreuungsrechtsänderungsgesetz vom 21. April 2005 (BGBl. I S. 1073) eingefügt. Nach der Begründung zum Gesetzentwurf sollte ein eigenständiger Tatbestand für eine öffentliche Beglaubigung geschaffen werden, der den Regeln des Allgemeinen Teils des Bürgerlichen Gesetzbuchs vorgeht und einen Rückgriff auf diese verhindert. Es sollte aber ausdrücklich ein Beglaubigungstatbestand geschaffen werden, der mit den Rechtswirkungen einer öffentlichen Beglaubigung ausgestattet ist (vgl. Bundestagsdrucksache 15/2494, S. 44).

In der Literatur gibt es jedoch Stimmen, die diese Gleichstellung bezweifeln (so z. B. Renner, in: Rpfleger 2007, 367 ff.). Begründet wird dies beispielsweise mit dem formalen Argument, dass der ebenfalls durch das Zweite Betreuungsrechtsänderungsgesetz geänderte § 11 Abs. 7 des Melderechtsrahmengesetzes von einer Vollmacht spricht, die „öffentlich oder nach § 6 Abs. 2 des Betreuungsbehördengesetzes durch die Urkundsperson bei der Betreuungsbehörde beglaubigt" sein muss. Daraus wird hergeleitet, der Gesetzgeber habe eine Differenzierung hinsichtlich dieser beiden Beglaubigungsformen vorgenommen.

In der Praxis ist daher erhebliche Rechtsunsicherheit insbesondere darüber entstanden, ob eine nach § 6 Abs. 2 BtBG beglaubigte Vorsorgevollmacht auch als Eintragungsgrundlage im Grundbuchverfahren ausreichend ist. Manche Grundbuchämter weisen eine Beglaubigung nach § 6 Abs. 2 BtBG als unzureichend zurück. Demgegenüber gibt es in der Literatur gewichtige Stimmen, die die Beglaubigung nach § 6 Abs. 2 BtBG als ausreichend im Rahmen von § 29 GBO ansehen (so z. B. Spanl, in: Rpfleger 2007, 372 ff.).

Rechtssicherheit ist bei der Abfassung und Ausgestaltung von Vorsorgevollmachten besonders wichtig, da Umgestaltungen nach Eintritt der Geschäftsunfähigkeit nicht mehr möglich sind. Vertraut ein Bürger bei der Beglaubigung durch die Betreuungsbehörde auf die Tauglichkeit der Vorsorgevollmacht auch im Grundstücksverkehr und lehnt das Grundbuchamt später die Vorsorgevollmacht ab, bleibt zumeist nur der Ausweg einer Betreuerbestellung durch das Vormundschaftsgericht.

Es besteht daher gesetzgeberischer Klarstellungsbedarf. Die Betreuungsbehörden weisen momentan im eigenen Interesse auf die bestehende Rechtsunsicherheit hin. Dies führt dazu, dass viele Bürger von einer Beglaubigung durch die Betreuungsbehörde Abstand nehmen. Die vorgeschlagene Änderung kann diesen kontraproduktiven Effekt künftig beseitigen.

Anlage 4

Gegenäußerung der Bundesregierung

Zu Nummer 1 (Artikel 1 Nr. 2a – neu – [§ 1356a – neu – BGB-E], Nr. 9 [§ 1385 Nr. 4 BGB-E], Artikel 7 Nr. 01 – neu – [2 Satz 3 – neu – LPartG])

Die Bundesregierung stimmt dem Vorschlag des Bundesrates zur Einführung einer umfassenden Auskunftspflicht der Ehegatten über ihre Einkünfte und über den Bestand ihres Vermögens als allgemeine Ehewirkung nicht zu.

Die von der Rechtsprechung aus den §§ 1353, 242 BGB hergeleiteten wechselseitigen Ansprüche der Ehegatten auf Auskunft über ihre jeweiligen Einkommens- und Vermögensverhältnisse reichen aus. Tatsächlich werden Ehegatten, von denen einer seine Unterhaltsleistung schwerpunktmäßig durch Familienarbeit erbringt, wegen der damit verbundenen steuerlichen Begünstigung die gemeinsame Veranlagung zur Einkommensteuer wählen. Bei Abgabe der gemeinsamen Steuererklärung werden die Einkommens- und Vermögensverhältnisse offenbar. Weitere Auskunftsansprüche sind nicht erforderlich.

Bei einer Sachverständigenanhörung im Rechtsausschuss des Deutschen Bundestages im Oktober 2003 zu einem entsprechenden Gesetzentwurf des Bundesrates (Bundestagsdrucksache 15/403, jetzt 16/1026) sprach sich die große Mehrheit der Experten eindeutig gegen einen Auskunftsanspruch aus, da es sich um einen nicht gerechtfertigten Eingriff in die ehelichen Verhältnisse und die Autonomie der funktionierenden Ehe handele.

Zu den Nummern 2 und 3 (Artikel 1 Nr. 12 [§ 1568a Abs. 3 BGB-E] und § 1568a Abs. 3 Satz 3 – neu – BGB)

Die Bundesregierung stimmt den Vorschlägen des Bundesrates zum Schutz des Vermieters bei der Wohnungszuweisung an den vermögensschwächeren Ehegatten nicht zu.

Zusätzliche Schutzmaßnahmen zugunsten des Vermieters sind nicht erforderlich. Der Vermieter ist bereits nach der geltenden Rechtslage ausreichend geschützt. Ihm steht das außerordentliche Kündigungsrecht nach § 563 Abs. 4 BGB zu, wenn in der Person des eintretenden Ehegatten ein wichtiger Grund vorliegt. Darüber hinaus kann der Vermieter bei Vorliegen der Voraussetzungen das Mietverhältnis auch nach § 543 Abs. 2 Nr. 2, § 569 BGB wegen Zahlungsverzugs kündigen. Schließlich wird regelmäßig eine Mietsicherheit (§ 551 BGB) geleistet worden sein, auf die der Vermieter zurückgreifen kann.

Zu Nummer 4 (Artikel 1 Nr. 12 [§ 1568a Abs. 5 BGB-E])

Die Bundesregierung wird im weiteren Gesetzgebungsverfahren prüfen, wie dem an einer zugewiesenen Ehewohnung dinglich Berechtigten die erforderlichen Ansprüche gegen den nutzungsberechtigten Ehegatten eingeräumt werden können.

Es ist nicht auszuschließen, dass ein Ehegatte im Zuweisungsverfahren die Überlassung der Ehewohnung an sich beantragt, aber nicht die Begründung eines Mietverhältnisses verlangt. Für diesen Fall soll eine Regelung gefunden werden, die den an der Ehewohnung dinglich Berechtigten absichert.

Zu Nummer 5 (Artikel 1 Nr. 13 [§ 1813 Abs. 1 Nr. 3 BGB-E])

Die Bundesregierung hat das Anliegen des Bundesrates geprüft. Auch nach der Neufassung des § 1813 Abs. 1 Nr. 3 BGB sind die Interessen des Mündels und des Betreuten durch die geltenden Vorschriften hinreichend geschützt. Der Kontostand auf einem Giro- oder Kontokorrentkonto des Mündels oder Betreuten ist in dem bei Amtsübernahme zu erstellenden Vermögensverzeichnis des Vormunds oder Betreuers zu verzeichnen, § 1802 Abs. 1 Satz 1, § 1908i Abs. 1 Satz 1 BGB. Soweit ein Kontoguthaben nicht für die Deckung der laufenden Kosten benötigt wird, hat es der Vormund oder Betreuer mit Genehmigung des Gerichts bzw. des Gegenvormunds oder -betreuers mündelsicher verzinslich anzulegen, §§ 1806 f., 1908i Abs. 1 Satz 1 BGB. Über die Vermögensverwaltung haben Vormund und Betreuer dem Gericht außerdem jährlich Rechnung zu legen; hierzu sind auch die Bankbelege über die Buchungen auf einem Giro- oder Kontokorrentkonto vorzulegen, § 1841 Abs. 1, § 1908i Abs. 1 Satz 1 BGB. Damit kann sich das Gericht einen lückenlosen Überblick über die Verwaltung des Kontoguthabens durch den Vormund oder Betreuer verschaffen. Darüber hinaus haben der Vormund und der Betreuer dem Gericht auf Nachfrage jederzeit Auskunft über die Entwicklung des Kontoguthabens zu geben, §§ 1839, 1908i Abs. 1 Satz 1 BGB. Das Gericht kann die Kontoführung des Vormunds oder Betreuers somit umfassend kontrollieren und bei Pflichtwidrigkeiten durch entsprechende Ge- und Verbote einschreiten, § 1837 Abs. 2, § 1908i Abs. 1 Satz 1 BGB. Zusätzliche gesetzliche Fristvorgaben für gerichtliche Aufsichtsmaßnahmen würden den Spielraum der Gerichte bei der Ausübung der Aufsicht unnötig einengen. Diesen brauchen sie, um im Einzelfall angemessen handeln zu können. Eine – gegebenenfalls erhöhte – Betragsgrenze für genehmigungsfreie Verfügungen über ein Kontoguthaben löst die Probleme, die Vormünder und Betreuer bei der automatisierten Kontoverwaltung derzeit haben, dagegen nicht. Außerdem gewährt auch eine Betragsgrenze keinen weitergehenden Schutz vor einem möglichen Untreuedelikt des Vormunds oder Betreuers, wie die bisherigen Erfahrungen zeigen. Insoweit bietet allein das Strafrecht eine – im Regelfall – wirksame Prävention.

Zu Nummer 6 (Artikel 7a – neu – [§ 6 Abs. 2 Satz 4 BtBG])

Die Bundesregierung stimmt dem Vorschlag unter dem Vorbehalt einer sprachlichen Überarbeitung im weiteren Gesetzgebungsverfahren zu.

Stichwortverzeichnis

A
Arbeitshilfen 75
Arrest 13
Ausgleichsanspruch, Begrenzung 11
Auskunft bei Trennung 46
Auskunft über das Anfangsvermögen 48
Auskunft über das Endvermögen 47
Auskunftsersuchen 8
Auskunftserteilung bei Getrenntleben 10
Auskunftsklage 13
Auskunftspflicht, Erweiterung 42
Auskunftspflichten 46
Auskunftsrechte 8
Auskunftsumfang 49
Auskunftsverlangen, Muster 76
Auskunftsverweigerung 57
auszugleichende Anrechte 66

B
Bagatellausgleiche 70
Beendigung des Güterstandes 53
Belege 51
Belegpflicht 8
Betreuungsrecht, Änderung 14
Betreuungsverfügungen 19
betriebliche Altersversorgungen 66
Beweislast 10
Beweislastprobleme 35
Beweislastregel bei Vermögensminderungen 39
BGB, Änderungen 20

C
Checklisten 81

D
Doppelverdienerehe 21
Dritte 14

E
Ehevertrag 35
Ehewohnung 59
Einmalausgleich 69
erbrechtliche Lösung 24
externe Teilung 70

F
Feststellung des Anfangsvermögens, Vereinbarung 75
Formvorschriften, Versorgungsausgleich 68

G
Gerechtigkeitsdefizite 27
Gesetzesmaterialien 84
Gestaltungsklage 13
Getrenntleben, Definition 46

H
Haftungsproblematik 17
Halbteilungsgrundsatz 20
Hausfrauenehe 22
Haushaltsgegenstände 15, 61
Hausratsteilung 15
Hausratsverordnung, Aufhebung 16
Herausgabeanspruch gegen Dritte 14

I
illoyale Vermögensminderung 12
Inkrafttreten 19
interner Ausgleich 69

K
Kappungsgrenzen 42
Klage auf vorzeitigen Zugewinnausgleich, Muster 80
Kündigungsrecht des Vermieters 60

L
Lebenspartner, eingetragene 18
Leistungsklage 13

M
Mandantenschreiben 78
Mietverhältnis 60
Mustertexte 75

N
negativer Hinzuerwerb 35
negatives Anfangsvermögen 11
negatives Endvermögen 11
neuerliches Auskunftsersuchen 10
Nichterfüllung wirtschaftlicher Verpflichtungen 57

O
Originäres Anfangsvermögen 23

P
Pensionsprivileg, Wegfall 15
Pkw 62
positives Endvermögen 28
Privilegiertes Anfangsvermögen 23
Prüfungsschema einer Zugewinnberechnung 81

R
Realteilung 70
Rechtshängigkeit des Scheidungsverfahrens 40
Regelungslücken 25
Rentnerprivileg, Wegfall 15

S
Schulden 27
Schuldentilgung 29
Sicherung des Ausgleichsanspruchs 13

Stichtag 12
Stufenklage, Muster 79

T
Teilhabegerechtigkeit 22
Trennung, dreijährige 55
Trennungszeitpunkt, Nachweis 47

U
Übergangsrecht, Versorgungsausgleich 73
Übergangsregelungen 17
Unterhaltspflichtverletzung 57

V
Verbindlichkeiten im Anfangsvermögen 28
Verbundprinzip 64
Vermögensaufstellung 49
Vermögenserwerb vor Eheschließung 25
Vermögensminderung, illoyale 11
Vermögensverzeichnis, Muster 75
Verschuldung während der Ehe 37
Versorgungsanrecht 64
Versorgungsausgleich, Neuregelungen 15, 64
Versorgungsausgleich, schuldrechtlicher 72
vorzeitiger Zugewinnausgleich 13, 53
vorzeitiger Zugewinnausgleich, Verfahren 58

W
Wertsteigerungen 23
Wertsteigerungen des Anfangsvermögens 22
wiederholte Auskunftsverpflichtung 46
Wohnungseigentum 19
Wohnungszuweisungsverfahren 60

Z
Zugewinnausgleich, Neuregelungen 20
Zugewinngemeinschaft, Definition 20
zugewinnneutraler Vermögenserwerb 30

Die neuen Haufe aktuell Titel – Informieren Sie sich jetzt über die neue Gesetzeslage!

Das neue Erb- und Verjährungsrecht
Lieferbar Mitte August 09!
Bestell-Nr. E07243

Die neue Patientenverfügung
Lieferbar ab Ende September 09!
Bestell-Nr. E07112

Das neue Fam FG
Sofort lieferbar!
Bestell-Nr. E07232

Das eheliche Güterrecht
Vorr. lieferbar Ende August 09!
Bestell-Nr. E07188

- kompakte Inhalte aus einer Hand
- praktische Arbeitshilfen
- übersichtliche Gegenüberstellungen

Seit diesem Sommer gibt es eine neue Rechtslage im Familienrecht und bei der Patientenverfügung! Insgesamt vier neue Gesetze schaffen eine grundlegend veränderte Gesetzeslage.

Pro Titel jeweils nur € 39,80
inklusive MwSt., zzgl. 3,00 € Versandpauschale

Jetzt bestellen unter www.haufe.de/bestellung